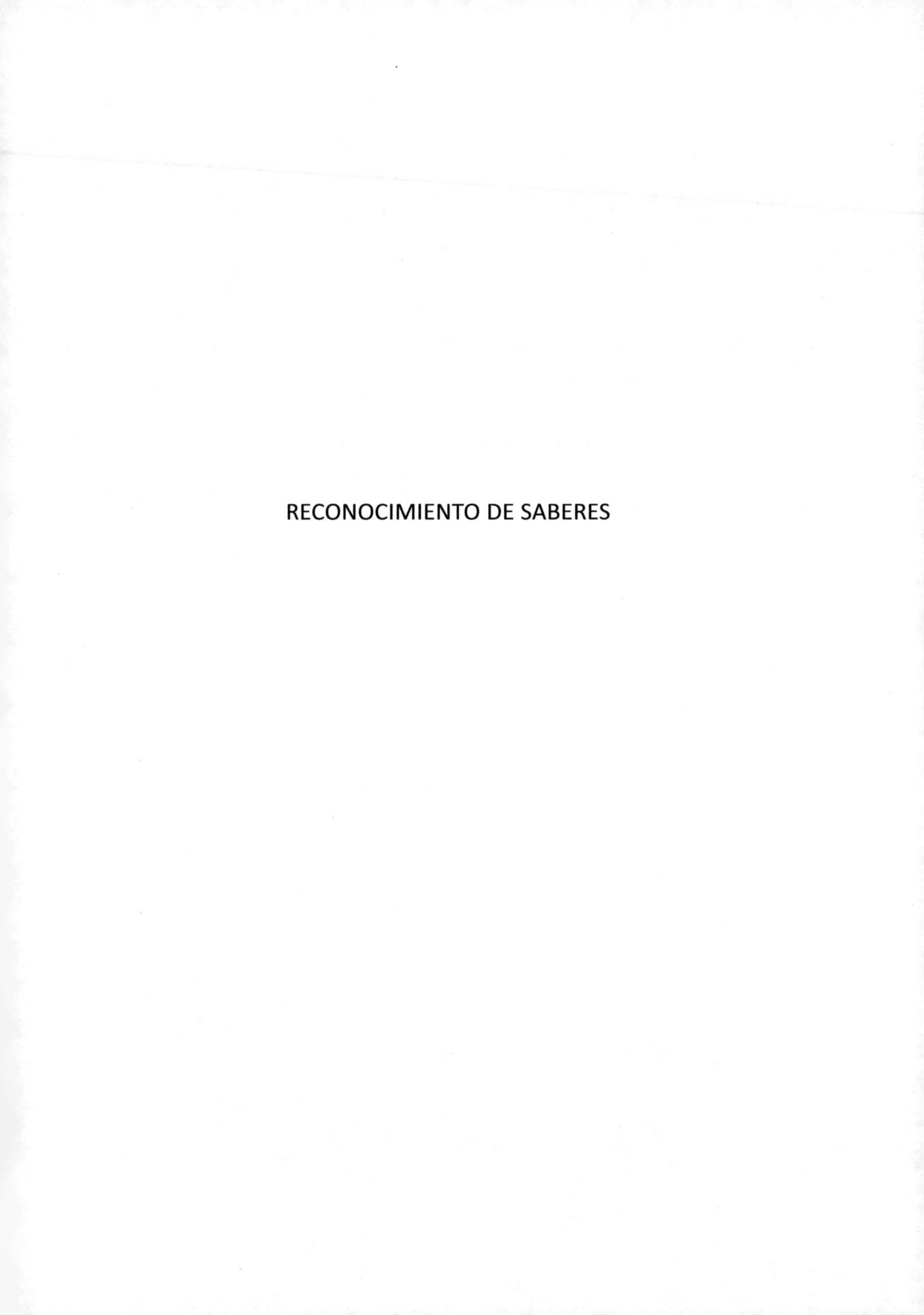

RECONOCIMIENTO DE SABERES

RECONOCIMIENTO DE SABERES

Paula Peyloubet
Silvina Belmonte
Noelia Cejas
Fernando Vanoli
Virginia Martínez
Santiago Ríos
Sebastián Carbone
Valeria Fenoglio
Inés Sesma
María Rosa Mandrini
Agustina Solera
Denise Mattioli
Gabriela Bard Wigdor
Gabriela Artazo
Corina Echavarría

Laura Barrionuevo

Córdoba, 2016

Peyloubet, Paula

Reconocimiento de saberes / Paula Peyloubet. - 1a ed . - Ciudad Autónoma de Buenos Aires : Diseño, 2017.
242 p. ; 21 x 15 cm.

ISBN 978-987-4000-96-5

1. Cognitivismo. 2. Experiencias Regionales. I. Título.
CDD 720.1

Comité editorial - Comentaristas
Fernando Cacopardo, Liliana Kremer, Guido Montali, Mariano Fressoli, Horacio Aromando, Juan Pablo Puentes, Sofía Soria, Pamela Cáceres

Permitida su reproducción siempre que se cite a la fuente.
Las opiniones vertidas por los autores son responsabilidad de los mismos.

Compaginación y diseño: María Rosa Mandrini
Diseño de tapa: Fernando Vanoli

ISBN 978-987-4000-96-5
Enero de 2017

Este libro fue impreso bajo demanda, mediante tecnología digital Xerox en
bibliográfika de Voros S. A. Bucarelli 1160, Capital.
info@bibliografika.com / www.bibliografika.com

En venta:
LIBRERÍA TÉCNICA CP67
Florida 683- Local 18- C1005AAM Buenos Aires- Argentina
Tel: 54 11 4314-6303- Fax: 4314-7135- E-mail: cp67@cp67.com- www.cp67.com

FADU- Ciudad Universitaria
Pabellón 3- Planta Baja- C1428BFA Buenos Aires-Argentina
Tel: 54 11 4786-7244

cmd- Centro Metropolitano de Diseño
Algarrobo 1041- c1273aeb Buenos Aires- Argentina
Tel: 54 11 4126-2950, int. 3325

INDICE

PRÓLOGO 11

CAPÍTULO 1
RITUALES COGNITIVOS. EPISTEMES HEREJES... Y SOLO UNA LUNA PARA
COMPRENDER 15
Amigas Salvajes

COMENTARIO 1
UN FRAGMENTO... Y NO ES FICCIÓN, ES UN ENCUENTRO EN RED DE HISTORIAS
TERRITORIALES 47
 Fernando Cacopardo

CAPÍTULO 2
EL MUNDO NO COMENZÓ CON PALABRAS 49
Fernando Vanoli, Noelia Cejas

COMENTARIO 2
CERTEZAS TRANSITORIAS Y DUDAS GENEROSAS................................. 71
Liliana Kremer

CAPÍTULO 3
LA EXCUSA NO ERA TAN EXCUSA. LA RELACIÓN ENTRE LOS ARTEFACTOS Y LAS
PERSONAS EN PROCESOS DE DESARROLLO DE TECNOLOGÍAS PARA EL HÁBITAT.
EL CASO BARILOCHE 77
Virginia Martínez Coenda; Santiago Ríos; Sebastián Carbone

COMENTARIO 3
LOS PAISAJES ESCUCHADOS 106
Guido Montali

CAPÍTULO 4

EN BÚSQUEDA DE INTERSTICIOS SOLIDARIOS: EL POSICIONAMIENTO POLÍTICO DE LA TECNOLOGÍA EN LAS EXPERIENCIAS DE VILLA PARANACITO, CONCORDIA Y BARILOCHE. 109
Valeria Fenoglio; María Inés Sesma

COMENTARIO 4
BÚSQUEDA DE INTERSTICIOS SOLIDARIOS 131
Mariano Fressoli

CAPÍTULO 5
PRODUCCIÓN DISIDENTE DEL SABER. APRENDER DE LO QUE NOS SUSURRA EL VIENTO...133
María Rosa Mandrini

COMENTARIO 5
ANALOGÍA DESDE LA EXPERIENCIA 147
Horacio Aromando

CAPÍTULO 6
¿POR QUÉ RESULTA TAN DIFÍCIL IR MÁS ALLÁ DE LA CRÍTICA? INCERTIDUMBRES, CUESTIONAMIENTOS Y NUEVOS DESAFÍOS....................151
Agustina Solera

COMENTARIO 6
¿POR QUÉ RESULTA TAN DIFÍCIL IR MÁS ALLÁ DE LA CRÍTICA? 176
 Juan Pablo Puentes

CAPÍTULO 7
NARRACIONES FEMINISTAS ANTE LA CONTRAOFENSIVA NEOLIBERAL. ALTERNATIVAS POLÍTICAS CON CUERPOS Y GEOGRAFÍAS DEL SUR................183
Gabriela Bard Wigdor; Denise Mattioli, Gabriela Artazo

COMENTARIO 7
EL LUGAR DE LA POLÍTICA, LA POLÍTICA DEL LUGAR 211
Sofía Soria

CAPÍTULO 8
CIRCUITOS DE APRENDIZAJE SITUADO: ACTORES Y SABERES EN DIÁLOGO ... 215
Corina Echavarría; Laura Barrionuevo

COMENTARIO 8
CIRCUITOS DE APRENDIZAJE SITUADO: ACTORES Y SABERES EN DIÁLOGO ... 238
Pamela Cáceres

PRÓLOGO

Llegamos a esta publicación a partir del trabajo conjunto, que compartimos durante tres años, en el marco del Proyecto "Recuperación de procesos de co-construcción interactoral del conocimiento, en el marco de una pluriversalidad cognitiva, para la transformación social en el campo del hábitat", financiado por el Conicet entre los años 2012-2015.

En este sentido, la expresión de los ocho trabajos que se presentan a continuación, es el resultado de reflexiones que acontecen desde las perspectivas de los autores en articulación con el camino recorrido en forma conjunta. Si bien cada trabajo posee una temática abordada desde la libertad de las autorías, los enfoques de cada uno de ellos, tanto cognitivos como ideológicos, plantean una *visión común* que habita la palabra a partir de experiencias situadas en territorios y junto a comunidades específicas.

El primer trabajo, que abre la publicación, *"Rituales cognitivos. Epistemes herejes. Y solo una luna para comprender"* de Silvina Belmonte y Paula Peyloubet, comentado por Fernando Cacopardo, invita a una reflexión epistémica basada en un relato ficcional que vuela por un territorio verdadero de transgresiones dulces y serenas. La invitación se dice a sí misma *hereje* ya que no resuelve a partir de interpretaciones de convención científica sino que, a propósito, se sale de ese lugar y, a manera de provocación, recoge los emergentes de la ficción con atrevida audacia permitiéndose la conjunción de cosmovisiones diversas en una misma construcción significante. A cada momento del texto se presentan contradicciones cognitivas que, por asentarse en un único territorio, terminan por convivir de manera fantástica y aleccionadora. El artilugio literario de una narración con estilo de cuento, luego comentado, quiebra la estructura de la versión cientificista de los trabajos típicos de los investigadores, generando una andar alternativo que abre las puertas a un nuevo encuentro.

El segundo trabajo de Fernando Vanoli y Noelia Cejas, *"El mundo no comenzó con palabras"*, comentado por Liliana Kremer, procura desarmar la situación de privilegio que se le asigna a la palabra como productora de sentidos, especialmente desde el campo de la ciencia, en donde la racionalidad encubre a la emocionalidad, dando lugar a un paradigma de producción de conocimiento que desestima, de alguna manera, el saber de sentido común. Los autores de este texto recogen la perspectiva decolonial e invitan a reflexionar a partir de ella, acerca de los límites de este paradigma científico. Intentan, como propuesta, bucear en un mundo donde aparecen, de manera relevante, los sentidos puestos en diálogo con los cuerpos que asumen preponderancia, para dar lugar a otra forma de expresión tal como el silencio. La imagen y la fotografía suponen, para los autores, otras formas de manifestación sensible que capturan lo que no puede decirse con tan solo palabras.

Llega en tercer lugar el texto de Virginia Martínez Coenda, Santiago Ríos y Sebastián Carbone, *"La excusa no era tan excusa: la relación entre los artefactos y las personas en procesos de desarrollo de tecnologías para el hábitat. El caso Bariloche"*, comentado por Guido Montali, quienes se preguntan acerca de la relación que existe entre los actores de una red tecnológica y los productos que emanan de esa misma red, apoyados en un diálogo que mantienen con Bruno Latour en el marco de la *Teoría del Actor Red*. Sus reflexiones se desprenden, a la vez, de la propia experiencia que recorren en el marco de un desarrollo colectivo (*co-construido*) de una tecnología constructiva en madera en la ciudad de Bariloche. De allí los autores reconocen, de manera creativa, los rastros con que los artefactos (no-humanos) se articulan con las personas (humanos) generando agencias tácitas, que constituyen precisamente la razón de ser de la investigación. Por otro lado, en un nuevo laberinto con Alejandro Haber y la *Teoría de la Relacionalidad Local*, se sitúan en correspondencia con procedimientos metodológicos que implican estar en el territorio, con los actores locales, de donde se desprende entonces una necesaria teoría local.

El cuarto texto de Valeria Fenoglio e Inés Sesma, *"En búsqueda de intersticios solidarios: el posicionamiento político de la tecnología en las experiencias de Villa Paranacito, Concordia y Bariloche"*, comentado por Mariano Fressoli, aborda el campo de los Estudios de Ciencia, Tecnología y Sociedad intentando generar puentes entre la teoría que sostiene dicho campo y la experiencia que las autoras poseen en el marco de las investigaciones que llevan a cabo. El trabajo reflexiona acerca de los modos en que se produce y concibe el conocimiento tecnológico y la vinculación de estos modos con la definición de políticas públicas de Ciencia y Tecnología, que pueden o no habilitar conexiones con las demandas locales tanto productivas como sociales. La clave del texto se plantea entonces en el escenario de las relaciones entre el Estado, el Sector CyT y la matriz productiva local de cada una de las experiencias que presenta. El relato se asume, en todo momento, desde una perspectiva política donde el intersticio solidario es el interrogante continuo y la respuesta a la vez.

En quinto lugar se presenta el trabajo de María Rosa Mandrini, *"Producción disidente del saber. Aprender de lo que nos susurra el viento"*, comentado por Horacio Aromando, quien reflexiona críticamente acerca del modelo de producción de conocimiento sesgado por el capitalismo y la propuesta hegemónica que promueve la aceleración del tiempo en un vertiginoso y peligroso desencuentro con uno mismo; dando lugar a una propuesta alternativa, que se llama a sí misma *disidente,* que alienta formas de hacer y pensar colectivos, donde la producción artesanal gana lugar y es un convite para un cambio de vida. Se transita, en este trabajo, la experiencia de la arquitectura de tierra, recuperando los valores que de ella emergen, y se articula con la resignificación de un campo creativo, *lo gráfico y lo ritual*, en resistencia al modo de expresión predominantemente verbal de la producción científica. El texto continúa, en el marco de esta misma construcción de sentidos disidentes, con el relato de modos de investigar colectivos que jerarquizan las prácticas mancomunadas logrando entramados comunitarios que, en la reflexión de la autora, se asumen como respuestas superadoras al individualismo académico de la ciencia.

El sexto trabajo presentado en esta publicación es de Agustina Solera, *"¿Por qué resulta tan difícil ir más allá de la crítica? Incertidumbres, cuestionamientos y nuevos desafíos",* comentado por Juan Pablo Puentes. La autora denuncia al modelo epistemológico que comprende al mundo de una única manera y expresa su preocupación por la desigualdad con que se instala respecto de otras formas de conocerlo y comprenderlo. Plantea una crítica a la desigualdad eurocéntrica y se detiene frente a nuevos interrogantes que aún no tienen respuestas, con la idea de contribuir a repensar los límites de la ciencia moderna frente a estas incertidumbres posiblemente fértiles, potenciales transformadoras de visiones unívocas, procurando hacer frente al pensamiento totalizante de la modernidad. El texto transita dos momentos; una primera parte que apela a *Denuncias y alternativas esperanzadoras*, y una segunda parte que propone *El camino para la reivindicación*. El aporte del trabajo se radicaliza en el enfoque por el cual no es posible reconocer a través de formas tradicionales y se hace imposible un diálogo profundo en ese mismo sentido. La espiritualidad, para la autora, es campo fértil para una nueva comprensión en el marco de una posible construcción de sentidos, que no involucre necesariamente la racionalidad.

El trabajo de Gabriela Bard Wigdor, Denise Mattioli y Gabriela Artazo, comentado por Sofía Soria, es el séptimo en presentarse, *"Narraciones feministas ante la contraofensiva neoliberal. Alternativas políticas con cuerpos y geografías del sur",* propone el diálogo entre cuatro casos paradigmáticos que hablan de la resistencia feminista donde, en este texto, la lucha del movimiento de mujeres del mundo se inserta en una nueva reflexión en el marco de la actual coyuntura política que atraviesa la región latinoamericana, que en palabras de las autoras se denomina *contraofensiva neoliberal*. Dichos casos se analizan bajo los enfoques filosóficos conocidos como epistemología *del sur* y ética para la liberación en articulación con teorías feministas latinoamericanas. La propuesta consiste en recoger la existencia de los cuerpos y los territorios como constructores indispensables de alternativas políticas partir de las particularidades del habitar de la gente y su saber situado.

Y por último, en octavo lugar, se presenta el trabajo de Corina Echavarría y Laura Barrionuevo, *"Circuitos de aprendizaje situado: actores y saberes en diálogo"*, comentado por Pamela Cáceres, quienes abordan al *Desarrollo* como categoría teórica y proyecto de sociedad desde una perspectiva histórica en el comienzo del trabajo, pasando por las diversas concepciones y vinculaciones de dicha categoría con la sociedad, hasta llegar al *Desarrollo* del cual quieren realmente conversar. La complejidad del *Desarrollo* en su dimensión relacional, al cual arriban en el texto, da cuenta de un entramado cognitivo diverso que promueve el fortalecimiento de redes vinculantes locales que generan nuevas prácticas transformadoras que construyen una comunidad para un Buen Vivir. El trabajo de las autoras pone el acento en los aspectos subjetivos y relacionales, recuperando los circuitos de aprendizajes situados, propios de dinámicas organizativas y de las formas en que se trabajan los conflictos en los territorios.

Este libro intenta poner en evidencia la capitulación de una forma única de pensar y comprender el mundo, que se erige siempre desde la ciencia con un valor de verdad universal, *atemporal* y *aterritorial*.

Los autores de esta publicación, en los ocho textos, han expresado de diversas maneras la voluntad por permitirse pensar en otras condiciones y con otros elementos que pongan en juego nuevas relaciones y formas de vinculación con las realidades múltiples que acontecen.

Las condiciones de pura racionalidad que perciben al mundo son ya asuntos perimidos, sino escasos/incompletos, para reconocer las verdades que subyacen a las comunidades en sus territorios. Los investigadores de este libro manifiestan otra forma de percibir esas realidades y dan cuenta de esa valoración a través de las interpelaciones, interrogantes e inquietudes que transitan sus artículos.

Reflexionar acerca de los modos de comprender y conocer el mundo, desde una perspectiva diferente a la hegemónica, ha sido el motor de marcha de este grupo de personas que presentan hoy sus textos en esta publicación; siendo las temáticas abordadas y compartidas todas diferentes, es indudable que, en todos los casos, la manifestación por una libertad cognitiva y de expresión, hace lugar a las reflexiones teóricas en articulación constante con experiencias situadas que de un modo u otro atraviesan la vida personal de cada uno de los compañeros de este libro, dando lugar a prácticas que bucean en nuevas formas de hacer investigación y de hacer política.

Paula Peyloubet
Diciembre, 2016

CAPÍTULO 1

RITUALES COGNITIVOS. EPISTEMES HEREJES... Y SOLO UNA LUNA PARA COMPRENDER

AMIGAS SALVAJES[1]

---

1 *"Amigas Salvajes"* es el seudónimo con que deciden escribir la Dra. Silvina Belmonte (INENCO-CONICET-UNSA) y la Dra. Paula Peyloubet (CIECS-CONICET-UNC) cuando lo hacen juntas.

El siguiente texto corresponde a un grito de libertad que proclama el derecho al gesto profundo del conocimiento, asumido desde el corazón y la emocionalidad. Intentará transitar entre un *relato de ficción*, que contará la historia de unos singulares y adorables personajes que ponen el cuerpo en un territorio imaginario, nacido de la verdad de una tierra conocida por un cosmos andino, y unas *reflexiones de pura herejía epistemológica*.

"Rituales COGNITIVOS" supone el saber que se despliega en el hacer cotidiano de las gentes, cuando de lo único que se presume es de poder hacer que la vida transcurra por el accidentado camino del territorio, querido y cuidado con el alma. Una manifestación de fe que deviene en *caminador* para sentir la dimensión del tiempo soplando al *costadito*, como compañero sabio del aprender con otros.

"Rituales COGNITIVOS" se expresa a través de un cuento y nos acerca un mundo real e imaginario que nos hace sentir parte de un universo más grande. Entre líneas, discurre la vida misma y todo lo que le da razón de existencia: ser, saber, aprender, compartir, sentir miedo, animarse, moverse, partir, llegar, volver, encontrarse. Habrá que estar muy atento para no perderse ningún detalle y dejarse atrapar por la verdadera esencia del conocimiento, escondido en lo cotidiano. ¿En qué estamos pensando? En que un cuento puede abrir un mundo de significados inesperados, partiendo desde aquí, desde lo simple y lo complejo, todo mezclado.

"Epistemes Herejes" propone el saber caliente que irrumpe en el silencio de los códigos, herrumbrados y marchitos, de una civilización explotada que tiene por única virtud el vacío del universal en su sentir que, helado por las sombras de las tinieblas, busca perpetuarse en el último aliento del *sabelotodo*, que está yaciendo, como maremoto quieto, en mitad de una gran caravana.

"Epistemes Herejes" comparte una manera de entender el cuento (y por tanto, la vida), mirando su contenido desde una perspectiva más analítica y profunda. No deja de ser una interpretación, como podría haber muchas otras. Sin embargo, se anima a reflexionar sobre algunos componentes

que nos atraviesan permanentemente, casi sin darnos cuenta, marcando el destino personal y de un país.

Saber mágico y saber valiente. Ritual cognitivo y Episteme hereje…y solo bastará el tiempo de una luna para poder comprender.

En adelante, nada crean, todo duden y despierten a su alma, porque ya no se trata más de un sueño…bienvenidos al decir de Quipildor: …*y esa es la verdad*…traducción: *no estoy mintiendo*.

Parte 1. RITUALES COGNITIVOS. La ficción.

La salida

Silencio. La tarde se ha puesto helada y tras los cerros en sombras, ya no se ve al dios sol. Los cerros están azules como el manto de la virgen morena que duerme en el altar de la nueva capilla del lugar, al cuidado del cóndor, que ya no es dios pagano sino dios de los dioses. Silencio de viento. Arrullo vigilante que paraliza el redondo macizo de tierra que ha quedado al cuidado del arbusto seco de espinas en garra ¡Quién pudiera acercarse a esa tierra sin semejante soldado de amor! Si, la tarde está helada pero la paz de las almas y los ojos entre cerrados que miran al cielo, vierten fantasías que caldean el aire. La escuela está despidiendo al día.

Los pequeños están de pie frente al mástil gigante de piedra y hormigón. Allá arriba, y casi perdido, vuela libre un trozo de tela que con aguda intuición es bandera, retazo de honores y gestas de independencia. Las manos chiquitas, arrugadas y de piel seca, con las uñas servidas por el barro y las mieles, toman el acero frío del cable que hará aullar la roldana cuando baje la bandera. Y la roldana aúlla. Alvarito tirita un poco y frunce su nariz, metiendo sus *mocos* hacia adentro, mientras alcanza, en punta de pie, al Estado hecho tela que viene bajando con orgullo.

Se acerca por detrás, con pausado andar, el hombre antiguo, que aún no cosecha ni una sola cana, y envuelve en sus brazos, con inclinado fervor, la bandera que acaba de finalizar su recorrido descendente. Amarinto es director de la escuela hace ya 30 años. Conoce la historia y el acontecer de cada signo en los cerros pelados. Sabe del amor soberbio de las familias por su tierra y reconoce en ellas el milagro de la identidad y la heredad de los pueblos.

El director sonríe. Sus dientes son blancos y su sonrisa es melancólica. Su rostro denota el tiempo transcurrido y su fina mandíbula adelanta su pasado indio. Saluda a los no más de diez *changuitos* de la zona que, a diario muy temprano en la mañana, concurren a la escuela de montaña con sus esperanzas puestas en el seguro regreso por la tarde a sus casas de adobe, donde arderán los leños.

-Ha terminado el día niños, sus padres los esperan- dice con amable voz y girando hacia el poniente inmenso agrega- buenas tardecitas familias...es una tarde extraña de silencio y frío...se avecinan nevadas, tal vez? Regresen con cuidado a sus casas. Estaré alerta.

Canela aparece desde la cocina y cierra la puerta. Ella es la maestra rural. Formada en la *escuela de la ciudad* con el diploma de una tecnicatura que le confiere la certeza de un saber acumulado, con vestigios del saber de la europa moderna, que utilizó los *uniformes azules* en la segunda guerra mundial. Descendienta de austro-húngaros llegados al país en la segunda migración del siglo XX y viuda de un lord inglés asentado en la pampa gringa que le dejó, después de una cruel enfermedad, una hermosa niña de ocho años, Miranda, que ella adoptó con inmenso amor.

Canela extiende su brazo y agita la mano, saludando con gracia de princesa, dejando ver en su delgada muñeca magníficas pulseras de flores secas que los niños hicieron y le regalaron en la siesta de hoy, mientras recorrían los senderos buscando *armadillos* para cantarles una canción especialmente inventada para ellos. Es que Canela adora los animales y los niños festejan su sensibilidad. Por eso, como actividad de *ciencias naturales*, hicieron una canción para los *armadillos*. Los niños viven en territorio animal y ese es su cobijo natural. La *percepción idolatrada* hacia la fauna sólo la tienen aquellos que no son compañeros a diario, de aventuras en el alto, de los propios animales. Los niños igual cumplieron con el deseo de Canela y buscaron por lo menos un *armadillo* en los cerros, seguros de no poder hallarlo, para cantarle la canción. Claro. No lo encontraron. La canción no se cantó. Pero hicieron pulseras de flores secas y se las regalaron a la linda y joven maestra.

El camino

Por el borde del desfiladero, susurrando bajito alabanzas al cielo, se alejan Alvarito y su abuelo Quipildor tomados de la mano, seguidos por su fiel caballo negro, como la virgen morena del altar de la capilla nueva, que lleva atado a su lomo huesudo dos alforjas cargadas de papas trocadas por blancos y tiernos quesos de cabra. Saben hacer quesos, saben hacer papas, saben cantar alabanzas y saben que una tarde helada y de silencio campero trae algún *aparecido* con un gran aguacero. Nieve? No, nieve no. Agua. El director se ha equivocado. La nieve trae a los loros en bandadas verdes oro. No han bajado hoy los loros. Hoy no habrá nieve. Los cerros ya están emparentados con el cielo. No parecen cerros. No parece cielo. Solo un oscuro manto de negro silencio. Ha llegado la noche.

-Alvarito, tenes miedo? Ya estamos a dos *pasos* del rancho. Me preocupan las cabras. Quedaron pastando lejos, la pastura este invierno nos ha abandonado temprano y las cabras deben subir muy alto para encontrar su alimento. Me preocupan las cabras. Creo que no podré buscarlas esta tarde. La noche temprana me ha sorprendido Alvarito.

-No abuelo, no tengo miedo- respondió el niño apretando la mano de Quipildor- nos acompaña Rampiro...mirá, va al lado mío y trata de darme cabezazos, él es mi amigo- y acarició el morro del noble caballo que apuró su paso al mismo tiempo que relinchó- Hoy en la escuela inventamos una canción para los *armadillos*. La maestra dice que los animales son nuestros amigos y que debemos protegerlos de todo mal, cuál es el mal que pueden sufrir aquí los *armadillos*, abuelo? A mi la maestra me gusta mucho porque es buena. Ella tiene una hija que se llama Miranda. Miranda es mi amiga. Hoy estuvimos juntos y le hicimos pulseras a la maestra. Las flores se han secado, ya no hay flores tiernas abuelo, este invierno está más seco que otros... abuelo, bajó por la acequia el agua que esperabas de la toma? Todavía habrá agua en la toma, abuelo?

Llegaron a la casa. Las cabras no habían vuelto al corral. Salvo Princesa que se pavoneaba de borde a borde, del cerco a la pirca y de la pirca al cerco, las otras cabras no estaban. Quipildor frunció el ceño y pidió a la Pachamama que las protegiera. Miró hacia el este y detrás de la negrura espesa de la noche la luna aparecía tardíamente con su cuerno delgado y su brillo apagado por las espesas nubes que la acurrucaban.

-Sí, la noche está extraña- y se le aceleró el corazón, que aunque valiente, percibía la llegada del *aparecido* junto al aguacero.

La llegada

Tibio el aire enrarecido de la pequeña casa de tierra y piedra. Los leños en la cocina habían dejado de arder. No obstante los muros espesos de barro hacían canto público del calor ganado y convidaban su apacible calentura. El camino de regreso había sido más lento de lo esperado. La llegada de la oscuridad tempranamente había detenido la marcha. Rampiro estaba viejo y su paso, aunque incansable, ya era lento. Quipildor lo acompañaba en la vejez y también en el paso lento.

-Andá a la casa Alvarito!- grito el abuelo con voz grave y amorosa- voy a poner comida y a guardar a los animales bajo el toldo. Hay papas y carne seca para la cena. Cargá la cocina, la leña está en la cesta de la entrada.

La luz de la luna alumbraba poco. El farol de querosene hizo su aparición. Bendito farol añejo. Herencia de quien sabe cuál de los parientes urbanos. Alvarito prendió la cocina con los leños secos que estaban en la cesta de raíces trenzadas de la entrada. Pura artesanía de manos fuertes y dedos largos que al candor de las velas de algún pasado inverno, prepararon con cuidado la cesta para este nuevo invierno. Futurología. No, tiempo productivo con sabor a ocio clandestino que amasa con prevención la necesidad de más allá en el tiempo. Para hoy, no es. Para mañana, tal vez. Entonces trabajaron las manos. Y la cesta, que hoy cuida los leños secos, nació alumbrada por el artesano sabio de los largos dedos y de los silencios buenos.

Afuera el viento corrió por el desfiladero e hizo bramar la noche. La luna se estremeció y colgó de su cuerno una estela de estrellas que dejaron de alumbrar. Oscuridad total. Un silencio de vacío. Sombras bailando sobre los cerros. Quietud inesperada. Bienvenido el *aparecido*. *Aparecido* no. *Aparecida.* La tormenta.

De repente, la luz explotó en las tinieblas e hizo parpadear los cerros que se volvieron voluptuosos y amantes de esas tinieblas. Y llegó el estruendo. La voz con eco del trueno, que reventó el silencio en un solo grito de furia y arrasó con los amantes que se rozaban entre tanto miedo.

La *aparecida* ha llegado. La tormenta de la Santa Rosa de los meses de agosto, bendecida con los favores de quien sabe cuáles rituales de chamanes andinos, está acá. Es que la tierra de los cerros filtra las aguas de los cristianos evangelizados y de los sabios de la Pachamama. Allí, donde se unen en la oscuridad sepulcral el cielo y la tierra y se levantan vientos desde el desfiladero meciendo las piedras quemadas por el sol; allí, donde las tormentas hacen sus fiestas en las noches de lunas de cuernos y las estrellas se apagan detrás de las sombras de nubes amorfas; allí, se alaba a la lluvia que llena las acequias, aunque esta muerda a la noche y desgarre los bordes de los más robustos cerros. Allí, se alaba al aguacero, a la *aparecida*, a la tormenta.

La tormenta

La escuela permanecía yerta bajo el manto de la noche. El viento le ha traído la acritud de los manzanos del valle cuando florecen en los días de entierro, según dicen las comadronas que traen los niños al mundo. Las luces tenues del salón de lectura permanecen alumbrando con los últimos alientos solares de sus descargadas baterías. Amarito está preocupado. Mira por detrás de los vidrios empañados del ventanal del norte y descubre sólo la pulcritud del cielo en su negrura más espesa. El viento sacude las ramas del único árbol que se desploma, una y otra vez, sobre el techo de la sala de lectura donde también Miranda escucha, con indómita resignación, la tormenta de la Santa Rosa debatiéndose en lo profundo del alma de los cerros.

-Canela, será mejor que no regreses a la ciudad esta noche. Los vados del camino se habrán llenado y bajarán las piedras rodando por las pendientes y quién sabe si un deslave no deforme los bordes del camino- dijo el director con cariño paternal a la joven maestra.

-Debo regresar a mi casa Amarinto, esta noche la tía de Miranda llegaba de la Capital para conocerla- y volviéndose hacia la niña le comentó bajito- vamos ya Miranda? Iremos por el atajo del sur y pasaremos el primer vado de inmediato, ya luego no habrá nada más que temer. El vado está muy cerca de la casa de Alvarito, lo sabías Miranda?

Aquel último comentario hizo olvidar a Miranda que afuera la tormenta tronaba y que el viento sacudía con rabia las ramas del único árbol sobre el techo de la sala de lectura. Alvarito era su amigo. Era su héroe. Hoy a la siesta, mientras buscaban *armadillos* para cantarles la canción, Alvarito le había contado historias de animales audaces que no se parecían en nada a los pobres otros animales que, apresados en el zoológico de la Capital, vivían vidas de tristeza sin ninguna emancipación. También le había enseñado a trenzar las ramas vírgenes de las flores secas, que son las que pueden doblarse y ajustarse sin que se quiebren, según le aseguró, mientras con maestría enredaba las ramitas componiendo las más bellas pulseras. A escondidas Alvarito le había regalado una, que tenía una flor azul desteñida por la sequía de este invierno pero que aún, bajo el ardor de los soles invernales, había podido resistir levemente su color. La flor azul, le había dicho Alvarito, se parecía a Miranda, pues era la única que aún conservaba su pálido color. Claro que el color que conservaba Miranda no era azul, sino de un blanco nacido de la luna de otoño en una gran ciudad francesa.

Y había que regresar. La tía urbana de la gran Capital llegaba a conocer a su sobrina. Vidas sin familia. Casi vidas prestadas. Casi solas Canela y Miranda.

Tomaron el atajo del sur y llegaron al primer vado. Canela advirtió que la correntada no era menor y que el paso de su pequeño auto no estaba asegurado. Bajó rápidamente para observar más de cerca la situación de aguas arriba. Al pisar una gran piedra, que parecía brillar a cada encendida de relámpago, trastabilló y cayó al suelo, golpeando su cabeza contra el borde de una emblemática tranquera que separa, con una legitimidad nada ética, la tierra privada de la que es de todos ¡Mal nacida tranquera que hoy hechas a rodar la suerte de Canela y Miranda en esta noche de tormenta brava!

-¡Miranda! pedí ayuda... hacé sonar la bocina- gritó asustada Canela- la casa de Quipildor está cerca, nos va a escuchar y vendrá a ayudarnos- trataba de calmar a la niña mientras se quitaba la línea de sangre que le rodaba la mejilla.

La lluvia caía con tanta fuerza que el dios de Canela y la virgen morena no debían estar escuchando las plegarias de ambas mujercitas que, una por joven y otra por niña, lloraban el llanto eterno de los que están aterrados.

La noche se partió en dos a la llegada de Rampiro y sus lazos blancos. Quipildor montaba en su viejo caballo y traía la paz que apacigua a las almas. La noche era otra noche ahora junto a Quipildor y a Rampiro. El abuelo del héroe de Miranda bajó del noble animal y tomó a la niña entre sus brazos, subiéndola luego al equino que, con cuidadosa maniobra, bajó su cabeza gigante y la acarició, dejándola acomodarse en su recado de pelo de oveja. Miranda, aún así, no dejaba de llorar con lágrimas azules, como la flor del cerro de la pulsera que hoy a la siesta le habían regalado. Quipildor con su ser de hombre de cerros, lentamente tomó el rostro de Canela y miró la línea parpadeante roja negra sobre su ceja abierta. Se sonrió y bajó sus ojos. El agua copiosa de la lluvia había limpiado su sangre, que ya estaba aguas abajo, entre las piedras del vado cantando a los dioses del alba para que la bendiga en su marcha. Eso explicó Quipildor a la asustada muchacha que no entendía por qué su sangre debía derramarse entre las piedras.

Caminaron hacia la pequeña casa de luz andina, con las últimas gotas de la noche. El viento había empujado a la luna que comenzaba a despabilarse y se quitaba con ganas las sombras candentes de las nubes que se despedían de ella con lánguidos saludos de enamorados que nada se extrañarán. Los relámpagos y los truenos cruzaban lejanos el borde del cerro que, con su más intenso valor, sacudía su humedad desplegando aromas de tierra mojada y suelos de nocturnos pastizales tiernos. Los *armadillos* habían salido de sus madrigueras para mirar la luna ahora limpia y clara pendiendo del cielo calmo e intransigente, esperando una canción todavía no cantada.

En la puerta la sonrisa de Alvarito mostraba sus enormes dientes separados en la delantera, seguro por aquella lengua curiosa que los esperó crecer y se escondió entre ellos. Alvarito sostenía fuerte y alto el farol de querosene de quien sabe cuáles parientes urbanos.

La calma

La casa respiraba humo polvoriento de los leños secos, guardados en la cesta hecha por las laboriosas manos del artesano, en un pasado y olvidado invierno. Al lado de la fogata improvisada en medio de la habitación, sobre un suelo barrido de tierra, compañera caliente de las noches frías, dormía Princesa, una espectacular cabra blanca de cuernos amarillentos óxidos y roídos en las largas caminatas sobre riscos de montaña, significantes de orgullo acumulado en la experiencia pasada en tantas tormentas de la Santa Rosa. Princesa velaba, con su latente lealtad, por la amiga familia del cerro.

Miranda abrazó la cabra y en ese abrazo abrazaba la vida que le había regalado al amigo Alvarito, el de los dientes grandes y las pulseras de flores azules. Canela se sentó frente al fuego sobre un telar de lana de vicuña de ropaje marrón caoba. Alvarito abrió la doble puerta baja de quebrachos resecados y dejó entrar a Rampiro que encontró, a su lento paso, el umbral de piedra y junto a él, el morral de maíz tierno que sería su alimento en aquella noche de extraños invitados al calor del fuego. Quipildor sentado en su banquito de madera y cuero fumaba su último cigarro, vestigio de sus andares por el pueblo.

Sobre la fogata hervía una vieja olla de herrumbradas asas sobre las que descansaba, quemándose un poco, una agarradera de colores vivos que traía reminiscencias de culturas andinas del Perú amigo. Dentro de la olla ramitas, *acobachadas* por el agua hervida, daban lugar a los mejores saumerios de incesante olor a cebolla, ajo y maíz blanco. La sopa. Caliente y sanador estímulo para el sosiego de una noche larga que había comenzado con el viento bravo, el frío helado, la oscuridad temida y luego el agua. El agua a borbotones, de manera espectacular, había llenado las acequias y bajaba como serpiente brillante desde lo alto, allá en la toma del arroyo que *vive al lado del cielo* tocando a su paso todas las piedras nacidas de los cerros y hoy con la sangre derramada de Canela, hasta lo bajo, la casa de Quipildor donde se guarece ahora, para un reparador descanso, en un inmenso tanque blanco de triple capa de pvc. Extraño subsidio de la civilización moderna.

La tormenta había pasado. La noche estaba derritiéndose y el albor de las primeras horas del sol se anunciaba por detrás de los cerros del este, por donde se vio un día a la Virgen Morena cantando un conjuro junto a Silvia Rivera Cusicanqui. La sopa había hecho amigos. Canela se había adormecido. Quipildor cerraba la baja puerta de dos hojas de quebracho resecado. Rampiro cerraba sus ojos pero miraba hacia el fuego. Princesa estaba en su regazo, calentando los sueños del querido amigo negro bendecido en sus fuertes cuatro patas. Alvarito miraba a Miranda con sus ojos negrísimos de vivo sentir y sólo estaba allí, estando. Miranda hundió los dedos en su bolsillo, con la suavidad extrema de quien busca un tesoro; revolvió profundo; con el tiempo de la magia, sacó su mano blanca cerrada y se la acercó a Alvarito. Con una parsimonia casi inusual en una niña de ocho años, que todavía está cruda de la vida, abrió su puño pequeño y dejó ver la pulsera de flores secas que su héroe le había regalado esa misma siesta mientras buscaban *armadillos* para cantarles una canción. La flor azul era de un vivo color profundo, no solo había resistido a sol ardiente y a la sequía quebrada de este invierno, sino que por arte de la fe ciega había mutado a un azul de cielo que nunca se había visto.

Es que ni la pachamama y sus chamanes, ni los dioses cóndor del alto, ni la virgen morena que está en el altar de la capilla nueva, ni la santa rosa de los meses de agosto, ni la *aparecida* tormenta de los aguaceros de miedo saben por qué el amor se prende a los niños con flores color azul cielo.

Paula Peyloubet

Agosto 2016

La tormenta es lo que nos asusta pero lo que nos queda es el sol

Los niños nos ayudan a visualizar las montañas, el río, los cercos, al caballo Rampiro, la cabra Princesa y tantos otros detalles que la tormenta no nos dejó ver muy bien anoche...

¡El gracias más especial a nuestros queridos dibujantes inspiradores!

GRÁFICOS REALIZADOS POR LOS NIÑOS DE LA ESCUELA DE CERRO NEGRO DEL TIRAO- SALTA... en una ocasión en que "Amigas Salvajes" los visitaron juntas...Abril 2016.

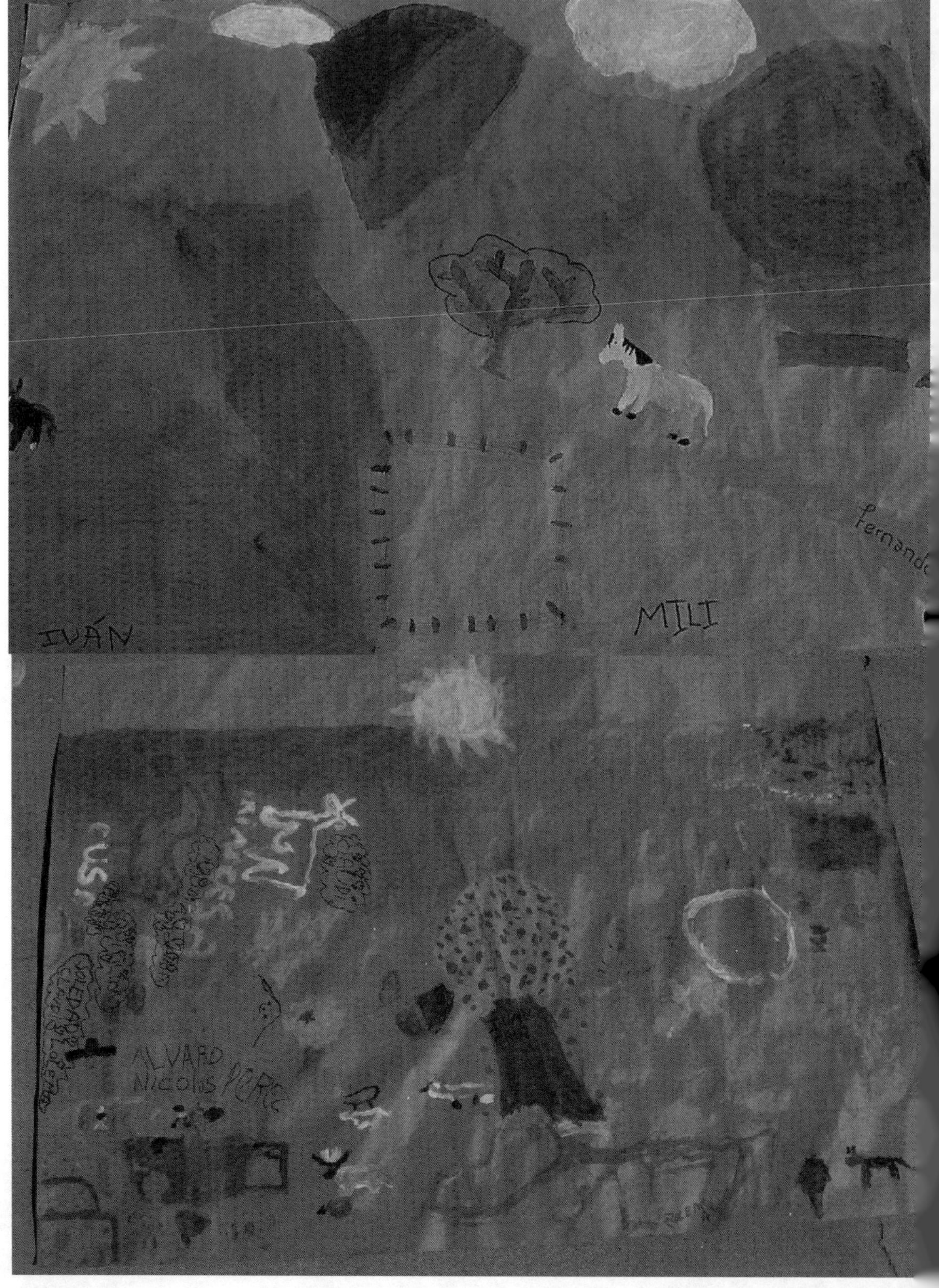
IVÁN
MILI
Fernando
CUSI
ALVARO
NICOLAS PEREZ

Parte 2. EPISTEMES HEREJES[2]. La reflexión.

Introducción

El texto que sigue intentará realizar algunas reflexiones en torno a la ficción, en forma de cuento, que se presentó en la *Parte1. Rituales Cognitivos. La ficción.* Se han elegido algunas citas de esta primera parte, con la intención de conectarlas como *denuncias herejes de una episteme* que pone en contraste la diversidad que acontece en una crónica de personas inventadas para el caso, pero que podría ser una verdadera historia en mitad de los cerros de la Argentina grande del noroeste andino.

Pensar en *Epistemes Herejes* da lugar a relatos contradictorios a la forma tradicional de concebir el conocimiento. Cuestiona la manera de ver las cosas y sale al rescate de la diversidad de saberes que atraviesan una cultura, un grupo humano, un espacio donde se habita. Plantea una mirada que va más allá de la teoría y se asienta en la posibilidad de *encontrarse* para construir un conocimiento plural y diverso, para nada nuevo, pero hasta ahora poco reconocido.

El *contraste cognitivo* y su correspondiente *intervención en la práctica doméstica*, que se desarrolla a lo largo del cuento entre los personajes, en ese suelo y en esa noche, se utilizará como un *instrumento metodológico* que dará cuenta de las diferencias y similitudes en el saber-conocimiento de este encuentro cultural, que habita un territorio específico, conformado por una comunidad mixta de gente originalmente diversa.

Con el fin de colaborar con el lector, en la claridad de estas reflexiones, se advierte que las citas se han tomado en el orden de aparición en el cuento y no necesariamente en función de las consideraciones de análisis implicadas. Para resolver este *incómodo* asunto del orden de aparición, en el final de este artículo, se presentará una última parte, para provocar una reflexividad que no se clausure en conceptos, es decir, *que no deje muerto al asunto* sino vivo y pensándose.

En lo que sigue van las reflexiones de las citas seleccionadas con la indómita libertad que nos da el ser *Amigas Salvajes*.

----

2   Silvia Rivera Cusicanqui prefiere llamar epistemes al saber no occidental, de allí el nombre para esta segunda parte; ella misma dice que transitar epistmológicamente por herejías, supone pensar de una *disparatada manera para ir contra la ciencia como un error sostenido consciente.* Estas son las inspiraciones del título, que pretende reconocer saberes y prácticas "otras" en estado de igualdad cognitiva respecto del conocimiento moderno, legitimado por una ciencia de reducida posibilidad y, en todo caso, aceptar que para ésta la condición de "otro" es merecedor de un trato hereje. Epistemes Herejes...conocimientos disidentes apartados de la norma y la doctrina al amparo del libre pensamiento que compromete el cuerpo y el alma.

La salida

Silencio. La tarde se ha puesto helada y tras los cerros en sombras, ya no se ve al dios sol.

Antes de dar el primer paso, contemplar. Elegir desde donde arrancar. No sería mejor ni peor comenzar desde otro lugar, sólo sería distinto. Dejarse impregnar por el silencio antes de iniciar un trabajo o una tarea, o quizá al terminarla, puede representar la humildad de reconocer que no lo sé todo. Toda la experiencia ganada bajo la luz del dios sol, se pierde ante el anochecer nuevo, que invita a reflexionar sobre lo que se va, lo que se hizo y lo que no, lo que se aprendió y lo que todavía falta por llegar. Buen ejercicio el de sentirse pequeño, ante el gigante de los cerros en sombras. Solemos enredarnos en "contraposiciones": de lo simple a lo complejo, del todo a las partes. Sin embargo, la naturaleza, con el tiempo y el espacio que materializa, es única. Lo que cambia es la manera de ver (de escuchar y de sentir). Tal vez lo que interese entonces sea, elegir un lugar para comenzar el recorrido y recuperar la capacidad de sorprenderse, descubriendo el juego de luces y sombras: desde lo más chiquitito (la maravilla y la complejidad de una célula o de la conversación con un sabio abuelo), a lo más grande (un universo de planetas y estrellas donde somos un puntito o una política pública territorial que define la historia de un país).

Los cerros están azules como el manto de la virgen morena que duerme en el altar de la nueva capilla del lugar, al cuidado del cóndor, que ya no es dios pagano sino dios de los dioses.

Creer en algo sostiene los esfuerzos y las acciones cotidianas trascendiendo las fronteras temporales y de un lugar. La integración de los signos o símbolos que acuñan las culturas respecto de su fe y/o religión, concede la posibilidad de conectarse con la sencillez de la madre del dios de la fe cristiana que, en mímesis con el territorio, tiñe su piel de color oscuro tal como los pobladores andinos en calidad de iguales y hermanos; y por el otro lado, la grandiosidad de un ave espectacular, tal como el cóndor, que surca los cielos de la cordillera en su más alta lejanía e inunda de pasión el alma haciendo crecer la idea, que no se explica sólo se siente, de la belleza de la creación. En ambos imaginarios, el cóndor y la virgen morena, se trasciende el mundo material para conectarse con un más allá invisible que sólo se acepta si se despiertan los valores dormidos del espíritu humano en conexión con el otro; entiéndase por "otro" al ser ontológico existencial. Este punto de vista se sostiene en virtud de creer que la necesidad de reconocer la grandiosidad, jerárquica o no, de un otro que no soy yo, es decir la construcción cultural que permite o promueve a rezar o a hacer conjuros. Esta consideración conecta las culturas en un éxtasis de belleza esencial.

> *Los pequeños están de pie frente al mástil gigante de piedra y hormigón. Allá arriba, y casi perdido, vuela libre un trozo de tela que con aguda intuición es bandera, retazo de honores y gestas de independencia. Las manos chiquitas, arrugadas y de piel seca, con las uñas servidas por el barro y las mieles, toman el acero frío del cable que hará aullar la roldana cuando baje la bandera. Y la roldana aúlla. Alvarito tirita un poco y frunce su nariz, metiendo sus mocos hacia adentro, mientras alcanza, en punta de pie, al Estado hecho tela que viene bajando con orgullo.*

La condición de Estado-Nación interviene en el relato como integrador de culturas en un territorio proclive a condicionamientos homogeneizantes. En el cuento, la bandera representa al Estado, pero se prefigura en un simple trozo de tela que pone en calidad de retazo los honores y las gestas sanmartinianas. La disolución del protocolo que adquiere el aullar de la roldana, las manitos del niño y su control de mocos, constituyen un pronunciamiento a la desjerarquización hegemónica que da luz a una relación natural entre la candidez de un pequeño con frío y el orgullo de la tela que baja en su condición de Estado. Esta consideración procura comprender el valor de la grandeza constituida no necesariamente por la bandera en sí misma, sino en su relación con el niño abanderado. La piedra y el hormigón se presentan en esta cita como la materialización de los tiempos andinos de silencio y respeto a la tierra y los tiempos modernos de las producciones extractivas del cemento y el hierro. Este contraste pone en evidencia la herencia de dos comunidades implicadas con conceptos de vida e inspiración austera por un lado y modernidad y progreso por el otro. Claro relato de los deseos puestos en juego. Esta consideración bucea en las diferencias de dos posicionamientos frente a cosmos diversos.

> *Amarinto es director de la escuela hace ya 30 años. Conoce la historia y el acontecer de cada signo en los cerros pelados. Sabe del amor soberbio de las familias por su tierra y reconoce en ellas el milagro de la identidad y la heredad de los pueblos.*

Sólo se ama lo que se conoce. El tiempo compartido ayuda a descubrir al otro. Pero el respeto también se construye en querer conocerlo. La tarea del director de la escuela rural de los cerros trasciende el dar clases para acompañar la trayectoria de una comunidad que tiene una forma de ser y de hacer particular. La manera comunitaria de enfrentar los problemas, realizar acuerdos y tomar decisiones es única e irrepetible, como lo son las personas y las familias que la integran. El maestro reconoce esta identidad arraigada a la tierra y se siente agradecido y orgulloso de haber llevado a cabo su misión docente en este lugar y no en otro. Las familias ven en el director a un ser superior (porque trae el conocimiento) pero también cercano, que aprendió a ganarse la confianza y el respeto a partir del propio reconocimiento del otro y su forma de vivir. Sin embargo, el encuentro de saberes aún no logra instaurarse en las raíces de una educación diferente, adecuada y emancipadora. Y las aulas siguen siendo de cuatro paredes y no de cerros (como es la casa de estos niños), la matemática trae problema de negocios y distancias de calles que aquí no existen, las historias son de princesas, leones y elefantes y no de pastores, guanacos o cabras... Tal vez porque se piensa que el desarrollo está en otro lado, y la inclusión y la igualdad requieren que todos cuenten con las mismas herramientas y que todos sepan lo mismo para tener las mismas oportunidades en la vida, aunque la vida de cada uno sea diferente.

> *Saluda a los no más de diez changuitos de la zona que, a diario muy temprano en la mañana, concurren a la escuela de montaña con sus esperanzas puestas en el seguro regreso por la tarde a sus casas de adobe...*

Acordar los espacios de regreso, aceptando ciertos espacios del camino. La educación formal materializada en la escuela de impronta nacional y la casa doméstica materializada por la constitución de la tierra de su suelo hecha adobe. Por un lado la escuela representante del ser nacional, abstracto y moderno, que infiere un saber global, ciertamente colonial que hace dependiente a la comunidad, y por otro la casa representante de la herencia ancestral, concreto y atemporal, que infiere un saber local, ciertamente libertario que hace autónoma a la comunidad. Los contratos como seguros de subsistencia que sólo permiten degradar parte de algún horizonte histórico negociable, dejando incólume la perpetuidad del ser identitario resistiendo. Esta consideración ilumina la disputa territorial del sentir y el saber a través de una lucha de identidades que se reservan las derrotas y los fracasos para más adelante, en un continuo volver a guerrear.

> *...donde arderán los leños.*

Lugar de reunión y encuentro, junto al fuego. Herencia milenaria que ninguna oleada de modernización podrá superar. Por suerte. Es el espacio que conecta con la tierra y a unos con otros. Tal vez sólo incluya unas pocas palabras, una noche con cuento, una sopa o un té, un cómo fue tu día, una montaña de saberes escondidos en como cosechar la papa mañana o planificar el queso que se venderá en la feria. Herencia perdida en las ciudades, donde una cajita cuadrada reemplaza el diálogo por noticias y los saberes por haberes a conseguir.

> *Ella es la maestra rural. Formada en la escuela de la ciudad con el diploma de una tecnicatura que le confiere la certeza de un saber acumulado, con vestigios del saber de la europa moderna, que utilizó los uniformes azules en la segunda guerra mundial. Descendienta de austro-húngaros llegados al país en la segunda migración del siglo XX y viuda de un lord inglés asentado en la pampa gringa...*

La descripción de la maestra se sitúa en el reconocimiento y legitimación de un conocimiento que se imparte en la civilidad de las ciudades y en el marco de una segura reproducción de saberes asentados en la modernidad europea, como símbolo de la más grande educación que modela los deseos de quienes persiguen el progreso. Esta maestra joven es en el cuento el ser extranjero del que se valora el saber, puesto en la representación del diploma de la urbanidad y la universidad, y el honor, puesto en la lucha de los que triunfaron en la última guerra a partir de la cual se pusieron de pie, en una estirpe de valientes y caballeros superiores al resto del planeta. Precursores de las batallas y de las amnistías. En el relato la maestra es representante de la contradicción histórica entre guerra y paz, entre colonialidad y emancipación, entre civilización y barbarie. Maestra, título grande, esfuerzo poco valorado; pero con profunda intención de superar la barrera. Elegir como lugar de trabajo estos cerros, ya es iniciativa de un reconocimiento de saberes otros y señal de querer aprender, no sólo enseñar. Molinos de viento con los que se queda luchando el Quijote, después de escuchar ladrar los perros en señal de avance.

> *Es que Canela adora los animales y los niños festejan su sensibilidad. Por eso, como actividad de ciencias naturales, hicieron una canción para los armadillos. Los niños viven en territorio animal y ese es su cobijo natural. La percepción idolatrada hacia la fauna sólo la tienen aquellos que no son compañeros a diario, de aventuras en el alto, de los propios animales.*

Las construcciones de sentido de los diferentes personajes del relato, dan cuenta de la relación variada que establece, cada uno de ellos, con su territorio, escenario de sus experiencias cotidianas. La maestra es quien, viniendo de la civilidad del cemento y las flores plantadas en macetas, desarrolla un sensible vínculo con los animales que pocas veces tiene oportunidad de ver y promueve, alienta, el respeto a su vida y a la celebración de verlos aparecer en ocasiones; sin saber bien porqué, espera poder tener encuentros espontáneos que le permitan expresarles su amor. Los niños de los cerros recogen con entusiasmo este convite a la fiesta, pero no alcanzan a comprender por qué esa extraña adicción de la maestra por los animales y su cuidado, siendo para ellos tan natural que todos compartan el territorio, tomado en diferentes horarios y lugares, con intereses diversos bien marcados, en un sabio modo de habitar colectivo en el que los niños y animales conviven en una armoniosa experiencia, no enseñada por nadie sino simplemente vivida a diario como todo lo cotidiano. Saben los niños que los armadillos saldrán cuando ellos se vayan del cerro, porque el espacio compartido tiene ciclos diferenciados y la canción nunca será cantada en su presencia. Mientras tanto los niños darán el gusto a la maestra, en su alegre modo de comunicar ese amor por los armadillos, aún a sabiendas que nada sabe verdaderamente a cerca de ellos. Los niños son cómplices naturales de los armadillos y la maestra no lo ha descubierto aún. Esta consideración da lugar a la diferente manera de percibir la relación con la naturaleza y el vínculo que se establece en función de pares o guardianes.

*La canción no se cantó. Pero hicieron pulseras de flores
secas y se las regalaron a la linda y joven maestra.*

¿Cuál es el conocimiento verdadero? Duda existencial de filósofos y epistemólogos famosos. Respuesta simple de niños de pocos años. No hay uno, son muchos. Tal vez el problema esté en esperar un tipo de "conocimiento", que no te deja descubrir muchos otros. Tal vez no era tan así como uno lo esperaba, pero no por eso menos verdadero. El armadillo no iba a aparecer, pero sí estaba; la canción también, pero no podría ser cantada. El conocimiento de la naturaleza está impreso en la vida misma de estos pequeños y por eso igual se iba a manifestar. El saber hacer convertido en pulseras de flores expresaron cariño, pero también valoración de un recurso propio que nadie más lo tiene.

El camino

*Por el borde del desfiladero, susurrando bajito
alabanzas al cielo, se alejan Alvarito y su abuelo
Quipildor tomados de la mano...*

Nada puede reemplazar el caminar acompañados. Las dudas y el peligro, se esfuman en la imagen de ir de a dos. El conocimiento solitario no persistirá mucho tiempo. Será inevitable que desaparezca en algún momento. ¿Quién sabrá recorrer esos desfiladeros sin caerse si el abuelo no le enseña a su nieto? Y no sólo le cuenta...lo transitan juntos. Aprendizajes guardados, encajonados y no experimentados, no llegan a saberes. Sólo en el compartir, los saberes cobran razón de ser y existencia.

> *...seguidos por su fiel caballo negro, como la virgen*
> *morena del altar de la capilla nueva...*

Otra oportunidad en la que el cuento intenta poner en estado de iguales al caballo negro y a la virgen negra. En algún sentido la virgen acompaña la vida como lo hace el caballo. Es una manera de establecer la percepción de cuidado, representada en un caso por el noble animal y en otro por la madre de un dios en el que se cree y se adora. Esta es una consideración en la que se pone a la luz la necesidad cultural de sentirse protegido.

> *...que lleva atado a su lomo huesudo dos alforjas*
> *cargadas de papas trocadas por blancos y tiernos*
> *quesos de cabra.*

Sabiduría de llevar sólo lo necesario, lo imprescindible. De saber discernir las prioridades, qué hace falta y qué no tanto. Las sociedades capitalistas de hoy, empeñadas en acumular riquezas y materialidades de todo tipo, se olvidaron de esta ley universal del camino: Viajar liviano, para llegar más lejos. Apurados en el afán de tener más y más, se pierde el poder de transitar y disfrutar el camino.

> *Saben hacer quesos, saben hacer papas, saben*
> *cantar alabanzas y saben que una tarde helada*
> *y de silencio campero trae algún aparecido con*
> *un gran aguacero. Nieve? No, nieve no. Agua. El*
> *director se ha equivocado. La nieve trae a los loros*
> *en bandadas verdes oro. No han bajado hoy los*
> *loros. Hoy no habrá nieve.*

La cita trae en esta ocasión el manifiesto del reconocimiento territorial profundo. La experiencia de vivir a diario junto a los mitos y leyendas heredadas que permiten el saber con la certeza enraizada en la vida de uno mismo, del abuelo y del más allá, que al cielo oscuro y al frío no sólo se los lee en calidad de nieve; es necesario complejizar la lectura en relación al silencio y a los loros que luego romperán el silencio. La sumatoria de monumentales encuentros, loros, frío, silencio, cielo gris, aseguran la nieve, pero esta vez los loros no han bajado; eso permite saber que no es nieve, que es agua. El director ha generado en su mente una analogía con su mundo de representaciones urbanas y ha inferido de manera equivocada; es que a él le faltan las consideraciones que no fallan, los mitos, las leyendas y el saber el territorio desde la heredad del pueblo. Estas consideraciones articulan los saberes profundos con los conocimientos que racionalizan e integran. La racionalidad y las integraciones en ocasiones no bastan para acertar las situaciones excepcionales que surgen de las entrañas de la tierra.

-No abuelo, no tengo miedo- respondió el niño
apretando la mano de Quipildor- nos acompaña
Rampiro...mirá, va al lado mío y trata de darme
cabezazos, él es mi amigo-

Al igual que la imagen de atravesar el desfiladero acompañado, esta frase invoca la importancia de tener compañía en el viaje, pero en este caso saliendo de los límites de la familia y los ancestros. Un "amigo" para superar los miedos y guiarte en el camino, podría transferirse al diseño y aplicación de políticas públicas que requieren de procesos interactorales afianzados en la confianza mutua y la toma de decisiones consensuadas para realizar proyectos o acciones para el bien común. Algo tan simple como puede parecer elegir por dónde ir, se convierte en un desafío trascendental que puede afectar el destino de muchas personas. Si la confianza se quiebra o cada cual no cumple con lo acordado para el camino, la seguridad y el bien común estarán en riesgo.

La maestra dice que los animales son nuestros amigos
y que debemos protegerlos de todo mal, cuál es el
mal que pueden sufrir aquí los armadillos, abuelo?

La inocencia del niño en su tierra no comprende que la civilización trae algunos cambios que pueden afectar la vida tranquila de los armadillos. Aunque la maestra no sabe que los armadillos no saldrán de sus madrigueras en esta siesta y no podrán cantarles la canción, si sabe que la expansión furtiva de los hombres que promueven el progreso en torno a las exuberantes productividades y a los consumos con excesos pueden poner en peligro a los armadillos y a otras especies que, en breve, tal vez deban dejar su territorio para encaramarse en lo más alto de las cimas esperando que allí nadie los encuentre. La ingenuidad del pequeño frente al no conocer los alegatos modernos del desarrollo no le permiten comprender por qué la maestra supone que hay que protegerlos de todo mal. Esta consideración propone una complementariedad necesaria entre los saberes que anidan en la tierra profunda y en el conocimiento que previene una perversa audacia humana a favor de una explotación ambiciosa y desquiciada. Saberes y conocimiento articulados para comprender la totalidad de la cuestión que se pone en juego. Saberes y conocimientos aliados para una instancia de sobrevivencia. Algo aprendido.

*Las flores se han secado, ya no hay flores tiernas
abuelo, este invierno está más seco que otros...
abuelo, bajó por la acequia el agua que esperabas
de la toma? Todavía habrá agua en la toma,
abuelo?*

Las preocupaciones que dejan sentirse en el alma del pequeño que vive en estos cerros, escapan de las posibilidades de un niño de ciudad que no percibe que las flores están secas porque el invierno ha sido más seco y tampoco le preocupa el agua que, en manantiales, sale por cualquier canilla de su casa. Las flores en la ciudad no se secan porque en macetas se riegan continuamente. Las flores de los cerros necesitan del agua de los cielos y estos cielos se están apagando de agua porque el cambio climático está afectando los ciclos naturales que no se perciben en la ficticia vida urbana sino sólo en los cerros, donde viven este pequeño y su abuelo; entonces es preocupación el agua porque las flores se están secando. En esta consideración se pone de relieve los sentires y deseos que llevan las vidas asentadas en territorios diversos. El territorio natural de los cerros se siente y se espera. El territorio artificial de la ciudad se planea y se transforma. La condición de aceptar y la condición de controlar. Posiciones radicales y extremas con la consecuente toma de conciencia

*Quipildor frunció el ceño y pidió a la Pachamama
que las protegiera.*

El abuelo, personaje que reza alabanzas mientras camina por el borde del desfiladero, el que lleva a su caballo para percibir el cuidado del noble animal, es el mismo que solicita a la Pachamama que cuide a sus cabras. Una mixtura de protecciones todas desplegadas al unísono sin problemas de culpas ni de traiciones. Todo lo vale al momento de pedir protección. La protección y el abrazo asumido por cualquier ser natural en el que se pueda creer y honrar. Ya vendrá el tiempo en que se devolverán los cuidados. La Pachamama presente, junto al caballo negro y a la virgen morena de la capilla nueva. Consideración que manifiesta la inexistencia de racionalidades que expliquen la devoción celosa al único ser superior. Consideración que implica la deconstrucción de la deidad puesta a favor de varios seres que sostienen al alma cuando ésta anda en penas. El dios y los dioses puestos en singular o plural. Resabios de una cultura que se amiga, con notable empatía, con los muchos buenos seres que están a nuestro alrededor, rompiendo la mezquina alabanza al dios propietario de todo, hasta de nuestros miedos.

*-Sí, la noche está extraña- y se le aceleró el corazón,
que aunque valiente, percibía la llegada del aparecido
junto al aguacero.*

La intuición es una expresión sensible del conocimiento. Este "mirar hacia dentro" sin racionalidad evidente, ha llevado a numerosos teóricos a filosofar sobre una forma de conocimiento que no tiene explicaciones lógicas pero existe. Algo está por pasar: ...percibía la llegada del aparecido junto al aguacero..., Este "don" sólo algunos lo tienen, pero en lugares descontaminados de racionalidades se hace presente con frecuencia.

La llegada

Tibio el aire enrarecido de la pequeña casa de tierra y piedra. Los leños en la cocina habían dejado de arder. No obstante los muros espesos de barro hacían canto público del calor ganado y convidaban su apacible calentura.

El hogar cobija. Llena de esperanzas saber que al llegar a casa estaremos protegidos. Pero no todos tienen esta suerte; algunos ni vivienda tienen, y ¡cuántos más tienen techo, pero no un hogar! Palabras presentes en todos los discursos políticos. Políticas presentes en muchos rincones de un país grande. País diverso con muchos tipos de hogares. Prototipos parecidos para hogares diferentes. Una materialidad única para formas de habitar diversas. ¡Hay que avanzar al desarrollo, señores! ¿No lo entienden? Los materiales y las formas deben ser civilizadas. ¿A quién se le ocurre un baño fuera de la casa? Allá en el Chaco, una cama en una galería abierta...¿No hay puertas? ¿Cambian de lugar su casa? Allá en los cerros, paredes de barro y piedra, ¡qué ventanas tan chiquitas!, hay que agacharse para pasar la puerta... Incivilizados, pobres, abandonados. Quien se sienta a pensar...¿Y si ese hogar no es más que un lugar para vivir en perfecta sintonía con su entorno? Armonía con el viento que corre fuerte, con un sol intenso, con un frío que cala los huesos, con la lluvia que acrecienta el río e inunda el patio cada año. Armonía con el que llega cansado del trabajo, donde se pusieron las manos, la espalda, la mente y el esfuerzo entero, trabajando la tierra para que la papa sea la mejor. Armonía y silencio con uno mismo, hogar para cobijar la satisfacción de haber cumplido la misión de este día, lo mejor posible.

-Andá a la casa Alvarito!- grito el abuelo con voz grave y amorosa- voy a poner comida y a guardar a los animales bajo el toldo. Hay papas y carne seca para la cena. Cargá la cocina, la leña está en la cesta de la entrada.

La naturaleza, que nació libre, se convierte en recurso, para que la usen y la cuiden. Alimento, abrigo, energía. La responsabilidad es grande ante semejante legado. Debe alcanzar para todos los que están y los que vendrán. Entonces, el cuidado es especial, amoroso, delicado, comprometido. Usar sólo lo que se necesita, guardar lo que no para mañana. Proteger los animales de las adversidades, la vegetación de las devastaciones, el suelo de la desertificación.

> *La luz de la luna alumbraba poco. El farol de*
> *querosene hizo su aparición. Bendito farol añejo.*
> *Herencia de quien sabe cuál de los parientes urbanos.*

El acceso a la tecnología es una preocupación que nos atosiga en los tiempos actuales. Podríamos arriesgar una clasificación para tantos equipos y artefactos que nos invaden: los que se necesitan para vivir mejor y los que nos hacen creer que necesitamos. No es una clasificación muy fácil. Podremos ganar enemigos en el intento, pero desde la simplicidad del vivir lejos de la urbe, parece menos peligroso. ¿Cuáles son las necesidades básicas? ¿Quién las define? ¿Cuánto vale encender una lamparita a la noche para leer, tejer una manta o amasar el pan para mañana? ¿Con qué podremos acercar el agua a casa que quedó tan lejos cuando se secó la vertiente? ¿Qué tan esencial en nuestra salud es el agua caliente para bañarnos? Y está el otro grupo: tener un smartphone es un requerimiento mínimo para ser feliz. ¿Será así? ¿Quién lo dice? El gobierno está muy atento y lanzó el Programa de Acceso a Internet Móvil (PAIM) con el objetivo de que más usuarios se sumen al 4G. Tecnologías inclusivas que excluyen a los que menos tienen (en términos monetarios) o más tienen (en términos de sensibilidad por el otro, tranquilidad y conciencia del sentido de la vida).

> *...tiempo productivo con sabor a ocio clandestino*
> *que amasa con prevención la necesidad de más*
> *allá en el tiempo. Para hoy, no es. Para mañana,*
> *tal vez. Entonces trabajaron las manos. Y la cesta,*
> *que hoy cuida los leños secos, nació alumbrada*
> *por el artesano sabio...*

¿Qué significado oculto trasciende cada acción realizada? Quién podrá tener certeza del alcance de su tarea de hoy; en qué se traducirá mañana el tiempo invertido en crear una cesta, útil para guardar los leños secos y tantas otras cosas; quién podrá imaginar los cambios que los resultados de aquella investigación científica traerán al mundo. En cualquier ámbito, la previsión y lo inesperado. Expliquemos: es un tiempo de disfrutar lo que se hace, en convencimiento de que eso servirá algún día, pero sin imaginar realmente cuánto. ¿Qué motiva? Sentirse pleno mientras se hace y saber que algo sucederá, como se siente escribir estas palabras, sin estar muy seguros de quién las leerá ni cuándo ni qué opinará cuando las lea.

La tormenta de la Santa Rosa de los meses de agosto, bendecida con los favores de quien sabe cuáles rituales de chamanes andinos, está acá. Es que la tierra de los cerros filtra las aguas de los cristianos evangelizados y de los sabios de la Pachamama.

La tierra y el agua, patronas de la integración andino-cristiana. Quién sabe qué rituales acontecen entre los granos de la tierra que permiten al agua, de cada mes de agosto, filtrase en su lecho para cantar alabanzas que hagan nacer un suelo productivo. Tierra y Agua. La Pachamama, de la cultura andina, que los primeros días del mes de agosto festeja su vida plena y la Santa Rosa, de la fe cristiana, que los últimos días del mes de agosto festeja el agua porque lava culpas. Tierra y Agua. La Pachamama y la Santa Rosa. El territorio donde se entrelazan los mitos, las leyendas, las creencias y los rituales es testigo mudo y absorto mira la vida de la comunidad.

...allí, se alaba a la lluvia que llena las acequias, aunque ésta muerda a la noche y desgarre los bordes de los más robustos cerros. Allí, se alaba al aguacero, a la aparecida, a la tormenta.

El agua como elemento vital para la vida de las personas. El agua que cae del cielo y deja a su paso la huella que cambia al territorio. Quién puede observar con serenidad este acontecer sin el desplante de la queja y el grito de furia que revela la mezquina condición humana de la comodidad. El agua llega y su llegada es siempre buena, más allá de los desgarros que produzca. Esa es la condición en todo caso. El agua y la vida. La conciencia de lo que acontece con la llegada del agua: la vida. El deslave es parte de la tregua que sucede porque la sabiduría permite aguardar la calma, y con ella el recogimiento del agua entre las acequias. Solo se queja quien no reconoce en los deslaves y en los desgarros el encantador paso del agua que viene para dar vida. Qué diferente puede ser la mirada de quien sólo da cuenta de la desgracia, sin percibir que no es desgracia la llegada, aún feroz, de la lluvia sino parte de un ciclo vital que despierta con la vida y adormece con la muerte.

La tormenta

Las luces tenues del salón de lectura permanecen alumbrando con los últimos alientos solares de sus descargadas baterías.

Ciencia solar. Fe solar. Amor solar. De cualquier modo y en cualquier tiempo el sol es y ha sido símbolo de la vida y posibilidad para las personas. Se lo alaba cada vez, que cada día, sale por la mañana. Una nueva oportunidad. Se lo ha elegido como compañero indispensable en cada andanza. Es luz durante el día y es luz durante la noche. Las brujas científicas lo han capturado y han llenado botellitas para que en la noche el sol igual ilumine la vida. Baterías y dispositivos guardan sol para la noche. Es que este dios de la luz y el calor es sin condiciones el amigo de los ojos vivos. En todos los tiempos el sol es singularmente la fuente de la vida. La luz y la lectura se conectan en la sala a partir de la alianza sellada con soles pequeños atrapados en esas botellitas, simulacro de corazones que en vez de bombear sangre bombean luces que proyectan grandes sombras. La energía solar capaz de devolver vida a los muertos es la misma que ilumina la lectura de la sala en una noche oscura. Luz libre. Luz presa. Pero todo sol. *Que el sol que encuentres siempre cuide tu esplendor.*[3]

> *Amarito está preocupado. Mira por detrás de los vidrios empañados del ventanal del norte y descubre sólo la pulcritud del cielo en su negrura más espesa.*

Hay momentos en que todo se ve negro: en la vida personal, en la historia de un país. No parecen existir caminos posibles en un escenario oscuro y nefasto. Así se ve la pobreza, la falta de trabajo, las injusticias, la inseguridad. Las preocupaciones ocupan todo el panorama visible. Pero, detrás del manto negro, siempre hay siluetas escondidas de esperanza que resistirán la tormenta y resurgirán con la luz del día. Será gracias a los sobrevivientes de un sistema poco feliz, luchadores de fuertes ideales, capaces de ir despintando la negrura de pequeñas porciones del territorio por donde pasan y actúan.

> *Alvarito era su amigo. Era su héroe.*

La concepción de un niño como héroe, nos ubica en lo trascendental de lo cotidiano. Héroe, no de libro de historia, héroe de la vida. Héroe porque es valiente, porque se anima y porque hace. Héroe porque es coherente entre lo que piensa y dice y trasmite y defiende. De ese tipo de héroes de todos los días, que transforman el lugar en donde viven en un lugar mejor para vivir. Héroes como puede ser cada uno de nosotros en la historia de la vida.

> *... le había contado historias de animales audaces que no se parecían en nada a los pobres otros animales*

---

3   Cantar colombiano a las niñas de quince años. Tunja. Colombia. 2016. En casa de Vivi, recuerdo de *Amigas Salvajes.*

*que, apresados en el zoológico de la Capital, vivían
vidas de tristeza sin ninguna emancipación.*

La historia de estos animalitos se parece tristemente a lo que les pasa a tantas y tantas personas que por distintos motivos son expulsados del lugar donde nacieron o el que eligieron para vivir. Esta realidad es palpable en los cerros y en muchas zonas rurales de nuestra Argentina querida, donde la libertad de elegir dónde vivir no es tan cierto, porque no hay agua, no hay luz, no hay trabajo, no hay escuelas, no hay atención para la salud cerca, no hay caminos. Trasladarse a la ciudad representa el sueño de estar mejor comunicados, tener mayores comodidades y un nivel de vida más alto. Sin embargo, esto no siempre ocurre, y niños, jóvenes y mayores se ven obligados a acomodarse a una nueva forma de vivir, donde se gasta desde que uno se levanta y la alegría de hacer lo que a uno le gustaba (el trabajo duro y arduo del campo) se extraña inexorablemente.

*...le había enseñado a trenzar las ramas vírgenes
de las flores secas, que son las que pueden
doblarse y ajustarse sin que se quiebren, según
le aseguró, mientras con maestría enredaba las
ramitas componiendo las más bellas pulseras.*

Qué se sabe cuando se conoce. Cómo se conoce lo que se sabe. Es la propia experiencia de la vida la que permite conocer para luego saber. Sólo quien transita el territorio puede descubrir que hay flores en él y que las ramas de las flores pueden ser vírgenes, siendo sólo aquellas tiernas y flexibles, posibles de doblarse sin que se quiebren. Todo esto se sabe porque se conoció tocando, oliendo, gustando, escuchando, mirando y por supuesto también sintiendo. Qué puede saber aquel, de ramas vírgenes y flores secas, si tan sólo conoce la pantalla de su celular que al pasar el dedo deja una estela de grasa que condensa al aparato. Saber implica conocer. Conocer implica caminar el camino y no mirarlo a través de mapas o pantallas.

*Tomaron el atajo del sur y llegaron al primer
vado. Canela advirtió que la correntada no era
menor y que el paso de su pequeño auto no estaba
asegurado. Bajó rápidamente para observar más
de cerca la situación de aguas arriba.*

Imposible saber lo que ocurre en un lugar a la distancia. Mientras uno no se involucre y pise terreno, difícilmente podrá entender lo que allí sucede. Esta lección no debería ser olvidada por los investigadores, tecnólogos ni políticos. Hay profesiones (y funciones) que requieren de manera obligada embarrarse en el territorio, conversar con la gente, vivenciar sus problemas y co-construir juntos las posibles soluciones.

… cayó al suelo, golpeando su cabeza contra el borde de una emblemática tranquera que separa, con una legitimidad nada ética, la tierra privada de la que es de todos.

La tierra colectiva. El lote privado. Territorio que se viste de cercos, alambres y postes. Límites de creación humana. Partes de partes y de más partes. Repartija de la tierra sin advertencias de males. Qué pertenece y qué no pertenece. Qué es la propiedad cuando de dar se trata. Para qué restringir si se puede expandir. Porqué encerrar si se puede liberar. Qué consistente perturbación abruma a la humanidad en esta faena de repartirse el planeta. Qué poca posibilidad humana cuando se trata de impedir a los ojos que superen los planos invisibles de las fronteras mezquinas. Cómo es posible no robar a borbotones el aire que se respira aún cuando se diga que no es de uso público. Cómo impedir que la libre conciencia no advierta la belleza de los gestos de cada alborear cuando el sol, aunque fuera de alguien, sale para todos. Qué significa la posesión individual sin en realidad todo podemos poseer.

La lluvia caía con tanta fuerza que el dios de Canela y la virgen morena no debían estar escuchando las plegarias de ambas mujercitas que, una por joven y otra por niña, lloraban el llanto eterno de los que están aterrados…el dios de Canela y la virgen morena no debían estar escuchando…

El miedo paraliza. Como la fuerza de la tormenta, las imposiciones del poder avasallan cualquier partícula recuperada de racionalidad y de fe, creando un abismo entre lo soñado y lo posible. Perder la confianza puede ser tan drástico como dejarse arrastrar por la tormenta. Miedo a los terratenientes auto convocados que llevan mapas en blanco con una escuela y una iglesia dibujada en el medio, asegurando que esa tierra es suya porque nadie vive en ese lugar (como bien puede verse en ese papel). *Pero ¿Quién va entonces a esa escuela? ¿Para qué la hicieron?* pregunta tímida e inteligentemente Don Tapia. Terror, bronca e impotencia frente a poderosos bien estudiados con títulos profesionales donde juraron ante Dios y la Patria ejercer de forma ética su tarea. La tormenta pasa, pero ¿quién enseña cómo resistir y ser valientes para superarla?

Los armadillos habían salido de sus madrigueras para mirar la luna ahora limpia y clara pendiendo del cielo calmo e intransigente, esperando una canción todavía no cantada.

No hay recetas para superar las crisis, pero sí una condición necesaria: que vuelva la calma. La paz es de las palabras más transformadoras. Implica una actitud de apertura al diálogo. Salir de uno mismo para ir al encuentro del otro. No asegura que estemos todos de acuerdo en todo. Pero sí que la manera en que vamos a buscar las soluciones permitirá escuchar opiniones diferentes y negociar concesiones por el bien común.

La calma

> *Miranda abrazó la cabra y en ese abrazo abrazaba la vida que le había regalado al amigo Alvarito, ... Canela se sentó frente al fuego sobre un telar de lana de vicuña ... Alvarito abrió la doble puerta baja ... y dejó entrar a Rampiro que encontró, ... el umbral de piedra y junto a él, el morral de maíz tierno que sería su alimento en aquella noche de extraños invitados al calor del fuego. Quipildor sentado en su banquito de madera y cuero fumaba su último cigarro, vestigio de sus andares por el pueblo.*

De nuevo la imagen junto al fuego, esta vez de todos juntos (Miranda, Princesa, Alvarito, Canela, Rampiro, Quipildor), resalta la idea de unidad entre edades, culturas, naturalezas. Cada uno desde su lugar y su tiempo. Los abrazos testifican el arraigo profundo a la tierra y a los compañeros de la vida. Quien no quisiera reproducir esta imagen en su propio andar bajo la luna.

> *Dentro de la olla ramitas, acobachadas por el agua hervida, daban lugar a los mejores saumerios de incesante olor a cebolla, ajo y maíz blanco. La sopa. Caliente y sanador estímulo para el sosiego de una noche larga que había comenzado con el viento bravo, el frío helado, la oscuridad temida y luego el agua... La sopa había hecho amigos.*

La comida es siempre un convite a la comunión. Es el alimento una invitación a acercarse y compartir. Es estímulo para la bienaventuranza. Basta un poco para sentir comunidad. La cita trae las sensaciones más salvajes; el olor, el tacto, la visión y la audición. Rechinar caliente y humeante de la sopa compartida alrededor de un fuego. La absoluta creencia del cuidado material convertido a cuidado emocional que permite a las personas vivir sin miedos, con el ferviente impulso por mantener siempre la esperanza. Corolario de los días malos coronados de llanto devenido en canción[4].

> *El agua a borbotones, de manera espectacular,*
> *había llenado las acequias y bajaba como serpiente*
> *brillante desde lo alto, allá en la toma del arroyo*
> *que vive al lado del cielo...*

Lo que parecía un desastre se convierte en vida. El agua como elemento vital escurre por la tierra, esta vez ya no como signo de catástrofe sino de esperanza. Agua para beber, para cocinar, para limpiar, para regar, para dar a los animales, para alimentar al bosque y al pastizal... El ciclo es perfecto. Una parte depende del hombre, otra del más allá.

> *...donde se vio un día a la Virgen Morena cantando*
> *un conjuro junto a Silvia Rivera Cusicanqui.*

La Virgen Morena es madre de dios vuelta negra en zona andina. Virgen que se hace igual a sus devotos creyentes y enfrenta en su piel la milenaria grieta de los racismos humanos. Piel morena o piel no morena. Piel blanca o piel no blanca. En qué infinita incapacidad de soñar la vida, se despliega esta embustera verdad de colores y pieles. SRQ, aimara socióloga vestida mitad global, mitad local. Refugio de los abandonados que esperan con paciencia la sabiduría de la palabra hecha mujer. Diosa hereje de Epistemes contradictorias y sin embargo te quiero... Valientes en su esencia de relatos no fraguados. Virgen mujer y morena, Mujer morena y virgen...conjuros integradores, que en la sabiduría bella de la femineidad encarnan un tiempo de maternidades humanas de las que nacerán la paz y la felicidad. Sólo eso: mujeres madres.

> *Alvarito miraba a Miranda con sus ojos negrísimos*
> *de vivo sentir y sólo estaba allí, estando.*

Estar estando. Hay en ese estar posibilidad cierta de silencio, de quietud y de sosiego. La vida que no corre sino que queda en una latente espera de nada mezcla con paz. El tiempo que no pasa. La vida que se anida. El cuerpo hecho espacio para albergar al tiempo. Sólo en caso de que no se entienda se advierte que se está sintiendo. Sólo en caso que no se explique se advierte que se está amando.

---

4 "...eres como un dolor mal repartido que se volvió canción y no quejido..." Canción: Padre. Canta-autor: Patxi Andion.

> *Miranda hundió los dedos en su bolsillo, con la suavidad extrema de quien busca un tesoro; revolvió profundo; con el tiempo de la magia, sacó su mano blanca cerrada y se la acercó a Alvarito... La flor azul era de un vivo color profundo, no solo había resistido al sol ardiente y a la sequía quebrada de este invierno, sino que, por arte de la fe ciega, había mutado a un azul de cielo que nunca se había visto antes.*

Lo que uno guarda adentro: las convicciones más profundas, resisten cualquier tempestad. No sólo resisten, se fortalecen en el camino. Y se desesperan por salir del bolsillo y derramarse. Para volver a quienes las inspiraron (Alvarito) y para llegar a quienes aún no las comparten. Cuando llega la luna llena, ya no es posible mantener oscura la noche.

> *Es que ni la pachamama ni chamanes, ni los dioses cóndores del alto, ni la virgen morena que está en el altar de la capilla nueva, ni la santa rosa de los meses de agosto, ni la aparecida tormenta de los aguaceros de miedo saben por qué el amor se prende a los niños con flores color azul cielo.*

El amor. El amor de niños que se hacen amigos. El cielo. El azul sereno que cuida a los amigos pequeños. Nada puede hacerse frente al alud de poesía que se desprende de la mirada enamorada de los niños que, con frecuencia, ven en su amor a los dioses del cielo y de la tierra al borde de sus vidas y casi les pueden hablar...quien pudiera desde los catorce años[5] beber del amor enamorado que con el tiempo es el mejor y para siempre compañero. Flores azul cielo sólo podrán tenerse cuando no se esconda la perturbación caliente frente a la mirada del que mira con incansables ojos de pasión eterna. Y frente a eso cualquier dios podría quedar pequeño.

Parte 3. TIEMPO DE UNA LUNA. La comprensión.

Saber mágico y saber valiente. Ritual cognitivo y Episteme hereje...y solo bastará el tiempo de una luna para poder comprender.

Amigas Salvajes, 2016.

---

5   Catorce años cuando te conocí Adrián...(Paula, 2016)

La motivación que nos ha acompañado en este querido texto es la de poder entre las dos- *Amigas Salvajes*- abrir un camino de ficciones entrelazado con realidades. Transitar la vida con compromiso y pasión nos ha unido como el cielo se une al mar en el horizonte. Es todo junto; en uno solo. Creer que todavía es posible que germinen los tallos, mañana crezcan las flores, que aniden allí las bellas abejas y probar la dulce miel, es nuestro impulso vital. Es esperanza.

Este trabajo escrito, de alguna manera, representa nuestras preocupaciones en alguno de los diversos escenarios en que elegimos andar. El breve cuento con que iniciamos, se parece un poco a algunas circunstancias que vivimos en nuestras experiencias de investigación. Investigación que asume para nosotras el carácter de vida afectiva, consistencia política con justicia social y cognitiva. Los personajes que allí se dibujan son algunos de nuestros respetados compañeros de territorios lejanos y cercanos, que tuvimos la suerte y el coraje de conocerlos en esta porción de vida que nos unió.

El planteo que se hace en la ficción relata, con necesaria poesía y en el marco de una narrativa literaria similar a una prosa, un habitar de contrastes que se van tensionando en diferentes momentos del trayecto. Haber elegido la noche y la tormenta para sostener el cuento no es por casualidad. Ambas, tanto la noche como la tormenta, tienen sus antítesis. El día para la noche, con sus soles y sus lunas. La calma para la tormenta, con sus silencios y sus estruendos. Como la vida misma y sus formas de vivirla. Nunca una sola. Siempre muchas y libres.

Estas contradicciones emergentes del cuento, no se anulan sino que prosperan de manera conjunta, una a la otra dando evidencias de su luz por estar juntas; como si se tratara de una alquimia misteriosa que resplandece cuando dos constantes divergentes se tocan. La virgen morena y el caballo negro son especiales convites de estos contrastes. La Pachamama y la Santa Rosa igual. El saber de territorio profundo y el saber de civilidad moderna. La tierra, el sol, la luna con cuernos, los cerros, los cóndores, las flores secas, los armadillos. El director de escuela, la maestra rural, el abuelo sereno, el niño héroe, la niña amor. El caballo y la cabra. La escuela y la casa de barro. El mástil de hormigón y de piedra. El fuego y el agua.

Si se percatan de todos los contrastes que se presentan en la primera parte de este trabajo, es que hicieron caso a nuestra advertencia del inicio... *en adelante, nada crean, todo duden y despierten a su alma, porque ya no se trata más de un sueño...bienvenidos al decir de Quipildor: ...y esa es la verdad...traducción: no estoy mintiendo...*y podrán comprender entonces que las ficciones son en realidad relatos asombrosos, contados desde el afecto, donde se pronuncian las diversas circunstancias de la vida misma.

Explorar el mundo de las ilusiones a partir de personajes amigos, que se conectan a nuestra vida desde la subjetividad de la condición de ser personas, es una maravilla. La libertad que se genera en la expresión del relato y la íntima convicción del respeto nacido de la admiración por esos amigos, permite consagrar a este cuento como una partecita de sólo una noche en los cerros, territorio hecho cultura bajo la nobleza de la luna con cuernos, o luna naciente diría algún otro.

Para poner en evidencia, iluminar, cada paso dado en el cuento aparece la segunda parte de este trabajo amoroso. Un poco provocador en su presentación y austero, casi doloroso, en su interpretación. Elegimos citas, algunas, por lejos casi cualquiera. Podría haber sido cada palabra, pero para el caso sólo estas.

Las citas cobran en el texto el rol del espejo frente a nosotras. Eso que el cuento contó, como episodio de nuestro afecto y noble recuerdo, se convierte en el cuerpo argumental de nuestro reconocimiento y aprendizaje situado. Es desde ese cuerpo argumental, de narrativa mágica, donde surgen los emergentes de comprensión empática que nos permiten expresar, con certeza afectiva, que es necesario una revisión en la calidad de nuestros criterios a la hora de intentar comprender aquello que no es del habitar expuesto a la modernidad. Ese otro habitar tan suficientemente bueno. El no moderno.

El paseo por las citas y la recapitulación de las proezas de esa noche de tormenta, con luna de cuernos escondida tras los cerros y las nubes de plomo, nos permiten expresar con regocijo y seguridad maternal que son los afectos los que guían nuestros andares y no los conceptos, que la realidad en el fondo es afectiva; esto además nos lo dictó un amigo de la vida que regresó de las islas griegas con el ánimo de no visitarlas nunca más, aun habiendo amado mucho a Pitágoras en Samos. Los territorios de nuestros cerros andinos, en cambio, están todavía a salvo mientras los habiten los Quipildor y los Alvaritos...junto a Rampiros y Princesas...acompañados con el voluptuoso respeto de Amarintos, Mirandas y Canelas.

La idea final que nosotras queremos dejarles en este tránsito científico mágico, provocador del deseo de romper las tradiciones con que se yergue la maldita esquizofrenia del saber erudito, es que el misterio con que los cóndores sobrevuelan los cielos se asienta en la búsqueda no del *hacia adelante*, como conciencia universal y pobre de progreso, sino *hacia arriba*, como camino que no deja ver el final ni lo describe y mucho menos lo prescribe, y *hacia adentro*, como valor remoto del ser existencial que somos sólo y solo si estamos junto a otros. Junto a otros. Esto también lo conversamos con aquel amigo de la vida[6], en horas de la noche cuando salen los duendes y los mensajes se aprietan en el candor de las velas. Ahora lo compartimos con Usted, amigo lector. Será Usted ahora un nuevo Amigo Salvaje?

No hay bibliografía.
Sólo la experiencia hecha letra de estas *Amigas Salvajes*.

---

6   Fernando Tula Molina es el amigo de la vida...filósofo vuelto hortelano.

COMENTARIO 1

UN FRAGMENTO... Y NO ES FICCIÓN, ES UN ENCUENTRO EN RED DE HISTORIAS TERRITORIALES

FERNANDO CACOPARDO[7]

Estoy leyendo a fondo el texto...increíble e intenso ¿Podré parar el tiempo? ¿Podré entrar en un espacio fuera de la sucesión y salirme? No puedo comentarlo apurado...necesito tiempo con este texto... me refiero a la intimidad con el texto....ese *intimismo* lento y extenso.

Días después... en otro tiempo.

Lo voy a intentar en el desvelo de esta noche de luna...luego de una lectura que aceleró mi corazón...empecé a escribir...y entre fragmentos estoy intentando caminar junto a mis *Amigas Salvajes*.

Al modo de Adorno... como si fueran constelaciones conceptuales... fuera de la sucesión... o de la linealidad argumentativa....en conjunto veo estas constelaciones de estrellas que son infinitas... pero encuentro una que se llama Episteme Hereje.

Fragmento 1

Hace mucho tiempo, en un paseo bajo el sol, entre cerros y viñas, en un entretiempo de un encuentro científico sobre la historia territorial en La Rioja, en Samay Huasi, recibí una *gracia* cuya imagen aún sigue en mí...como si tuviese vida propia retorna una y otra vez, extendiendo cada vez más las fronteras de mi limitado campo de ser, percibir y experimentar el mundo.

El vuelo de un gran pájaro acompañó mi andar desde las alturas, su magia y majestuosidad de gran rey y señor de las alturas suspendió mi experiencia

---

7   Arquitecto, Viejo Amigo de Amigas Salvajes...

humana del tiempo y me sumergió en una dimensión que, solo lo sublime, puede aproximar a explicar en términos de saber de los hombres. Fui vivido por ese vuelo...fui el cóndor, la total unidad de cielo y tierra se reunieron en mi ser, en un amoroso encuentro.

Cualquier palabra podría ser asesina de esa experiencia, solo un profundo silencio podría hacer honor a esa vivencia. Al momento de la reflexión sobre mi trabajo, en aquel encuentro científico, ante el silente asombro de ese círculo de expertos solo pude decir:*"...el vuelo de un Cóndor, su planeo majestuoso entre las montañas, es mucho más que tan sólo lo que se ve del vuelo de una gran ave, mucho más..."* y solo eso pude decir.

El gran maestro Cóndor me presentó ese vuelo, *hacia arriba y hacia adentro*, y depositó en mí el germen de lo que en la segunda década del siglo XXI, humanas guerreras, *Amigas Salvajes*, que portan ese fuego sagrado de las alturas, lo traen a nosotros para abrir portales a otras dimensiones del saber y el conocer, y a otras dimensiones de nuestro ser que nos permita redescubrir el mundo junto al misterio de la unidad.

Está lanzado mi comentario...casi sin revisar...salió de un desvelo y de verdad lo siento así...leía el texto y fue un asombro para mi compartir al Cóndor...lo quise comentar pronto, mi instinto me daba buenas señales.

El texto me pareció un regalo literario de belleza y verdad. Realmente son *maestras* de la escritura. Me inundó... venimos del mismo universo. Es tan gratificante...da aire saber que por ahí, andan ustedes luchando, resistiendo y creando tan osadas *odas* salvajes.

Mar del Plata,

Noviembre de 2016.

CAPÍTULO 2

EL MUNDO NO COMENZÓ CON PALABRAS

FERNANDO VANOLI[8], NOELIA CEJAS[9]

8   Es arquitecto, becario doctoral de CONICET, y doctorando en Estudios Sociales de América Latina. Su campo de investigación es el hábitat.

9   Es investigadora asistente de CONICET, Doctora en Estudios Sociales de América Latina (DESAL-CEA), Licenciada en Comunicación Social (ECI-UNC). Su perspectiva de indagación aborda prácticas de co-construcción de conocimiento, desde su dimensión comunicacional, en el campo de tecnología social.

> *"Que la palabra sea humilde, que sepan que el mundo no comenzó con palabras sino con dos cuerpos abrazados, uno que lloraba y otro que cantaba"*. Le Thi Diem Thúy

Ninguna palabra es visible, decía Alejandra Pizarnik en un poema, y continuaba: *"si digo agua ¿beberé?"*. ¿Que nos está diciendo la poeta sobre las palabras?, tal vez nos hace cuestionar su poder performativo, o nos hace pensar que la distancia entre la palabra y la realidad puede ser abismal. Al menos nosotrxs, nos estamos preguntando por el límite de estas.

Nuestras experiencias con trabajadores carpinteros, y un largo recorrido compartiendo talleres en los cuales la centralidad estaba dada por la madera y el producto que con ella se elaboraba, nos puso en tensión, a nosotrxs investigadorxs, sobre el uso de la palabra y la escritura, lugar cómodo y privilegiado desde la legitimación que estas tienen en nuestra sociedad. Pero no así en esos talleres que nos desafían a ponernos en un diálogo auténtico, con cuerpos presentes, cargados de expresividad, silencios y miradas, además de palabras.

Sin duda que el uso de nuestra palabra y el relato de nuestra escritura deja por fuera mucho de la realidad de los territorios, y mucho de lo que percibimos, sentimos, palpitamos, intuimos allí, imposible de traducir en palabras. Ese es el límite y ese es el reto de este artículo: indagar los confines de la palabra, aportar elementos que colaboren en la gestación de un marco epistemológico sensible, y sobretodo en una perspectiva metodológica capaz de reunir las diversas perspectivas con que el conocimiento puede emerger.

El paradigma vigente de producción de conocimiento social sitúa a la palabra como el eje vertebrador de toda su producción, articulando allí las posibilidades de controlar el mundo de "lo real". Foucault, en "Las palabras y las cosas", define a la episteme como un horizonte de sentido temporal situado, un "a priori histórico", que ordena las condiciones de posibilidad para que unos discursos sean caracterizados como "conocimiento", mientras que otros no. Allí, el saber científico es una modalidad discursiva enmarcada en un horizonte epistémico -histórico y político- que opera como un dispositivo de control y jerarquización entre diferentes órdenes de sentido. Esto nos remite a cierta denuncia que embandera Silvia Rivera Cusicanqui (2015:175) cuando dice que *hay en el colonialismo una función muy peculiar para las palabras: las palabras no designan, sino encubren.*

Y remitimos a la perspectiva decolonial porque, como proyecto de pensamiento y acción, invita a pensar los límites de este paradigma de producción de conocimientos vigente. Castro-Gómez señala que las ciencias sociales han jugado -y juegan- un papel central en la formación de los Estados nacionales y en la consolidación del orden colonial (volveremos sobre esta particular relación) por lo que es necesario indagar en los mecanismos que operan en ese orden de producción de sentidos. Si hay algo que la palabra lleva consigo, es la idea de los límites, no sólo en los términos que nos referimos anteriormente sino, en su propia historia de legitimación. La palabra escrita *construye leyes e identidades nacionales, diseña programas modernizadores, organiza la comprensión del mundo en términos de inclusiones y exclusiones* (Castro-Gómez 2000:148). Ese límite de lo que queda dentro de lo legal, y lo que queda por fuera, marcará las posibilidades de gobernabilidad del proyecto de la modernidad con la invención de la ciudadanía. Definida por el varón, heterosexual, blanco, padre, católico, exitoso, propietario y letrado, mientras todo lo demás, queda en el mundo incivilizado, por ende ilegal. Es decir, condenado por el mismo sistema que los define y los excluye. Así, la legislación del lenguaje dicta, además, las primeras leyes en materia de verdad; se revela que en el uso de la palabra, el lenguaje, remite a mucho más que su reglamento gramatical: se trata un sistema orientado a establecer relaciones de dominación (Zabala, I. 1992:2).

La situación de privilegio que se le otorga a este campo de producción de sentidos remite a la estrecha relación con que se presenta el uso de la palabra, especialmente la palabra proferida en el campo científico, con la razón como sinónimo de erudición y en contraposición al saber empírico, el sentido común, la intuición u otras sensibilidades.

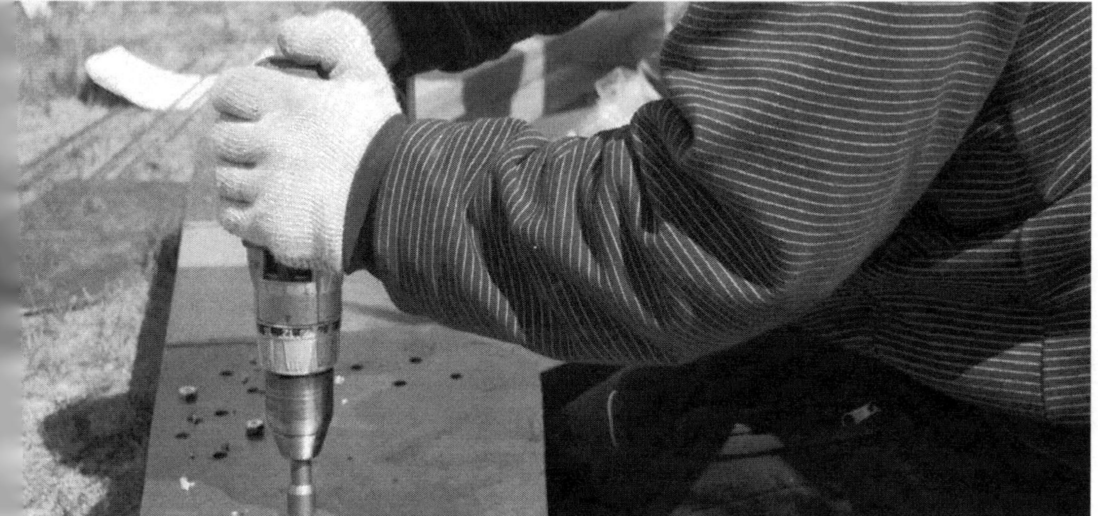

De cómo entendemos el proceso de producción de conocimientos

En ese sentido, y a riesgo de hacer una digresión respecto del tema central de este artículo, entendemos la necesidad de situarnos en tanto investigadorxs financiados por el Estado, es decir, señalar el modo en que entendemos los procesos de producción de conocimiento en esa trama relacional. Nuestra perspectiva, inscripta en la tradición crítica de pensamiento[10], se plantea la premisa de producir conocimiento científico-tecnológico para transformar condiciones de exclusión, de injusticia social. Es Boaventura de Sousa Santos quien dice "no habrá justicia social global, sin justicia cognitiva global" y esto hace mella en nuestro enfoque de trabajo, que va al encuentro de otrxs actorxs, otros campos de experiencia, otros saberes emergentes de tales campos. "Otrxs", respecto del campo académico. Esa diferencia, que se hace jerarquía, es la que opera en el marco del orden dominante y que queremos dislocar.

Entendemos esa práctica —la de dislocar los órdenes gnoseológicos dominantes— como un reto político, epistémico, metodológico y conceptual. En ese sentido, nuestra perspectiva epistémica, de co-construcción de conocimiento, plantea el reto metodológico de recorrer el camino de producción de conocimiento con otrxs. Así, el diálogo, entendido como diálogo de saberes, es mucho más que una técnica de investigación. Corridxs de la definición etimológica, encontramos en esa perspectiva dialógica un posicionamiento orientado al encuentro con otrxs, donde el gesto de producción de conocimiento es compartido y el espacio de enunciación de cada uno de los actores partícipes de tal proceso se articula desde el principio de igualdad esencial[11]. Esto lleva a la primera cuestión: ¿bajo qué condiciones es posible un diálogo de saberes?

La posibilidad de desarrollar un proceso de co-construcción de conocimiento enfrenta, casi en su primer movimiento, los límites de la deseable horizontalidad. Es que estos procesos no surgen desde un vacío, sino que se inscriben en el marco de experiencias que han torneado un tipo de relación social, que de manera sucinta podemos decir que jerarquiza el

---

10   Entendemos que esta denominación es una generalidad, pero la pluralidad de enfoques que entran en discusión, bajo la trayectoria de cada miembro del equipo, sólo pueden ser nombrados así. No obstante, vale señalar algunas perspectivas teóricas que entran en nuestros debates: proyecto decolonial, feminismos, tecnología social (que articula sociología y filosofía de la técnica bajo un enfoque marxista), educación popular, entre otros.

11   Irene Vasilachis de Gialdino señala el principio de igualdad esencial como piedra basal de su reflexión metaepistemológica, en la que plantea el diálogo de saberes entre sujeto conocido y sujeto cognoscente. Para profundizar en esta discusión, consultar en http://www.qualitative-research.net/index.php/fqs/rt/printerFriendly/290/637

saber académico por sobre otros campos de experiencia y saberes[12]. Así, quien asume el lugar de subalternidad en el proceso de producción de conocimiento lo hace, ante todo, respondiendo a una matriz relacional instituida, que precede al encuentro mismo en que se pretende dar por iniciado el camino de producción participativa de conocimientos. Es decir que el orden consabido que se señala existe para nosotrxs, académicxs e inhercialmente privilegiadxs en la relación de saber-poder y también para nuestrxs compañerxs en el proceso de investigación, quienes actúan bajo el código de relación que naturaliza tal asimetría.

Por lo tanto —en un movimiento transformador— este diálogo de saberes supone la reconfiguración de una relación social que requiere, al menos y en principio, tiempo y el común acuerdo de construir cercanía.

Entendemos, desde esta perspectiva, que este tránsito —cuyo punto inicial es el de asumir el espacio político que inviste al rol de investigador/a, inscripto en un devenir histórico que lo jerarquiza— requiere de un planteo metodológico que sea capaz de acompañar las profundas discusiones de orden epistémico y teórico que se vienen dando, críticas del orden instituido que privilegia unos campos de experiencia sobre otros.

No obstante ello esta posición no puede ser traducida como el silenciamiento del saber académico, al menos no como consigna general. En todo caso, entendemos que esa producción de cercanía implica profundizar nuestra capacidad de escucha activa, de interpelarnos en la práctica, de poner en jaque todo lo que creemos que sabemos y de corrernos de nuestros lugares comunes. Supone así transitar el proceso de transformación también de nostrxs mismxs y de nuestras certezas.

Existen, en ese orden instituido que se espera transformar, "saberes no autorizados". Se trata de voces, saberes y experiencias que en el mejor de los casos son recuperados para ser traducidos, delimitados y retratados en la voz y el saber del campo de experiencia legítimo —autorizado— para la producción de conocimiento: el saber científico. Este punto de subjetivación, que constituye esta relación de poder-saber, es el que requiere ser transformado, promoviendo (en cierta producción posibilitante de tal asimetría) la asunción de nuevas subjetividades, singularidades que subviertan el orden relacional actual.

---

12   La "hybris del punto cero" es una noción que Santiago Castro-Gómez plantea para describir la mirada colonial sobre el mundo, desde el canon epistémico eurocéntrico. Como matriz de producción de conocimiento, el modelo hegemónico erige a un observador privilegiado, que se pretende posicionado por fuera del mundo (punto cero) a fin de aplicar sobre él su mirada analítica, que además se pretende orgánica (de ahí *hybris*, el pecado de la desmesura en la tradición griega). En definitiva, este modelo epistémico instituye *un* punto de vista como *el* punto de vista privilegiado sobre todos los demás, lo cual constituye un aspecto central de la epistemología del colonialismo (Castro Gómez 2005).

Entendemos que para ello es necesario hacer de los procesos de producción de conocimiento una práctica artesanal, capaces de alojar otras expresividades producto de prácticas diversas. ¿Otras expresividades son capaces de subvertir el orden dominante (epistémico)? Pensamos que sí, o que al menos es posible indagar en modos posibles de producción de sentido que desanden los modelos hegemónicos de producción y expresión de conocimiento, propias de la razón occidental. Nos lanzamos, así, a un universo de sentidos cuyo carácter común es la disolución de la palabra, el vahído de sus privilegios y la oportunidad para darse al encuentro de otros mundos posibles, ya presentes, aun invisibilizados.

La vastedad de la tarea exige la selección de algunos de estos campos posibles de sentido. Nos aproximaremos al silencio, a la expresividad de los cuerpos y la fotografía.

Silencio

> *El silencio*
> *acecha mis palabras*
> *cuando quieren escapar*
> *de la atadura obligada,*
> *de la censura previa,*
> *de los testigos ocultos.*
> (Néstor Martínez)

Este pequeño fragmento de poesía hace resonar algunas cuestiones centrales relativas al poder de la palabra, entendidas en la clave de denuncia que venimos señalando: hay una matriz de pensamiento, de producción y expresión de conocimiento, que remite a campos de experiencia y soportes discursivos privilegiados.

Escapar de la palabra obligada, como quien escapa de un vórtice que acumula todo en un mismo flujo de sentidos, invita a reconocer que en ella -entendida como la palabra erudita, en un registro que es netamente académico- se resume la relación saber-poder en la que, además y especialmente, se inscribe la posibilidad de silenciar otras expresiones, otros campos de experiencia y producción de conocimientos. *Ataduras obligadas* en el campo académico, al menos por ahora, que intentamos transformar.

En ese sentido, Silvia Rivera Cusicanqui invita a transitar la experiencia de reconocer y trabajar desde otras expresividades, como un ejercicio de subjetivación que subvierta ese orden, a través de una micropolítica de la investigación alternativa a la logocéntrica, entendiendo que si luego hay que volver a la palabra, bueno, el gesto de libertad ya está instalado. Transitar ese recorrido es una idea revolucionaria, que hace del silencio un universo vasto. Allí, la relación entre la palabra y el silencio es pensada como una solidaridad, ya no sólo como escucha o meditación previa, sino como espacio creativo, habilitante de otros modos de vínculo, de otros lenguajes, otras sensibilidades y de otras temporalidades. En ese nivel entendemos que habita una micropolítica capaz de producir un devenir investigativo-político disruptivo del orden epistémico dominante.

Ese devenir integra dos movimientos sinérgicos. El de reconocer el silencio como efecto de silenciamiento, y la búsqueda de la comunicación, desentendida de la centralidad de la palabra, pero especialmente yendo al encuentro con aquello que habita en esos silencios, entendidos como espacios de sentido nutridos de experiencias y saberes desanclados de la matriz dominante de pensamiento.

Se nos hace evidente ese devenir en los espacios de taller, que en una temporalidad dilatada, nos permitió comprender ese efecto de silenciamiento que producía nuestra insistente necesidad de "conversar" sobre concurrencias del proyecto, volveremos sobre esto en el próximo apartado, pero anclar en la experiencia este pensamiento permite reconocer también el espacio de enunciación de estas reflexiones. El diálogo de saberes, tomado en su definición más literal, produce una escena imposible de sostener: no importa qué tan pretendidamente persuasiva pueda ser nuestra postura epistémica, convocando a la producción participativa del conocimiento, en tanto reproduzcamos las prácticas consabidas no es posible transformar ese orden dominante.

En ese sentido, Walter Mignolo (2003) convoca a cambiar "los términos de la conversación y no sólo los contenidos", es decir, plantea la importancia de pensar desde/con categorías de pensamientos, saberes y expresividades negadas o silenciadas por la retórica de la ciencia moderna/occidental/colonial. En la idea de *términos de la conversación*, entendemos además que subyace un cuestionamiento a las metodologías con que se instaura la relación en los territorios, aspecto ineludible e inescindible de este planteo teórico y epistémico.

Esto supone desmantelar un dispositivo que se estableció desde la orilla académica, que aun cuando busca atender problemáticas sentidas de injusticia social, no necesariamente logra detener la recurrente producción de subalternos, a través de lógicas que no hacen más que reproducir la jerarquía con que se diferencian los campos de experiencia y saber: el extractivismo epistémico que encierra la idea de informante, entrevistado, encuestado, en fin, la innegable asimetría de ser el "sujeto por conocer" o la utilitaria relación de dominación en la que sólo se espera del otro obediencia ante el saber "legítimo". Explotación y dominación, dos elementos permanentes en este fenómeno de poder, al decir de Pablo Quintero (2014).

Esa clausura inicial, con que se define a los sujetos en diálogo, contiene una forma de silenciamiento potente. Instituye un modo de relación jerárquica, algo que Gayatri Spivak (2000) señala como la no-exterioridad entre el proyecto moderno colonizador y el (su) modelo de producción de conocimiento, incluyendo sus modalidades de representación. Esto implica que es necesario advertir que no se trata de recuperar voces, sino de trazar un modo de vinculación que permita un reconocimiento mutuo, de producir verdadera cercanía, entendida como una decisión política en la cual existe una toma de posición en la práctica efectiva de encuentro: asumir las diferencias, reconocer la trayectoria en la que se inscriben las relaciones que se pretenden alternativas y darse a la posibilidad de subjetivar en otros modos de encuentro.

Profundizando en estas últimas ideas, encontramos valioso reconocer, trabajar, en las prácticas de investigación, que partan por advertir colectivamente las condiciones de subalternidad, ya no necesariamente del modelo de producción de conocimiento académico, sino del proyecto político que lo contiene. Paulo Freire, preguntando también por la dimensión metodológica o procesual de su pedagogía para la libertad, sintetiza en una frase estos cuestionamientos:

> *El gran problema radica en cómo podrán los oprimidos, como seres duales, inauténticos, que "alojan" al opresor en sí, participar de la elaboración de la pedagogía para su liberación. Sólo en la medida en que se descubran "alojando" al opresor podrán contribuir a la construcción de su pedagogía liberadora. (Freire P. 1970, p.4)*

En distintos momentos de una de nuestras experiencias de investigación, en la ciudad de Concordia, compañeros carpinteros nos contaron de experiencias previas, en las cuales fueron "receptáculos" —usando una expresión brutal, pero ilustrativa dada la lógica con que se produjo esa experiencia— de conocimientos en tecnologías constructivas exógenas. En esas experiencias —que reprodujeron las lógicas de dominación más arriba señalas— se reconocieron, ellos y sus saberes, como un instrumento del que no se esperaba más que obediencia a unas definiciones prefiguradas. No había expectativa de diálogo, su experiencia y sus saberes no estaban siendo aprovechados —en el sentido de generar conocimiento—, sino solamente empleado como un instrumento más, que permitía la materialización de un diseño.

Ese momento, en el que la expresividad está hecha con palabras, emerge a partir de lo que entendemos fue un largo proceso de subjetivación de otros modos de producción de conocimiento, donde los cuerpos —sus cuerpos— dijeron mucho desde el silencio. Volveremos sobre este punto después, pero en la experiencia, a la clásica práctica de transferencia de tecnologías o transferencia de conocimientos, se le opuso un proceso de producción colectiva de conocimiento, orientado al desarrollo de una tecnología constructiva, dilatada en el tiempo, ensayando distintos modos de intercambio de saberes (no necesariamente anclados en la palabra y definitivamente desanclados de la centralidad del saber académico) que además arrojó una serie de elementos impensados originalmente: el agenciamiento en nuevas formas de relación, la disputa en espacios de poder, la comprensión profunda de la trama compleja de la que forman parte; emergentes de un devenir que no se centró en un relato logocéntrico.

Al reconocimiento de las formas en que se produce el silencio, como silenciamiento, le continúa la búsqueda de la comunicación, evitando la centralidad de la palabra en tanto ejercicio obligado para la expresión del saber. De tal manera que nos proponemos ir al encuentro con aquello que habita en esos silencios, como espacios de sentido nutridos de experiencias y saberes desanclados de la matriz dominante de pensamiento.

En ese orden de ideas, la experiencia con los carpinteros, en taller, nos abrió a un universo de sentidos que no encuentran asidero privilegiado en la palabra. Descubrimos que aun con la intención de producir cercanía, pretendiendo habilitar un diálogo de saberes, la palabra producía desencuentro. Entendimos que ese soporte discursivo era claramente el que mejor nos permite expresarnos a nosotrxs, pero no era el que mejor permitía poner en valor los campos de experiencia diversos que se encontraban presentes. El desarrollo colaborativo de un tipo de conocimiento decolonial, como es el desarrollo de la tecnología que se co-construyó en esta experiencia que venimos señalando, requiere de ese distanciamiento de los lugares consabidos. Requiere de la voluntad política de correrse de los lugares de saber-poder, por parte de quienes los investimos.

El carácter transicional con que entendemos ese diálogo requiere de ese gesto político y volitivo, que en parte es reproductor de la asimetría consabida. Es decir, en algún punto depende de la voluntad de quien ejerce el poder de abandonar los dispositivos convencionales. Pero justamente por ser un gesto político decolonial, entendemos que se trata de una asimetría posibilitante, en tanto no depende de una voluntad que solapadamente reproduce relaciones verticalistas, sino que es un gesto que instituye otros modos de comunicación, como proceso de producción de conocimientos, asentado en la premisa de incompletitud de todo saber .

En ese punto la pretensión de advertir en el territorio mismo de la experiencia cuál sería el espacio de comunicación más fructífero, puestos a desandar el camino consabido de la centralidad de la expresión logocéntrica, se nos hizo evidente la expresividad de los cuerpos como soporte discursivo ineludible en ese diálogo. Si en algún sentido nos preguntamos por los límites y las posibilidades de performatividad de la palabra, la expresividad de los cuerpos, compartiendo en un espacio común —el taller—, sitúa el diálogo de saberes a través de la contundencia de otros soportes discursivos, capaces de dar cuenta de saberes y campos de experiencia que escapan al registro académico.

Nos interesa entonces abordar esa discursividad específica, la de los cuerpos, como soporte de saberes que se revelan más allá de la palabra o aun con ella.

Los cuerpos

Hay poemas
dentro tuyo
que el papel
no puede
tolerar.

(Camila Urenda)

Procurando inscribir este apartado del texto en discusiones que hemos señalado de manera breve anteriormente, vale la pena señalar que si reconocemos que no existe un "punto cero" para la producción de conocimiento, es decir, que no queremos sostener la postura de producción de conocimiento desanclado de un espacio de enunciación concreto, con pretensiones de objetividad y neutralidad, es deseable avanzar en el sentido de aquello que se oculta. Santiago Castro-Gómez y Ramón Grosfoguel (2007), señalan que todo conocimiento posible se encuentra in-corporado, encarnado en sujetos atravesados por contradicciones sociales, vinculados a luchas concretas, en-raizados en puntos específicos de observación, mientras que la idea eurocentrada del "punto cero" obedece a una estrategia de dominio económico, político y cognitivo sobre el mundo, del cual las ciencias sociales han formado parte.

La línea divisoria entre el campo epistemológico y otras gnoseologías parece estar dada por el rigor que otorga el método científico a la construcción de ese tipo de conocimiento, construido por un sujeto pretendidamente universal y ahistórico. De alguna manera, la sistematicidad[13] que propone el uso del método científico en la construcción del saber académico aporta a delinear la idea de transparencia y objetividad, que se apoya en la posibilidad de verificar la rigurosidad con que fueron construidos los resultados.

Del otro lado de la línea que divide —y jerarquiza— al saber académico, se encuentran aquellos saberes que son producidos desde otros campos de experiencia. En el caso que venimos señalando, reconocemos que el trabajo de los carpinteros es eminentemente un saber empírico. A diferencia de la sistematicidad explícita con que se organiza el discurso sobre los saberes

---

13   Vale señalar que entre los mecanismos de validación y verificación de saberes académicos se emplean tanto articulaciones racionales o lógicas como por contrastación de evidencia empírica. Sin embargo, a diferencia de aquello que aquí llamamos Saber Empírico, en el campo académico todo mecanismo de validación se articula en un modelo sistemático de orden nomotético, que constituye un instrumento central para la producción y reproducir del conocimiento en este campo.

académicos, este campo de experiencia no contiene una estructura exhaustiva bajo la cual categorizar los saberes que a través de él se construyen. Así, fuimos reconociendo con ellos que estos saberes son definidos como un cúmulo de rutinas, destrezas, costumbres, modos de hacer, modos de organizarse en la tarea, usos de materiales y herramientas, movimientos corporales. De alguna manera todas esas significaciones sobre sus prácticas se reúnen bajo un denominador común: se trata de aprendizajes que recuerdan y evocan cada vez que es necesario, y que en ese proceso logran mejorar, ajustar o descartar. Saberes que además y especialmente se hacen expresivos a través de sus cuerpos.

Si en el campo de experiencia académicos existe algún tipo de univocidad respecto a los referentes del discurso, dados por el estado del arte de cada disciplina, el campo de la experiencia empírica de los carpinteros que conocimos en Concordia presenta pluralidad de referentes, dados por las múltiples fuentes y posibilidades de producción de conocimiento. El proceso y los referentes a través de los que cada uno de los carpinteros desplegó su campo de experiencia son singulares, responden a las condiciones específicas en que cada uno de sus conocimientos fue aprehendido o desarrollado y cada uno relata ese proceso de formación de manera diferente.

Ese proceso, con que se actualizan los conocimientos producidos en otras experiencias, en la práctica tiene un carácter, primordialmente, no verbal. Son conocimientos operados con el cuerpo, antes que con la palabra, y constituyen un campo de difícil paso al discurso lingüístico. No obstante, con el transcurso de la experiencia que nos unió, se fue produciendo cierto ejercicio, por parte de los carpinteros, de producción simbólica de su campo de experiencia y saber. La producción discursiva de ese conocimiento tiene formas de articulación recurrentes: narrativa y descriptiva.

Es decir, lo que se reconoce claramente, aun cuando el ejercicio de establecer el diálogo recala en el uso de la palabra, es que la expresión de esos conocimientos se afirman en la valoración de la propia experiencia. Se trata de un agenciamiento discursivo que no pierde el carácter singular de su espacio de enunciación, existe una auto-valoración del propio conocimiento, que es superadora del orden con que se jerarquiza en el plano consabido, y del aporte que este hace a la instancia de diseño.

Procurando decir algo más sobre esa expresividad, advertimos que se trata de la evocación de los conocimientos, que se actualizan ante una demanda específica de la práctica en curso, donde el cuerpo responde con un movimiento preciso y esa expresividad (propia de un saber también específico) se presenta acompañada por un relato capaz de hacer explícito el contexto en que ese saber cobró relevancia, se fundó, dando detallada cuenta de escenarios espacio temporales en que se desplegaba una situación problemática y el modo con que se produjo la solución a la misma, o el modo con que podría haberse evitado el problema.

Esto es una característica central, donde la remembranza de las prácticas a través de las que se construye un saber específico es, al mismo tiempo, la apertura de una caja negra que no siempre puede abrir el saber que emerge del campo académico[14]. Bajo esa modalidad, los actores dan cuenta del modo preciso con que se construyó un saber, los escenarios en que se aprendió, ajustó, inutilizó, etc., todo lo cual se hace explícito en tanto cobra distinto valor en un nuevo contexto de aplicación y actualización, se trata de saberes que cobran vigencia en tanto son acreditados pragmáticamente.

Así, un modo de producir conocimiento situado puede ser pensado desde la instancia de recuperación del espacio de enunciación, como un espacio de construcción y reivindicación de la identidad, que subjetiva en empoderamientos, en la dislocación de los órdenes jerárquicos que organizan la relación de control entre unos saberes y otros. Y en ese sentido, que da cuenta de un campo de experiencia con trayectoria en el tiempo y en escenarios específicos, que se plasman en expresividades diferentes a la logocéntrica.

14   Silvia Rivera Cusicanqui, a lo largo de "La epistemología y sus formas cambiantes" (2003), analiza las implicancias del proceso con que se construye el campo epistemológico como forma gnoseológica superior, analizando críticamente al desarrollo del método científico y su profunda atención al contexto de justificación, en detrimento del contexto de descubrimiento, dado su carácter contingente. Así, la lógica —y luego, tras el giro lingüístico, la argumentación— no permitiría explicar el proceso de lo creativo en reglas. Esta imposibilidad, lejos de ser cuestionada, sostiene Rivera Cusicanqui, refuerza la falta de validez de aquellos saberes que no responden a un método normado.

La imagen y la fotografía

> *Aspiramos a generar una práctica basada en el silencio y no solo en la palabra. Aspiramos a sazonar la palabra con el silencio y con el ritmo de las cuerdas del telar o la guitarra. Generamos así un esbozo de normatividad tácita, en diálogo con y entre las creaciones de nuestras manos, de nuestros cuerpos. Así la ética se transforma en estética, en una plasmación de actos y pensamientos en objetos: libros, bolsas, tejidos, revistas, plantas, comidas... y fotografías.*
>
> (Cusicanqui, 2015: 302,303)

La perspectiva desde la cual planteamos incorporar a la fotografía en el trayecto que venimos trazando, está vinculada en la misma línea de reconocer de expresiones diversas y legítimas en la construcción de conocimientos, en ese sentido queremos tomar la fotografía -en términos más generales, la imagen- como una expresión en sí misma, desarticulando la idea concebida de la imagen como referencia del texto, que sólo convalida la lógica de la escritura alfabética. Roland Barthes (1986) ya decía que a pesar de la abundancia de imágenes que nos rodean en la actualidad, difícilmente podríamos clasificarnos como una *civilización de la imagen*, ya que en la mayoría de esas imágenes el mensaje lingüístico está presente, ya sea en forma de título, de referencia, en globo de diálogos, mensajes publicitarios, en la prensa, etc. Sin embargo, es posible advertir que a pesar de ser una época en la cual existe un uso indiscriminado de la imagen, que atenta con vaciarla de contenido, su potencial sigue intacto.

Partiendo de ese lugar potencial, planteamos a la imagen como portadora de una entidad propia, lo que implica *liberar lo visual de las ataduras del lenguaje* (Rivera Cusicanqui, 2015, p.23), pensar la imagen como una narrativa, y en ese sentido su capacidad como expresión libre. Rivera Cusicanqui agrega respecto a esto que "las imágenes nos ofrecen interpretaciones y narrativas sociales" y luego agrega que "nos ofrecen perspectivas de comprensión crítica de la realidad". Reconociendo la capacidad que tienen para aportar a la comprensión del mundo social.

Reconocer a la imagen como una expresión distinta a la del lenguaje escrito, y también como portadora de una narrativa que condensa otros sentidos, nos convoca a explorar nuestras subjetividades, a movilizar la percepción y las emociones que han sido oprimidas por nuestro aprendizaje racional. Es ahí donde la escritura no es castigada en sí misma, sino en su construcción racional de una modernidad alienada, donde la mirada crítica a partir de la imagen es una posible resistencia.

¿Resistencia a qué? nos podríamos preguntar. El pensar desde la imagen tanto como herramienta discursiva, también como metodología de trabajo -más adelante tocaremos este punto- se ancla también en una perspectiva epistémica, que critica a una escritura que es heredada de una matriz colonial, que como se plantea al principio, es apuntalada con la conformación de Estados-naciones, y la modernidad. Vale agregar que, la fotografía es un elemento de los tantos que conforman el campo de la imagen, podríamos hablar de pictografías, pinturas, dibujos, etc. Muchos de los cuales ha sido herramienta de comunicación, denuncia y legado de muchas civilizaciones.

El recorrido y la lectura que Silvia Rivera Cusicanqui realiza del Waman Puma[15] y de las pinturas Melchor María Mercado[16] ponen en evidencia la posibilidad de analizar e interpretar un determinado contexto histórico-cultural a través de la imagen. Sobre todo, reconociendo el valor reflexivo y de denuncia que los autores intencionadamente expusieron en aquellas obras. Esta, es una de las claves para entender porque la legitimidad está dada por la palabra escrita, y en registro académico, con esto queremos decir que si bien estas obras estaban denunciando distintas dimensiones de lo colonial, el tema recién entra en agenda de discusión cuando la ciencia lo legitima. No podríamos dejar de mencionar que esta misma ciencia que traza la frontera de lo válido, se ve envuelta en un sistema perverso que, muchas veces, para sostenerse le implica ir en contra de los propios principios que denuncia.

A partir de este posicionamiento respecto a las imágenes, nos proponemos pensar qué significa en nuestras prácticas de investigación, trabajar con la fotografía. Para ello tomamos como punto de partida la propuesta metodológica de la *sociología de la imagen*.

Rivera Cusicanqui nos pone a disposición su larga trayectoria, desde la recuperación de la historia a través de la tradición oral, pasando por la elaboración de audiovisuales, y arribando a una conceptualización sociológica de la imagen. Como advierte Tinta Limón en su introducción al libro, estas búsquedas son estrategias de un combate que intenta reconectar con lo

15   Se trata de una crónica de 1615, plagada de dibujos de Felipe Guamán Poma de Ayala que muestra con una mirada crítica la visión indígena del mundo andino y la sociedad peruana después de la conquista. Según Rivera Cusicanqui "su teorización visual del sistema colonial. Más que en el texto, es en los dibujos donde el cronista despliega ideas propias sobre la sociedad indígena prehispánica, sobre sus valores y conceptos del tiempo-espacio, y sobre los significados de esa hecatombe que fue la colonización y subordinación masiva de la población y el territorio de los Andes a la corona española".

16   Referencia a una serie de acuarelas (1841-1869) donde retrata una diversidad de situaciones de la Bolivia de ese entonces evidenciando la complejidad de esa sociedad atravesada por el mestizaje.

profundo de la vitalidad anticolonial. Tal *reconexión* demanda de un proceso que necesariamente debe expresar las subjetividades de quienes son protagonistas de las historias no contadas, ya que la invisibilización de la historia supone el olvido.

De algún modo, la propuesta de trabajar con la cámara, o con las imágenes, es un intento metodológico de incorporar estos planos de subjetividad en la construcción de conocimiento. La cámara pone conciencia en la mirada de quien enfoca y quien es observado por el lente, la incomodidad producida por esa situación y ese molesto aparato, pone en evidencia la necesidad de construir una confianza capaz de dejar fluir un diálogo en esa circunstancia. Nos atraviesa, *comenzamos a mirarnos en el acto de mirar a otras personas*, nos interpela en nuestro rol, e ilumina lo no dicho de la sociedad para ser descifrado con la mirada. Rivera Cusicanqui dice respecto a lo metodológico:

> *Volverse un intruso consciente de un intrusión (con la cámara) le permite desplegar acercamientos horizontales y aceptar que al observar, se es también observado, evaluado en el gesto, en la apariencia y en los modales, de modo que puede corregir sus gestos y lograr un acercamiento humanamente significativo y no sólo metodológicamente correcto (Rivera Cusicanqui, 2015, p. 311).*

Este tipo de metodología en la investigación, reconfigura el rol del investigador participante que se acerca a observar con la cámara en mano para registrar. Este proceso implica poner la observación en un proceso del cual ya se está participando, lo cual dependerá de la capacidad de generar la confianza previamente mencionada, y de repensar qué vínculos estamos generando en nuestras prácticas investigativas.

Otras experiencias se acercan a la fotografía como herramienta para visibilizar formas alternativas de mirar la realidad. En ese sentido, vale la pena mencionar que en términos de alcances, el uso que se hace de la imagen, por ejemplo por los medios de comunicación de llegada masiva, no hace más que instalar un relato consecuente con el poder, manipulando el uso de las imágenes hacia una mirada victimizadora de los pobres que reproduce el orden de lo injusto. Sin embargo, esa misma capacidad que tienen las fotos de generar impacto rápido de entendimiento, o dicho de otro modo, logran tocar la sensibilidad de la mayoría de las personas, al menos mayor que el de la palabra escrita. Permiten ser una herramienta poderosa para torcer el orden de lo establecido.

No es la intención entrar al mundo de lo comunicacional, sin embargo es imposible eludir esa dimensión cuando hablamos de lo visual. Se puede encontrar un gran anclaje que se emparenta epistemológicamente con el desarrollo que se viene planteando, ya que si hay algo a lo que la imagen abre el juego e incorpora al diálogo, es los sensible, lo subjetivo, lo emocional. Como menciona González Casanova (2006) se genera la posibilidad de *diálogo integral* que implica la sinergia de pensar-sentir-hacer, y hace esta referencia en el sentido que venimos construyendo y tomando como ejemplo las estrategias de comunicación de nuevos movimientos sociales como el Ejército Zapatista de Liberación Nacional (EZLN), donde su trabajo discursivo (distintas formas de razonar, sentir y expresarse) es parte de la descolonización de la vida cotidiana.

Claro que el sentir-pensar no es algo nuevo, ya hace tiempo Fals Borda (1979) le cuestionó a la ciencia ese lugar de la racionalidad, en principio demandando la necesidad de reconocer las dimensiones políticas e ideológicas de la ciencia, y promoviendo la incorporación de la dimensión subjetiva. Habiendo hecho este breve repaso, lo que pretendemos es dar relevancia a la incorporación de la imagen como herramienta en este proceso de transformación de la ciencia. La fotografía como herramienta y metodología, la imagen como síntesis expresiva que condensa múltiples sentidos y no pretende divorciarse de la palabra, sino, pretende potenciarla, incluso transformarla. Retomando el *gesto de libertad* que mencionamos anteriormente, gesto que está en nosotrxs, y tiene la posibilidad de instalarse, si lo creemos necesario, en la escritura superando en gran medida, los límites con los que empezamos este texto.

Palabras finales

Las prácticas de producción de conocimiento operan desde una cuestionable matriz epistemológica que invisibiliza o subalterniza los campos de experiencia de actores igualmente invisibilizados o subalternizados. Proponer el ejercicio de prácticas situadas de producción de conocimiento, no deviene simplemente de una provocación de orden ético o moral, no se trata de un ejercicio solapado de reproducción de la matriz vincular asimétrica, que se acerca a otros actores para "darles voz". Por el contrario, salirse de ese modo relacional, aun con los vestigios que conservemos en este proceso de transición y de transformación hacia otros modos posibles, consiste en reconocer la autonomía con que cada actor despliega sus campos de sentido, y advertir que el diálogo, abierto a nuevos criterios de jerarquización entre conocimientos, es un aspecto que complejiza y abre nuevas posibilidades para la resolución de problemáticas sociales.

Al principio mencionamos el carácter transicional con que se entiende el diálogo de saberes, que en parte requiere de la reproducción de la asimetría, desde un enfoque posibilitante del encuentro. Entendemos que se trata de una definición no sólo epistémica, sino metodológica y transversalmente política. Esa posición política de la propuesta nos recuerda al Calibán, un personaje de William Shakespeare, en la obra teatral "La Tempestad". Este personaje, muchas veces recuperado en la filosofía latinoamericana, encarna buena parte de este gesto transicional: éste, siendo el personaje dominado al que se le impone el uso de una lengua, es también quien la aprende para usarla como un arma, para maldecir al dominador con ella. Dice Liendo (2015) sobre esto: *En un gesto poscolonial, el subalterno emerge de su condición y cambia de signo axiológico una estructura de dominación, en este caso, la lengua para usarla como una potente reafirmación de sí.* Desde ese gesto plantemos un necesario escenario de disputa, pero advirtiendo que no es ese el horizonte. Es decir, y retomando la contundente frase de una feminista negra, Audre Lorde, quien en una conferencia en Estados Unidos en 1979 señalaba: "Las herramientas del amo, nunca desarmarán la casa del amo".

Es decir, entendemos que es importante esta instancia de transición, que permita poner en la superficie de lo audible, lo visible, lo inteligible y lo ponderable de otras formas de producción y expresión de conocimientos. Por esto, nos interesa el presente, ese es el escenario de resistencia y transformación. Ahí es donde intentamos una forma de elaborar la cercanía, el interconocimiento a través de marcos epistemológicos sensibles y perspectivas metodológicas capaces de producir una cercanía no instrumental.

No obstante, presxs también de esa transición, en nuestras experiencias advertimos que el exceso de palabras dichas (tan afín a nuestro habitus académico) plantea una asimetría muchas veces insalvable, en el encuentro con compañeros que entretejen sus relaciones por medio de, digamos, otros soportes discursivos. Y con esto comprendemos que mora en la palabra cierta utopía comunicacional. En ese sentido, creemos que una metodología que abogue por la cercanía es aquella que permita el encuentro, y antes que las palabras, que estimule la presencia activa de otras subjetividades.

Esto nos lleva a pensar un cierre, para este texto, que apuesta a una reflexión política de lo desarrollado. En torno a lo señalado respecto de la imagen, algunxs se preguntaran por qué la cámara, o afirmaran que existen otras posibilidades que conducen a procesos similares, y sin dudas es así. Estas prácticas no hacen más -ni menos- que reafirmarnos en el camino de lo inacabado, en las distintas instancias que hacen a un nuevo mundo. Esto no plantea un escenario final, ¿el tránsito de las reivindicaciones terminará cuando no haya más que reivindicar?. Desconocemos si existe tal instancia superadora, nos afirmamos en un presente donde el potencial de la acción y el pensamiento se encuentra imbricado a este espacio de lo múltiple y lo contradictorio.

Es allí donde creemos en la importancia de desplegar, hacer crecer desde saberes diversos, una micropolítica capaz de producir un devenir investigativo-político disruptivo del orden dominante. Y por orden dominante ya no nos referimos exclusivamente al orden epistémico, sino también a todos aquellos órdenes instituidos que condicionan las posibilidades de engendrar otro mundo, ciertamente deseable, y posible. Esa micropolítica, capaz de definir desde lo más pequeño y con las discursividades posibles los escenarios que otrora fueron de inclusión, aquellos en los que los sujetos a ser incluidos tenían poco que decir, es el magma de sentidos del cual creemos pueden nutrirse – no sin disputas, producto de agenciamientos necesarios, emergentes también de procesos micropolíticos– todos los otros órdenes macropolíticos, el Estado principalmente, interlocutor al que no renunciamos.

Bibliografía

BARTHES, Roland (1986). *Lo obvio y lo obtuso: Imágenes, gestos, voces.* España: Editorial Paidós.

CASTRO-GÓMEZ, Santiago (2000). *Ciencias sociales, violencia epistémica y el problema de la "invención del otro".* En libro: *La colonialidad del saber: eurocentrismo y ciencias sociales. Perspectivas Latinoamericanas.* Edgardo Lander (comp.) Buenos Aires: CLACSO.

CASTRO-GÓMEZ, Santiago (2005). *La hybris del punto cero. Ciencia, raza e Ilustración en la Nueva Granada (1750-1816).* Bogotá: Centro Editorial Javeriano, Instituto Pensar.

CASTRO GOMEZ, Santiago y GROSFOGUEL, R. (2007) "Prólogo. Giro decolonial, teoría crítica y pensamiento heterárquico". En libro *El giro decolonial: reflexiones para una diversidad epistémica más allá del capitalismo global*. Compiladores Santiago Castro-Gómez y Ramón Grosfoguel. Bogotá: Siglo del Hombre Editores; Universidad Central, Instituto de Estudios Sociales Contemporáneos y Pontificia Universidad Javeriana, Instituto Pensar. pp 9-23.

CEJAS, Noelia (2013). *Procesos Comunicacionales en Prácticas de Co-Construcción de Conocimiento*. Tesis de posgrado para la obtención del título de Doctora, Centro de Estudios Avanzados, Universidad Nacional de Córdoba, Argentina (inédito).

DE SOUSA SANTOS, Boaventura (2009). *Una epistemología del sur: la reivindicación del conocimiento y la emancipación social*. México: Siglo XXI. CLACSO.

FALS BORDA, Orlando (1979). *El problema de cómo investigar la realidad para transformarla*. En (2015) *Una sociología sentipensante para América Latina*. México: Siglo XXI Editores; Buenos Aires: CLACSO.

FOUCAULT, Michel (1968) Las palabras y las cosas; Buenos Aires, Siglo XXI Ed. 2005.

FREIRE, Paulo (2002). *Pedagogía del Oprimido*. Buenos Aires: Siglo Veintiuno Editores.

SPIVAK, Gayatri Ch. (2003)"Puede hablar el subalterno?. Revista Colombiana de Antropología, Nº 39 enero-diciembre, pp. 297-364

GONZÁLEZ CASANOVA, Pablo (2006). *Colonialismo interno [una redefinición]*. En libro: *La teoría marxista hoy. Problemas y perspectivas*. Atilio A. Boron, Javier Amadeo y Sabrina González (comp.) Buenos Aires: CLACSO.

LIENDO, María Cristina (2015). "Acerca de la colonialidad Jurídica" En: *Discursos políticos contemporáneos: espacios de Producción de conocimientos y acciones locales*. II Simposio Internacional sobre Estudios Latinoamericanos: Diálogos interdisciplinarios sobre sociedad, historia, cultura, frontera y territorio (antropología, historia, ciencias sociales, geografía, música popular). Villa María, Córdoba.

MIGNOLO, Walter (2003). Historias locales / diseños globales. Colonialidad, conocimientos subalternos y pensamiento fronterizo, trads. Juan María Madariaga y Cristina Vega Solís. Madrid: Akal.

QUINTERO, Pablo (2014) "Sobre la matriz colonial de poder". En Palermo, Zulma (comp) *Para una Pedagogía Decolonial*. Buenos Aires. Del Signo.

RIVERA CUSICANQUI, Silvia (2015). *Sociología de la Imagen. Miradas ch'ixi desde la historia andina*. Buenos Aires: Tinta Limón

RIVERA CUSICANQUI, Silvia (2012). Entrevista realizada por Centro Experimental Oído Salvaje. Disponible en: vimeo.com/45483129

RIVERA CUSICANQUI, Silvia (2003)"La epistemología y sus formas cambiantes". En: BERGALLI, R. y MARTYNIUK, C. (Comps.) *Filosofía, Política y Derecho. Homenaje a Enrique Marí*, Bs. As., Prometeo, 2003.

ZAVALA, Iris (1992). *De 'invenciones': palabras liminares*. En *Discursos sobre la 'invención' de América*. Zavala, Iris (cord). Amsterdam - Atlanta. Editorial Rodopi

(*) Las fotografías son de Fernando Vanoli (Bariloche. 2015).

COMENTARIO 2

CERTEZAS TRANSITORIAS Y DUDAS GENEROSAS

LILIANA KREMER[17]

Celebro el texto de Fernando y Noelia ya que e invita a re-visitar la necesidad de dudar. De recuperar la capacidad de sentirse libres al buscar otras metáforas que los conmuevan y nos con-muevan, permiten des-armar y des-andar, vincular, recrear, re-volver, pensando, a partir de nuestras propias teorías, certezas transitorias, sus dudas generosas.

Parto de uno de sus primeros planteos, cuando dicen que *"el uso de nuestra palabra y el relato de nuestra escritura deja por fuera mucho de la realidad de los territorios, y mucho de lo que percibimos, sentimos, palpitamos, intuimos allí, **imposible** de traducir en palabras".* Mi pregunta: ¿imposible?

Si bien admitimos que, como **dice Rivera Cusicanqui (2015:175), las palabras pueden encubrir, esconder, ocultar, pensamos que también pueden hacerlo, los gestos**, las imágenes, los silencios, las caricias. Unas y otros pueden ocultar, invisibilizar, minimizar, descalificar pero también – una u otras pueden- describir, nombrar, apelar, descubrir, trazar, construir, transformar.

Creo que nuestras palabras dichas o escritas pueden no ser no estáticas ni fijas y que esto nos da la posibilidad de pensar y trazar otros mapas, de descubrir, de ver-nos y de ver a los otros en y desde otros territorios (físicos, temporales, sensibles, emocionales).

Ken Gergen, representante del Construccionismo Social establece "una nueva concepción del "yo" que se origina en las relaciones humanas: *"todo comienza con lo social y la relación, más que con el individuo aislado".* Dice el autor: "las concepciones universalizadas de la verdad, la objetividad, la racionalidad, el progreso y los principios morales [...] han servido para limitar el flujo generativo de las relaciones humanas, para limitar la naturaleza de nuestras expresiones y separar a aquellos que están autorizados a determinar nuestro futuro colectivo de aquellos otros que son reducidos al silencio".

Un aspecto medular para **Gergen** es el **lenguaje**, mediante el cual nos comunicamos pero no por eso nuestras narrativas son un reflejo incuestionable de nuestra realidad pues, nuestros relatos no son más

---

17 Liliana Kremer es Educadora, doctora en Estudios Agrarios. Es fundadora de la Fundación Plurales e investigadora de la Universidad Nacional de Córdoba.

que "construcciones contingentes", es decir, narraciones que pueden o no suceder, palabras y pensamientos que elegimos decir y mucho otros callar; es decir, "aquello que yo decido comunicar a los otros por medio del lenguaje no necesariamente refleja el total de mi experiencia pues habrán infinidad de emociones, sentimientos, pensamientos, reflexiones y demás constructos que yo elija, simplemente, callar".

Desde una epistemología **constructivista**, no estructuramos una realidad interna del otro sólo por escuchar su narración, sino que nos centramos en los contextos relacionales y tratamos de explorar el significado de su discurso a la luz de su contexto, es decir, *"por quién y con quién tiene sentido aquel discurso y, si es aceptado en el marco de tal o cual otra relación, qué se desprende tanto para quien lo sostiene como para quienes forman parte de su entorno"*: lo que pensamos, decimos y hacemos depende del entorno social que apoya o censura lo que pensamos, decimos y hacemos; de esta manera construimos una realidad. Nuestra construcción puede ser mutable, en devenir, con un grado de incertidumbre y libertad; o podemos elegir la construcción de "castillos en el aire", realidades anquilosadas que defenderemos a capa y espada.

El conocimiento, el lenguaje y las relaciones interpersonales son ámbitos inseparables. El conocimiento es relacional (se crea y se transforma en el intercambio social) y el lenguaje es generativo (conforma nuestras vidas y relaciones) (Anderson, 1997). Las relaciones, los encuentros, lo que aprendemos, la construcción de conocimientos, los escenarios que surgen (o no) son parte de relaciones que establecemos con los otros: en el conversar. Conversar en el marco de relaciones que se da en y a través de distintos lenguajes.

Sentí…que mi narración mientras la escribía era un símbolo del hombre que yo fui, y que, para redactar esa narración, tuve que ser aquel hombre y que, para ser aquel hombre, yo tuve que redactar esa narración, y así hasta lo infinito" (Jorge Luis Borges)

"Las narrativas como construcción de vida", plantea Paul Ricoeur: los relatos o narraciones que viven las personas determinan su interacción y su organización, la evolución de las vidas y de las relaciones se producen a partir de la representación de tales relatos o narraciones. Entonces nos preguntamos: ¿Cómo hacer para que las narrativas colaboren y cooperen en la construir de conocimientos co-construidos con otras lógicas más generosas, irrespetuosas, irreverentes, dilemáticas? Como dicen lxs autorxs, se trata de recorrer caminos de producción de conocimientos con otrxs. Se trata de poner en dialogo distintos saberes que abran la posibilidad de crear cercanías, relaciones entre diferentes.

Si bien como plantea Zabala I (1992) el lenguaje puede ser considerado un sistema orientado a establecer relaciones de dominación, pensamos que también es un dispositivo que permite crear sentidos, construir identidades, poner en tensión, marcar dilemas, disentir, construir.

Sobre el relato, las narrativas y los lenguajes: hablado, escrito, pintado, fotografiado, musicalizado.

Si aceptamos que las personas organizan su experiencia confiriéndole sentido a través de relatos, y que en la construcción de estos relatos expresan aspectos escogidos de su propia experiencia vivida; esto hace que estos relatos son constitutivos ya que moldean las vidas y las relaciones: es donde re-experimentamos, revivimos, recreamos, relatamos, reconstruimos y reactualizamos nuestra cultura.

Las personas tienen cantidad de experiencias vividas, pero sólo relatan y cuentan (con sus palabras, acciones, silencios, gestos, formas de vestirse, exteriorizarse o mostrase) fragmentos. Una gran parte de la experiencia vivida queda fuera del relato acerca de las vidas y las relaciones y sin embargo son un semillero fértil para la generación y regeneración de otros nuevos relatos alternativos.

Para estructurar una narración procedemos a hacer una selección en la que dejamos de lado, de entre el conjunto de los hechos de nuestra experiencia, están aquellos que no encajan en los relatos dominantes que nosotros y los demás desarrollamos acerca de nosotros mismo: por los vínculos que establecemos con nuestras propias historias, con los demás, a lo largo del tiempo y por necesidad, que gran parte de nuestro bagaje de experiencias vividas nunca es contado o expresado (E. Bruner, 1986b:6-7).

Los relatos están llenos de vacíos que las personas deben llenar para que sea posible representarlos. Son esas lagunas las que ponen en marcha la experiencia vivida y la imaginación de las personas. Con cada nueva versión, las personas reescriben sus vidas. La evolución vital es similar al proceso de reescribir, por el que las personas entran en los relatos, se apoderan de ellos y los hacen suyos:

> *"...los seres humanos siempre se han contado cosas entre si y han escuchado lo que los demás les contaban; y siempre hemos comprendido que somos y quienes somos a partir de las narraciones que nos relatamos mutuamente. En el mejor de los casos, no somos más que coautores de una narración en permanente cambio que se transforma en nuestra mismidad. Y como coautores de estas narraciones de identidad hemos estado inmersos desde siempre en*

la historia de nuestro pasado narrado y en los múltiples contextos de nuestras construcciones narrativas..." (Golishian)

El relato es para Paul Ricoeur una representación de acciones, entrelazamiento de hechos, por lo que el relato está implicado en nuestra manera de vivir el mundo y contiene nuestro conocimiento práctico. (Ricoeur, 1985:9). El autor planteaque *"siempre ha sido conocido y se ha dicho que la vida tiene que ver con la narración".... "La duda es el resultado de todo el conocimiento adquirido en relación al relato y a la actividad narrativa, un saber que parece alejar el relato de la vida en tanto que vivida y que confina al relato al campo de la ficción"... "repensar de manera diferente la relación rudimentaria entre historia y vida, repensándola de tal forma que la ficción contribuya a hacer de la vida, una vida humana".*

"Las historias son narradas y no vividas; la vida es vivida y no narrada:. Con los escritos de Bateson (1972, 1979) rescatamos que toda información es la «noticia de una diferencia», y es la percepción de esa diferencia lo que desencadena todas las nuevas respuestas en los sistemas vivos, demostrando que situar los eventos en el *tiempo* es esencial para la percepción de la diferencia, para la detección del cambio.

Como dice E Bruner: *la estructura narrativa es más adecuada para el estudio del cambio, el ciclo vital y cualquier otro proceso de desarrollo. El relato como modelo tiene un interesante aspecto dual: es tanto lineal como instantáneo (1986a:153). Desplazamiento que* Geertz explica como la «reformulación del pensamiento social».

Las analogías que usamos determinan las propias distinciones que «extraemos» del mundo: de acuerdo a Maturana, cuando lenguajeamos, nuestro lenguajear y emocionar están entrelazados, de tal manera que nuestro fluir emocional es afectado por nuestro lenguajear y este por nuestro fluir emocional. Nuestras emociones, tanto las de los otros, cambian como resultado de nuestras palabras; y nuestras palabras cambian como resultado de el cambio ennuestras emociones

La conversación dialógica es un fundamento para la comunicación y el fermento que permite a los participantes ser "atravesados" por él, ser el diálogo mismo en cada encuentro; promueve más una actitud que una técnica, más un compromiso ante la vida que un imperativo cultural, más una invitación a ser participantes de nuestra vida que espectadores de ella.

El diálogo actual "describe al yo como esencialmente comprometido con sus prácticas en el mundo, y es capaz de articularlas". Retoma al cuerpo y al otro, la comprensión encarnada (cuerpo) y el compromiso de un yo con sus prácticas en el mundo, el nosotros, "un mismo ritmo", por ejemplo, cuando conversamos (lenguaje no verbal, las palabras dichas, las posturas del cuerpo, etc.).**Cada uno de los actores involucrados surgimos en el proceso de dialogar**, no sólo no antes, ni tampoco sólo después; no es anticipación ni resultado, sino proceso. Se acompaña de una reflexión ética, es decir, "una reflexión acerca de los fines que están en juego", y que implica el ejercicio de la libertad.

Este articulo propone ubicarnos en torno a desafíos e interrogantes que se nos presentan a los investigadores cuando nos arriesgamos a abandonar las ilusorias certezas que otorga el colocarse "por fuera" de las dramáticas de una investigación. Los enfoques metodológicos participativos-colaborativos-cooperativos de la acción desestabilizan nuestras certezas, nuestras confortables neutralidades, imparcialidades y nos obligan a desnaturalizar nuestra ilusión de objetividad, ponemos en juego nuestras metodologías, nos desplazamos de lo que domina la legitimidad de nuestros "saberes". Son otros presupuestos epistemológicos, otras las dificultades metodológicas que se nos presentan cuando intentamos co-construcción de saberes, de procesos investigativos, en donde los valores y la ética juegan un rol significativo.

Un desafío: ¿Cómo establecer un diálogo sobre nuevas lógicas de pensamiento y acción en el marco de nuestros espacios universitarios? ¿Cómo legitimar un saber que no es aceptado, reconocido, valorado? ¿Cómo hacer que la universidad sea permeable a otro lugar en la construcción social de conocimientos? ¿Cómo incidir en el seno de este modelo dominante? ¿Lenguajeando?

CAPÍTULO 3

LA EXCUSA NO ERA TAN EXCUSA. LA RELACIÓN ENTRE LOS ARTEFACTOS Y LAS PERSONAS EN PROCESOS DE DESARROLLO DE TECNOLOGÍAS PARA EL HÁBITAT. EL CASO BARILOCHE

VIRGINIA MARTÍNEZ COENDA[18]; SANTIAGO RÍOS[19]; SEBASTIÁN CARBONE[20]

18   Lic. en Administración (FCE-UNC). Doctoranda en Estudios Sociales de América Latina (CEA-UNC). Becaria interna doctoral del CONICET. Integrante del programa Co-construcción del Conocimiento (CIECS-CONICET-UNC)

19   Arquitecto (FAUDI-UNC). Doctorando en Arquitectura (UNL). Becario interna doctoral del CONICET. Integrante del programa Co-construcción del Conocimiento (CIECS-CONICET-UNC)

20   Lic. en Administración (FCE-UNC). Integrante del programa Co-construcción del Conocimiento (CIECS-CONICET-UNC)

"Las cosas tienen vida propia -pregonaba el gitano con áspero acento-, todo es cuestión de despertarles el ánima"

Gabriel García Márquez

(Cien años de Soledad)

Introducción

No hacemos casas. O, en todo caso, no hacemos sólo casas. Hemos ensayado durante años un modo de contar lo que hacemos donde el artefacto tecnológico aparece sólo como la excusa que nos convoca a trabajar juntas/os. Como un tema *concreto* para empezar una conversación que nos lleva a otros asuntos: la organización del trabajo, el Estado, las relaciones, la construcción de conocimientos. Hemos dicho una y mil veces que nuestro desafío es componer una red que articule a distintos actores locales (para el caso, de la ciudad de Bariloche) con el propósito de crear una matriz económica local alternativa. Con esto queremos decir construir las condiciones que permitan el emerger de relaciones sociales y económicas *otras* que no reproduzcan la dinámica excluyente y segregadora del mercado capitalista. Decimos que, en este marco, el hecho de que el producto material a desarrollar sea una casa es una suerte de efecto secundario, bien podrían ser bicicletas o dulces de higo que lo esencial seguiría invariable.

Sin embargo, este último tiempo hemos vuelto sobre la idea de la excusa para repensarla. ¿Cómo es que después de pasar por distintas estrategias comunicacionales para expresar la complejidad de lo que hacemos es el artefacto-casa lo que queda anclado como nuestra definición identitaria? ¿Por qué cuando hablamos de las relaciones económicas, ambientales y políticas de la actividad forestal lo que queda resonando es el producto-madera? ¿Cómo es que nosotras/os mismas/os, como equipo de investigación, frente a proyectos que no involucran el desarrollo de un artefacto tecnológico nos sentimos desorientadas/os? Sospechamos que hay algo en relación a la materialidad en la que se corporizan nuestras luchas, nuestros desafíos, que pone en jaque la cuestión de la excusa.

Inabarcable es el espectro de autoras/es y corrientes de pensamiento que han puesto al cuerpo en el centro de la escena. ¿Qué sería de las teorías, del capitalismo, del colonialismo, sin su materialización en las personas que lo encarnan? Pero lo que acá nos estamos preguntando pretende enlazar otra cuestión: la materialidad no-humana. Estamos habituadas/os a que la pregunta por la relación entre sociedad y tecnología se dirima entre alguno de los dos determinismos: el social o el tecnológico. O bien las sociedades definen sus necesidades y en base a ellas desarrollan tecnologías para satisfacerlas, o bien las tecnologías definen los modos de vida posible para los actores[21]. Ambas posiciones parecen anular agencias, ya sea de los artefactos en el primer caso o de las personas en el segundo.

Ahora bien, si desplazamos al artefacto del lugar de la excusa, ¿hacia qué sitio lo movemos? En la red de relaciones que fuimos conformando en nuestras experiencias y que vinculan a distintos actores, ¿cómo nos relacionamos con las entidades no-humanas? ¿Podemos considerarlas *un actor más*? Ante estas preguntas, comenzamos a acercarnos a algunas ideas que nos ayuden a pensar y a rastrear cómo se producen estas relaciones, que en principio e intuitivamente llamaremos recíprocas, entre lo humano y lo no-humano.

La teoría del actor-red y la teoría de la relacionalidad local

Bruno Latour (2008), en la introducción a la teoría del actor-red (TAR), nos acerca algunos elementos para pensar esa relación[22]. Lo primero que

21   Dice Bruno Latour que, cuando queremos sacar al artefacto del lugar de telón de fondo o de escenografía al estilo de las explicaciones interaccionistas de Erving Goffman, tendemos a interpretar la relación de los artefactos con las personas como "infraestructura material" que "determinaría" las relaciones sociales, a la manera de los tipos marxistas de materialismo; o como "espejo" que simplemente "refleje" las distinciones sociales a la manera de las sociologías críticas de Pierre Bourdieu (2008, p.124).

22   La propuesta de la teoría del actor-red de Latour abarca mucho más que la afir-

tomaremos de ella es la idea de **rastro**. Dice Latour que una condición para afirmar que existe tal cosa como la agencia (de actores humanos como no humanos) es que haya pruebas, diferencias, transformación de algún estado de cosas. Una agencia invisible que no produce ninguna diferencia, ninguna transformación, no deja rastro y no aparece en ningún relato no es una agencia.

Eso nos lleva directamente a la idea de **mediadoras/es**, que se definen como vehículos para la acción. A diferencia de las/os intermediarias/os, que sólo transportan efectos, expresiones o reflejos sin producir demasiadas transformaciones, las/os mediadoras/es son vehículos que disparan otras/os mediadoras/es, son actores, agentes. El autor nos invita a desplazarnos de la idea de un mundo hecho de unas pocas agencias seguidas por rastros que nunca son mucho más que efectos, expresiones o reflejos de otra cosa hacia la idea de un mundo hecho de concatenaciones de mediadoras/es en el que se puede decir que cada punto actúa plenamente. Lo que nos interesa particularmente aquí es que cuando el autor habla de que "cada punto actúa" está incorporando en ese "punto" a agencias humanas y no humanas.

Esas concatenaciones son, en otras palabras, relaciones. Relaciones que no son sólo diferentes (distintos modos de vinculación) sino que también desiguales (con asimetrías de poder). Dice Latour que esas relaciones de poder no pueden comprenderse como vínculos exclusivamente sociales, ya que los mismos son inestables, débiles. La perpetuación de las relaciones de poder y dominación sólo puede explicarse si se incorpora al análisis a los objetos no humanos que le dan solidez a esos vínculos, que posibilitan su durabilidad (2008, p. 104-105). La primera pregunta que le haremos a Latour, y a nosotras/os mismas/os es ¿qué sería un vínculo exclusivamente social? ¿Sería un vínculo sólo entre personas? ¿Eso lo hace menos "material"? ¿Cómo rastrear "lo social" si no es en la materialidad de los cuerpos? Tomarse en serio a los artefactos implica, creemos, un movimiento epistemológico previo que es tomarse en serio a la materialidad. Hacer estallar la distinción típicamente moderna entre lo social y lo material, la cultura y la naturaleza, como si lo cultural y lo social fueran construcciones etéreas, incorpóreas y lo material fuera patrimonio exclusivo de eso que se ha dado en llamar naturaleza o, en el peor de los casos, recursos naturales. Decimos, entonces, que no es posible comprender las relaciones de poder y dominación si no nos tomamos en serio la materialidad (humana y no humana) de esas relaciones y, allí, el modo específico en que ellas se vinculan, se concatenan, en cada situación o coyuntura.

---

mación de que los objetos no-humanos tienen agencia. Intentaremos acá dar cuenta de la mayor cantidad de elementos necesarios para comprender la idea de la agencia de los objetos pero no vamos a reproducir ni resumir toda su teoría.

La idea de esas concatenaciones de agencias diferentes y desiguales nos arroja una imagen de lo **colectivo** como un proyecto de articulación de heterogeneidades (a lo Grimson) o de composición de la pluralidad (a lo Cusicanqui) que se va a estirar para involucrar en el ensamble entidades no humanas que hasta ahora no habían sido reunidas. El desafío es, sin dudas, enorme. Estamos acostumbradas/os a rastrear las acciones y las relaciones entre personas; para los objetos es más difícil ya que "producir sus efectos mientras permanecen en silencio es lo que hacen tan bien" (Latour, 2008, p. 117).

Coincidimos con el autor en que las experiencias de innovaciones tecnológicas son un lugar potente para colocar la pregunta de la relación entre personas y artefactos. No porque sea el único lugar, claro. Sino porque en estos sitios los objetos viven una vida claramente múltiple y compleja, a través de reuniones, planos, bosquejos, reglamentos y pruebas. Allí aparecen plenamente entremezclados con otras agencias humanas más tradicionales. Es sólo cuando están ya ubicados en "su lugar" que desaparecen de la vista, que se vuelven silenciosos. Por eso, el estudio de las innovaciones ha sido uno de los primeros lugares donde fue posible mantener los objetos como mediadores visibles, distribuidos, referidos, por más tiempo, antes de que se volvieran intermediarios invisibles, asociales (Latour, 2008).

Nuestra necesidad de revisar la idea del "artefacto como excusa" tiene mucho que ver con esto. El sentido que hemos creado en torno a nuestra experiencia en Bariloche ha sido siempre que se trataba de un proceso de innovación tecnológica, que no innova en el producto sino en los procesos, tanto en lo referido a la organización del trabajo como a los modos de vinculación con las instituciones científicas y gubernamentales[23]. Con esto nos referimos a que el artefacto no tiene nada de novedoso en sí mismo (cualquier persona con algunos conocimientos de diseño y de madera podría replicarlo), sino que la novedad está en el modo en que se producen las relaciones sociales y económicas en el proceso de desarrollo tecnológico. Esta forma de relatar la experiencia de Bariloche, quiso colocar al artefacto en ese segundo plano, como excusa, como secundario, como puente para llegar a conversar sobre otros temas "más importantes". Lo verdaderamente importante, lejos de estar en el producto, estaba en el asumir una posición política, epistemológica y metodológica de ponerle el cuerpo al diálogo de saberes, ensayando modos y estrategias de vincular efectivamente saberes académicos y no académicos. A su vez, esa posición venía de la mano de la definición de trabajar junto a dos actores que comprendimos esenciales para la articulación de una matriz económica local incluyente: trabajadoras/es del

---

23   Partimos de la distinción que propone de Dagnino de pensar la tecnología en esas tres dimensiones hardware (producto, máquina, artefacto), software (sistema de procesamiento de información) y orgware (gestión tanto de las organización como de los gobiernos) (Dagnino et al., 2010)

heterogéneo y aún indefinido mundo de economía social y el Estado en su instancia de gobierno municipal. Al proceso de creación y articulación de esta red de relaciones hemos llamado co-construcción de conocimientos[24], lo que da nombre a nuestro equipo y nuestra línea de investigación.

Sin embargo, quizás a razón de aquella vitalidad que los artefactos tienen en los procesos de innovación, especialmente en las instancias de diseño y desarrollo, es que nos vemos interpeladas/os por esta pregunta en torno a la relación entre humanas/os y no humanas/os. ¿Por qué dividimos al proceso del producto? ¿No será el producto parte del proceso? ¿No es en esa división que estamos clausurando de algún modo al producto, forzándolo a permanecer en un segundo plano? ¿No estamos nosotras/os mismas/os emulando con la distinción proceso-producto aquella que cuestionáramos antes entre lo social y lo material?

De nuevo, no se trata de negar la distinción entre humanas/os y no humanas/os, sino de cuestionar la creencia de que pueden abordarse desde matrices de sentido diferentes: sociológica/económica por un lado y arquitectónica por el otro. Nos estamos queriendo salir, con todo lo que nos cuesta, de la distinción disciplinar que impone que arquitectas/os se ocupen de pensar al artefacto y sociólogas/os a las personas, para tomarnos con más seriedad la cuestión de la interdisciplina. Como nos dice Alejandro Haber, no interesa de qué manera es posible relacionar un objeto material con un sujeto social,

---

24   El nombre "co-construcción de conocimientos" expresa, de manera innegable, una posición epistemológica. Es probable que quien se acerque por primera vez a nosotras/os, al leer esas palabras, asuma que hay discusiones que estamos dando en los modos de producir conocimientos, aunque no sea capaz de presumir exactamente cuáles son esas discusiones (quizás el "co" previo al guión le dé una intuición de cierta cuestión colectiva o cooperativa). Sin embargo, también es cierto que la noción de "construcción" remite también al mundo de la arquitectura. No sabemos cuánto hay de casual en esa coincidencia y, por lo pronto, tampoco interesa tanto saberlo. En todo caso, nos interesa rastrear aquí las conexiones entre un proyecto orientado a *otro* modo de construir conocimientos corporizado precisamente en *otro* modo de construir artefactos habitacionales (viviendas y salones). Lo primero que diremos es que en la idea de construcción resuenan las nociones de gestación, desarrollo, creación y no sólo, aunque también, el producto terminado. Dice Latour que cuando una/o recorre una obra en construcción experimenta la sensación inquietante y excitante de que las cosas *podrían ser diferentes*, sensación que nunca es tan profunda cuando uno se enfrenta al producto final, por hermoso o impresionante que sea. Decir que el conocimiento también es construido provoca, al menos en nosotras/os, esa misma emoción. Nos queremos quitar de arriba las asimilaciones que se han hecho entre lo construido y lo no real. Afirmamos, siguiendo a Grimson (2011) que lo construido es ontológicamente subjetivo (creaciones humanas) pero epistemológicamente objetivo (con efectos reales en los modos de percepción, significación y acción). Precisamente, al reconocer que aquello que se construye (conocimientos, casas, ideas) tienen efectos concretos, objetivos, rastreables sobre los actores (insistimos, humanos y no humanos) es que nos obsesionamos en situarnos en ese momento de la construcción, en la *cocina*, para reconocer y producir allí otros modos de estar, de vincularnos.

sino cuál es la relacionalidad posible para las relaciones entre los seres o conjunto de seres involucrados. Es decir, cómo los seres -objetos y sujetos- no son sino en las relaciones y estas, en la misma red heterogénea, cambiante y en constante fluir en la que devienen también los seres (2016, p.14).

Este texto que hoy escribimos expresa el movimiento epistemológico que estamos intentando producir al quitar al artefacto de todos esos sitios en donde la experiencia misma de Bariloche nos muestra que no cabe: ni como telón de fondo, ni como infraestructura material determinante ni como espejo o reflejo. Ensayaremos, siguiendo la propuesta de Latour, llevarlo al lugar de *actor*. En vez de pensar en una red que vincula, por un lado, a actores humanos y, por el otro, a un producto que nunca supimos bien a dónde situar, intentaremos aproximarnos a la idea de una red de relaciones donde ambos, sujetos/as y objetos, devienen, es decir, se constituyen mutuamente.

Quizás esto que estamos llamando un movimiento epistemológico nos permita, para el caso de nuestra experiencia barilochense, hallar o generar modos creativos de reconocer los rastros silenciosos de los objetos y la forma en que se entrelazan con las personas para ir cartografiando así ese modo de acción colectiva que hace varios años venimos construyendo. Si, como plantea Haber con la teoría de la relacionalidad local, la red relacional en la que devienen esos seres humanos y no humanos es la teoría que ordena la vida de los actores locales será, al mismo tiempo, la teoría que organice nuestra investigación. Reconocer esas relaciones, rastrear esas agencias, constituye así nuestra principal tarea de investigación:

> No se trata de un entramado invisible sino que es perfectamente visible para quien lo conoce, aunque se debe aclarar que no es posible conocer las teorías locales de la relacionalidad si no es mediante el relacionamiento de acuerdo a esas mismas teorías, de manera que conocer y estar acaban de asemejarse lo suficiente como para que resulte superfluo diferenciarlos (Haber, 2016, p.15)

De allí que nuestros procedimientos metodológicos implican un estar en el territorio, con los actores locales, haciendo teoría local. Apelamos frecuentemente a la imagen da la cartografía como expresión de nuestra definición metodológica. Decimos, parafraseando a Marta Malo (2004), que el desafío es cartografiar mapas para orientarnos y movernos sobre un paisaje de relaciones y dispositivos de dominación en acelerada mutación. Nos interesa especialmente de la noción de "cartografía" sus resonancias ineludiblemente territoriales: es difícil pensar en mapas sin territorios. Sin embargo, Haber nos hace, en ese punto, una pregunta interesante. ¿No supone el mapa una mirada desde arriba y desde afuera del territorio? ¿No implica un modo de organizar la teoría desde una perspectiva que ningún actor podría tener desde su propio lugar, desde su propio estar en el territorio? Dice Haber que el paisaje, a diferencia del mapa, compone una imagen situada, endógena, local y, por qué no, parcial.

Nos aventuramos en las siguientes páginas a dibujar un paisaje de Bariloche. A percibir y reconocer los rastros que evidencien las relaciones que estamos produciendo entre humanos/as y no humanos/as. A recomponer una idea de lo colectivo, revisando a dónde se van situando las personas y los artefactos. Si bien las preguntas que planteamos hasta acá vienen latiendo hace tiempo en el equipo, recién pudimos abordarlas hace muy poco tiempo. De allí que este escrito tenga un gesto más bien exploratorio, indagatorio y no tanto resolutivo. Habrá, de a ratos, trazos gruesos, torpes. Y habrá también, esperemos, algunos trazos finos, que lleguen a captar esas sensibilidades suaves que no se dejan atrapar por las puntas gruesas de los lápices de nuestros amigos carpinteros.

Hipotetizando

Cabriadas de madera son las protagonistas del sistema constructivo que estamos desarrollando en Bariloche. Una cabriada es una estructura reticular de barras rectas unidas en formas de triángulos planos, que se utilizan generalmente para cubrir techos. Estas estructuras trabajan a compresión y tracción presentando comparativamente flexiones pequeñas y permiten cubrir luces más grandes que las vigas convencionales. Las cabriadas, junto a otros dos componentes (vínculos y paneles de techo) conforman al sistema constructivo. La madera representa el 70% del total del material del sistema, completando el resto con elementos de herrería (tornillos, tuercas, varillas roscadas, chapa). La madera que se utiliza en los componentes son principalmente tablas aserradas y cepilladas de 2x5'' y 1x4''. En menor medida, sólo para recubrir, se utiliza machimbre. Tanto tablas como machimbres provienen de rollizos de árboles de la especie pino ponderosa.

Entendimos que pensar la relación con la cabriada, con el sistema constructivo, con el artefacto, es inescindible de pensar la relación con la madera. Vamos a ir haciendo una suerte de "biografía" de la cabriada[25], para ir reconociendo cómo los distintos actores (humanos y no humanos) que forman parte de la red de Bariloche se fueron vinculando entre ellos hasta componer el actual modo de vinculación o, en otras palabras, el actual colectivo.

Arriesguemos una hipótesis. Una buena parte de la sociedad barilochense se vincula *negativamente* con la madera de pino ponderosa. Cuando decimos vinculación negativa queremos referir un tipo de vínculo que no produce el deseo de movilizar acciones que los/as conecten. Es un tipo de vinculación que percibe al otro/a como un problema, como una carga y que produce efectos más bien ligados a la inacción, a la inmovilidad o a la indiferencia. No interesa hacer nada *con* la madera. Si se hace, es porque *no queda otra*.

Por otra parte, existe otro sector de la sociedad de Bariloche que se vincula, digamos, *positivamente* con esta madera. Como se podrá intuir, nos referimos a un tipo de vínculo que produce movilizaciones, acciones, deseos, intereses. Es junto a ese sector que emprendimos el proyecto de componer una red que nos vincule y así hallar/crear el modo de articular esas pulsiones de movimiento, ya que, nosotras/os, aún sin ser barilochenses, también nos vinculamos de ese modo con el pino ponderosa. El desafío no tardó en hacerse evidente: esos deseos, esos intereses, son lo suficientemente diferentes como para que el proyecto de articularnos en un ensamblado colectivo sea un ejercicio verdaderamente complejo. En el seno de ese ejercicio nació la cabriada.

Los bosques de pino ponderosa: ¿propietarias/os o productoras/es?

El pino ponderosa es una especie implantada, importada desde Estados Unidos. Que sea una especie implantada significa que no es nativa del lugar, sino que su introducción a la región se realizó con el propósito -por parte del Estado nacional- de fomentar su producción impulsando así la actividad económica forestal. La introducción en la región de especies exógenas se

---

25   Nos inspiramos acá en la "biografía de las palas" de Haber. Dice el autor que cada uno de los componentes de las palas que él analizó posee una trayectoria particular (antes y después de integrarse a la pala) por lo que esa biografía no es en sentido estricto una biografía sino varias. De allí que cada uno de los elementos integrantes sigue una trayectoria sólo parcialmente paralela a la de los otros, y ocupa espacialidades y temporalidades no enteramente coincidentes. Así, la biografía de la pala como la de la cabriada estaría integrada por temporalidades y espacialidades parcialmente confluyentes (2016, pp. 54).

produjo en viveros forestales[26] de la zona. El pino ponderosa (la principal especie introducida en la zona del valle arroyo del medio, aledaño a la ciudad de Bariloche) mostró ser una de las especies de mayor adaptación al lugar. Esto se debe principalmente a su plasticidad, es decir, a su posibilidad de crecer en ambientes muy distintos, desde los muy húmedos y de suelos ricos (como los más cercanos a la cordillera) hasta en los secos y muy someros (como los de la estepa). Por otra parte, se trata de una especie de ciclos relativamente cortos (entre 40 y 50 años). El ciclo abarca desde el momento de la siembra del árbol hasta el momento de su adultez, cuando ya puede ser talado para su futuro procesamiento. Esas condiciones entusiasmaron a quienes por entonces estaban en proyecto de restituir la industria forestal de la región.

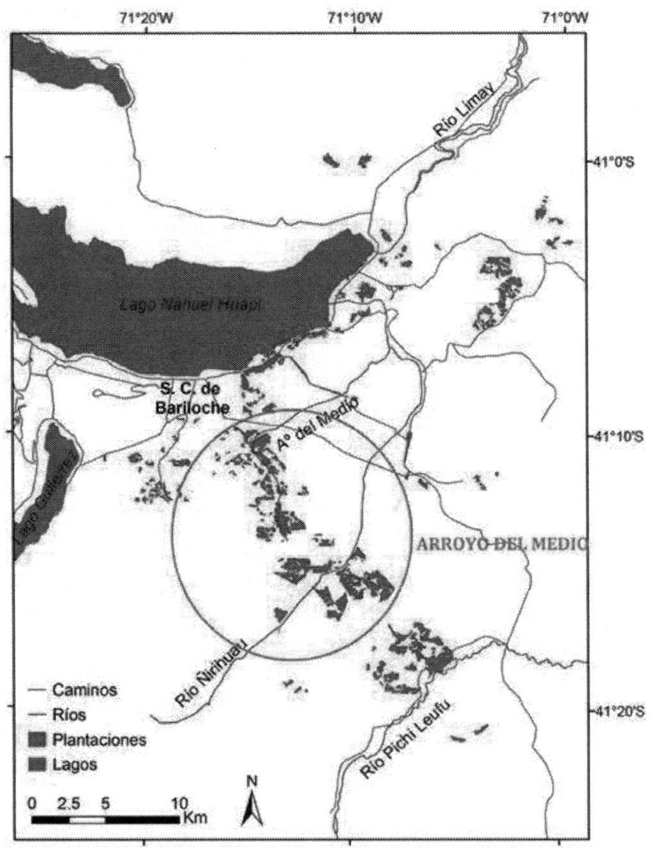

26   Un vivero forestal es una superficie dedicada a la producción de especies forestales cuyo destino es la repoblación forestal.

Sin embargo, la calidad de la madera de pino ponderosa que comenzó a poblar esas tierras patagónicas parece no estar a la altura de las expectativas. Conversando con compañeras/os de Bariloche, fuimos comprendiendo que el desfasaje entre la calidad esperada y la calidad real de la madera resulta de la combinación de distintas circunstancias. Antes de explorarlas, vale hacer algunas precisiones respecto de la siempre polisémica idea de "calidad". Cuando nuestras/os compañeras/os hablan de la calidad de la madera se refieren a sus posibilidades tecnológicas, en lo que tiene que ver principalmente con la dureza del material y con la ausencia (o al menos baja presencia) de nudos. El pino ponderosa actualmente presente en los bosques barilochenses es percibido, en esos términos, como una madera de baja calidad por ser blanda y con muchos nudos.

¿Cómo es que las Rocallosas norteamericanas producen un pino ponderosa duro y sin nudos y nuestras cordilleras patagónicas no? Si bien en su paso por los viveros forestales la especie se lució en su facilidad de adaptación y sedujo a inversores/as con sus ciclos relativamente cortos, no tuvo la misma suerte con su dureza y sus nudos. Hay, en principio, tres variables a tener en cuenta para analizar la calidad de madera de pino ponderosa que producen nuestros bosques: una genética, una ambiental y una productiva.

En relación a las características *genéticas*, un compañero técnico forestal nos comentó que es probable que el material original que se sembró en nuestra región no fuera de origen seleccionado. Esto significa que las semillas que originalmente se importaron de Estados Unidos (y que son actualmente una buena parte de los árboles adultos disponibles) no han sido seleccionadas y clasificadas, por lo que vinieron genes "buenos" y "malos". Sin embargo, hace un par de años que el sector cuenta con semillas de pino ponderosa que provienen de huertos y que fueron seleccionadas por su buena calidad genética, lo que representa la posibilidad de un nuevo escenario futuro, al menos en lo que a este aspecto respecta.

Con respecto al *ambiente*, el lugar donde se plantaron las semillas no fue, en principio, muy adecuado para que se den las posibilidades de que se manifieste la buena genética: poca lluvia, mucha nieve, veranos muy secos, suelos pobres y con poco drenaje. Sin embargo, últimos estudios realizados sobre madera de raleo de pino ponderosa juvenil[27] arrojan valores similares a los de madera adulta en Chile y en Estados Unidos, por lo que esta variable no tendría tanta incidencia en la calidad de la madera.

Nos detengamos ahora en la cuestión *productiva*, sobre la que nos interesa

---

27   Especialmente en los resultados de un Proyecto de Investigación Aplicada dirigido por Alejandro Jovanovski. Aún no hemos accedido a la lectura de los resultados completos, pero compañeros/as de Bariloche nos han adelantado estas impresiones.

enfatizar. La ley nacional 25.080 sancionada en 1998 promovió la forestación para ampliación de bosques existentes a través de estímulos económicos[28]. El ex-IFONA[29], con el apoyo de los gobiernos provinciales, fue el organismo nacional encargado de coordinar y administrar los planes de reforestación y forestación, tarea continuada en la actualidad por la SAGyP[30]. Sin embargo, ante la ausencia de un proyecto foresto-industrial de largo plazo, aquellos estímulos económicos no fueron acompañados (ni por el Estado ni por las/os propietarias/os de las tierras) por inversiones en desarrollos tecnológicos y capacitaciones que generaran las condiciones para producir esos bosques implantados y generar así madera de calidad (en los términos que la venimos definiendo).

En el año 2012, el entonces director de bosques de la provincia junto a un técnico del Ministerio de Agricultura Ganadería y Pesca de la Nación convocó al sector foresto-industrial privado a que se organice para comenzar a generar soluciones para la situación de los bosques implantados. Nació así la Comisión Forestal y Maderera de Bariloche (CFMB, amparada en la envestidura jurídica y política de la Cámara de Comercio de la ciudad) que reúne a distintos actores locales vinculados a la foresto-industria de la zona. Sin embargo, la representatividad de esta Comisión respecto de los diversos intereses del sector es, de mínima, cuestionable. Aún con su voluntad de constituirse como un órgano representativo, nunca pudo convocar a un actor clave del sector: las/os propietarias/os de los bosques. Así, la participación principal se circunscribió a prestadores de servicios forestales: chipeadores, aserraderos fijos y móviles, volteadores, apeadores, motosierristas.

La situación de las/os propietarias/os de los bosques es un nudo altamente problemático para el sector. Compañeros de la CFMB como del Parque Nacional Nahuel Huapi distinguen entre propietarias/os y productoras/es: una significativa parte de las/os propietarias/os de estos bosques no son productores/as forestales. Ni por autodefinición identitaria ni por sus acciones. En general son terratenientes que se dedican a otras actividades económicas, principalmente vinculadas a la industria del turismo y del chocolate que monopolizan la actividad económica de la ciudad. En ese sentido, no les interesa invertir en la actividad económica forestal percibida como una inversión de alto riesgo, puesto que implica grandes desembolsos iniciales (infraestructura para llegar a tierras prácticamente inaccesibles, maquinarias,

....

28   Consistentes en subsidios orientados a la forestación y en la supuesta posibilidad de regularizar la propiedad sobre la tierra a condición de la forestación de la misma (no sabemos si efectivamente existió tal regularización)

29   Instituto Forestal Nacional Argentino, disuelto en el año 1994

30   Secretaría de Agricultura, Ganadería, Pesca (SAGyP) del Ministerio de Agroindustria.

mano de obra), retornos de la inversión a largo plazo y un mercado incipiente y escasamente desarrollado donde comercializar esa madera.

Lo que no existe allí, nos cuentan los integrantes de la CFMB, es un vínculo afectivo con el bosque. Textualmente, "los propietarios no se sienten productores forestales". La cuestión de *lo afectivo* en la relación que los integrantes de la CFMB tienen con los bosques es especialmente interesante. Lejos del racionalismo puro y duro del homo economicus, nos encontramos con distintas expresiones afectivas en la definición que ellos van componiendo respecto a su relación con el bosque. Hay algo que excede las expectativas de ganancia económica propiamente dicha. Si bien los ejes que organizan las discusiones suelen vincularse a cómo hacer de la actividad forestal una actividad productiva y rentable, algo del orden de la temporalidad y del modo de organización que esta Comisión se da no parece responder a los estereotipos del empresario moderno. Pensemos nomás en el hecho de que hace más de tres años que esta Comisión se junta sistemáticamente todos los martes y aún no han podido definir líneas programáticas claras y efectivas que den la pauta de que el sector foresto-industrial ofrecerá oportunidades de inversión tentadoras para, por ejemplo, las/os propietarias/os de los bosques. Ellas/os, por su parte, componen su discurso, y sus acciones, con criterios más fácilmente identificables con el sujeto racional de mercado tal como lo conocemos hoy: no están dispuestas/os a invertir en una actividad económica del nivel de riesgo e incertidumbre como la que tiene hoy la actividad forestal de la región sin garantías que amortigüen ese riesgo, específicamente, sin subsidios estatales que achiquen esa brecha entre lo predecible y lo impredecible.

Ante esto, los integrantes de la CFMB remarcan, con cierta nostalgia, los valores a partir de los cuales se producía antes la relación entre propietarias/os y bosques: el valor de la trascendencia (los bosques pasan de generación en generación, por lo que "uno los produce para trascender su propia historia", como nos dijo el presidente de la CFMB), la identidad con la cultura forestal, la valoración del oficio del trabajo de la madera, el respeto al bosque.

Tomemos como ejemplo la discusión que productores forestales sostienen con ambientalistas y proteccionistas, especialmente en la cuestión del *respeto* como modo de relación con el bosque. Las/os ambientalistas (cuyo discursos cala hondo en una parte de la sociedad barilochense, tal como hemos notado en distintas conversaciones con estudiantes de las escuelas de oficio con las que trabajamos) se oponen a la producción forestal invocando una relación de respeto con los bosques. Entendemos que ese respeto está más vinculado a la idea del *cuidado*, que a la utilidad que los árboles representar para la reproducción de la vida de las personas. En ese esquema, la producción forestal implica matar árboles y, con ello, un no respeto a la vida de esos seres.

Sin embargo, lejos de todo pronóstico, hallamos que productores y prestadores de servicios forestales nucleados en la CFMB también definen su relación con el bosque en esos términos. Apartados de discursos y prácticas extractivistas, ellos resignifican la idea de respeto con los bosques. Cuidar al árbol, en esta concepción, no implica no matarlo. Cuidar al árbol significa producir las condiciones para que nazca y crezca saludable, respetar su ciclo, su tiempo. Producir esas condiciones para el pino ponderosa se desarrolle de manera saludable implica, en la jerga forestal, "manejar al bosque"[31]. El manejo implica, entre otras, actividades de poda y raleo[32]. En este sentido, las acciones de cuidado del árbol de pino ponderosa conllevan al mismo tiempo un efecto de cuidado sobre las especies nativas puesto que, cuando los bosques de pino ponderosa no se producen, no se cuidan, no se manejan, crecen en libertad, no sólo son invasivos sobre los bosques de especies nativas sino que también aumentan los riesgos de incendio.

Así, podar árboles, talarlos, está mucho más vinculado al cuidado en sentido vital que a la muerte. Es más, pareciera que el árbol no se muere con la tala y la conversión a producto-casa o producto-mueble, o al menos no se muere la relación de los integrantes de la CFMB con esos árboles. Hay algo del orden de la continuidad de la relación después de la tala que no parece acercarse mucho a la idea de muerte del árbol que sostienen ambientalistas y proteccionistas. Aman habitar en casas de esa madera, usar muebles de esa madera. Basta verlos acariciar la pared de madera o la mesa para percibir eso.

Resumiendo, las condiciones genéticas y ambientales, sumadas a una ausencia de inversiones tanto públicas como privadas orientadas a la producción forestal produjeron un paisaje forestal aparentemente complicado para la región. Actualmente, existen más de 70.000 hectáreas de bosques implantados de pino ponderosa en condiciones desfavorables (en los términos que el mercado exige) para su producción: alta densidad, sin manejo, plantaciones en laderas con pendientes. En ese contexto, la madera que proviene de esos árboles es blanda y con muchos nudos. Además, se

---

31   Dejamos abierta la pregunta acerca de la relación entre la cuestión del manejo, en principio cercana a una idea de control, y la cuestión del cuidado.

32   Poda: Actividad de manejo que consiste en la corta o eliminación de las ramas de la parte inferior del fuste de los árboles para mejorar su calidad y obtener madera libre de nudos, además de facilitar el acceso y tránsito por el rodal para posteriores faenas de volteo y madereo, reducción de riesgos de incendios y control de la diseminación de enfermedades. Raleo: Acción de manejo que consiste en extraer, cortar o eliminar los árboles de un sector que compiten en el crecimiento y desarrollo de aquello árboles seleccionados para su cosecha final y/o para eliminar árboles con crecimientos deficientes o formas defectuosas, según el objetivo de producción de productos finales de la plantación efectuada (CONAF, 2013).

trata de árboles mayormente jóvenes que no llegaron a la adultez requerida para ser talados; si bien hay forestaciones que poseen entre 40 y 50 años de edad, la mayor proporción de superficie forestada posee alrededor de 25 años y otro porcentaje significativo pertenece a masas implantadas en los últimos 10 años (Sarasola et al., 2006).

Del bosque al mercado: un camino sinuoso

Esa madera, aún con su característica de ser blanda y con nudos, es procesada por aserraderos y comercializada en el mercado local. Volteadores, apeadores y motosierristas ingresan en los bosques y realizan actividades vinculadas a su manejo (como poda y raleo) o bien la tala de los árboles para su futuro procesamiento. De las primeras se obtiene madera de "residuo forestal" (ramas y troncos pequeños) mientras que de la segunda se obtienen troncos más gruesos.

Aquí encontramos los primeros escollos. Primero, las rutas para acceder a los bosques más alejados o sobre las laderas de las montañas se encuentran en malas condiciones o bien ni siquiera existen. Así, transportar las herramientas y maquinarias necesarias para trabajar en el bosque se torna complicado y muy costoso. Segundo, las herramientas y maquinarias necesarias para esa actividad implican una inversión económica elevada, inaccesible para pequeños emprendimientos. Tercero, la mayor parte de los propietarios de los bosques no están dispuestos a invertir dinero en rutas ni en servicio de manejo del bosque. Aún más, no están dispuestos a que "cualquier persona" (y la definición de cualquiera es netamente clasista) ingrese a sus propiedades.

Con todo, la madera sale de los bosques, aunque sea a cuentagotas. O bien algún propietario tiene su propio aserradero (en una típica integración vertical de la cadena productiva); o a algún volteador le cierran los números trocando su servicio por la madera obtenida; o a algún aserradero le da el negocio (por escala, por cantidad, por pedido especial) para contratar a algún volteador y pagarle por su servicio; o algunos procesadores primarios (aserraderos, chipeadores móviles) llevan su actividad al bosque y procesan allí la madera, abaratando los costos del traslado (los rollizos procesados ya sea en tablas o en chip ocupan menos espacio y son más fáciles de transportar); o los rollizos son extraídos de los bosques ingresando así al circuito informal de la madera. Hasta ahora hemos reconocido estos modos a través de los cuales los rollizos de los árboles salen de los bosques.

Cuando los rollizos no fueron procesados in situ (a través de aserraderos móviles por ejemplo), son transportados a algún aserradero, donde son procesados. Aquí nos topamos con otra dificultad. Los aserraderos en general no tienen maquinarias para trabajar con esta especie. En las condiciones en las que se dispone actualmente de esa madera, es necesario someterla a un proceso de secado para disminuir sus grados de humedad. Dadas las condiciones climáticas de la ciudad, salvo en el verano, no es posible secar la madera al aire libre por lo que se requiere de un secadero, máquina muy costosa que actualmente posee sólo un aserradero en toda la ciudad.

Transitadas ya las distintas opciones a través de las cuales el árbol deviene rollizo sometido a algún tipo de procesamiento, diremos que hay, en principio, dos tipos de productos que resultan de ese primer procesamiento: principales (tablas y/o troncos de madera) y secundarios (leña, chip, briquetas).

Esos productos atraviesan un segundo procesamiento para convertirse en productos más complejos y de mayor valor. Tal como indican los manuales de economía, en general, cada vez que un producto va atravesando sucesivos procesamientos se va produciendo un proceso de industrialización que genera valor agregado. Lo que no suelen decir esos manuales, o al menos no lo problematizan, es en manos de quién queda ese valor agregado. Sobre este punto volveremos más adelante.

Uno de los procesos de industrialización de la madera de pino pondersa que proviene de los bosques barilochenses es el energético. Leña, chip, briquetas son utilizados en distintos sistemas de calefacción. Sin embargo, por cuestiones de costos[33], de desorganización del sector, de escasa voluntad política o de la combinación de estas y otras variables, el plan calor municipal, que garantiza la entrega de cierta cantidad de leña a algunos sectores de la ciudad, importa leña de alguna de las provincias aledañas en vez de utilizar la madera que producen los bosques de la región.

Otra de las actividades que genera valor agregado a la madera de pino ponderosa es la construcción (tanto de inmuebles como de mobiliario). A pesar de ser una ciudad situada en pleno territorio forestal, una buena parte de las prácticas de construcción de la ciudad de Bariloche no incluyen prácticamente el uso de la madera local. Muchas de las tipologías constructivas oscilan entre construcciones en mampostería tradicionales o a base de madera importada, ya sea de Chile o de la provincia de Misiones. Opera fuertemente en esta decisión aquello que hemos ido relatando en el texto: la difícil accesibilidad al bosque y su consecuente alto costo de la madera disponible, combinado con un consenso social que asume que la madera de pino ponderosa es una madera de baja calidad e inadaptada para usos constructivos.

Aún así, existe un sector de la sociedad barilochense que sí construye sus viviendas con madera local. La ciudad de Bariloche se divide entre la zona de "los kilómetros" y "el alto". La primera, que comprende una extensión de más de 20 kilómetros que bordean al lago, aloja a las clases medias y altas y de la ciudad. El alto abarca a los barrios populares que se asientan en las laderas de las montañas. Allí, el paisaje se compone de casas mayormente construidas con madera de pino ponderosa. Se trata de un sistema constructivo basado,

---

33   A veces el costo de importar la madera (incluyendo el flete) puede llegar a ser menor que el costo del uso de la madera local

principalmente, en tablas y placas. En general, no cuentan con sistemas de aislación térmica, por lo que son viviendas frías, ni aislación contra el fuego, por lo que están expuestas a altos riesgos de incendio. Tampoco suelen estar contempladas en el diseño y construcción de la vivienda estrategias de protección contra los fuertes vientos típicos del invierno barilochense.

Movidas/os por la madera: el nacimiento de la cabriada

En el año 2013 un compañero del INTA Bariloche convocó a nuestro equipo de investigación a reunirnos con ellos/as. El INTA venía trabajando en una mesa público-privada en torno a la situación forestal de la región junto a la Comisión Forestal y Maderera de esa ciudad (CFMB), el director del área forestal de la provincia y un técnico forestal del entonces Ministerio de Agricultura, Ganadería y Pesca de la Nación. En esa mesa de trabajo habían estado pensando en la posibilidad de generar un producto maderero que, a través de su inserción en el mercado, traccione el circuito económico forestal desde la demanda. Las/os propietarias/os de los bosques ya habían demostrado el desinterés por invertir en la actividad, por lo que la opción de "empujar" el circuito desde la oferta estaba, al menos temporalmente, desestimada. En ese contexto, y conociendo nuestras experiencias de investigación anteriores, nos convocaron para desarrollar un sistema constructivo (ya sea para viviendas o edificios públicos) en base a las características técnicas de la madera local disponible.

Una de las primeras preguntas que nos hicimos fue si era posible que de ese paisaje forestal desfavorable (al menos en los términos del mercado tradicional) se asomaran algunas puntas interesantes. El bosque impone un ritmo: los árboles no pueden crecer más rápido para saciar la ansiedad del mercado. La complejidad para organizar voluntades impone otro ritmo: hay muchos intereses por conjugar y ni propietarios ni el Estado parece querer dar el primer paso (o poner los primeros millones). Parece que hay una condición de partida de temporalidad lenta. Lo que nos preguntamos, concretamente, es si allí donde el ojo capitalista ve un negocio poco tentador y de alto riesgo, nosotras/os somos capaces de ver una oportunidad de una actividad económica que, al no poder subirse el ritmo de la vorágine mercantil, habilite relaciones económicas otras. Y cuando decimos ver esa oportunidad queremos decir, también, crearla, ponerle el cuerpo, hacerla política.

Definimos, entonces, junto a estos actores el primer objetivo del proceso que empezaríamos a transitar en Bariloche: diversificar la matriz productiva de la ciudad, monopolizada por la industria del turismo y del chocolate, a través de un desarrollo tecnológico que agregue valor a la castigada madera del pino ponderosa y genere como resultado un producto habitacional. Para facilitar (aunque no garantizar, lo sabemos) la posibilidad de que ese valor agregado sea distribuido entre algunas/os trabajadoras/es de la madera y no concentrado en algunas pocas personas promovimos la conformación de una red que vincule, desde el inicio, algunas organizaciones de la economía social o popular[34]. Participar en el proceso de producción de los conocimientos viabiliza una apropiación que los tradicionales esquemas de transferencia tecnológica no logran generar. Y saber es poder.

Tras las sucesivas conversaciones, talleres y otros encuentros colectivos con los distintos actores de la red pudimos resignificar la idea de "calidad" o, mejor dicho, situarla. Interpelamos aquellas posiciones que establecen criterios universales para definir la calidad o no de una madera. ¿Quién, cómo, cuándo y bajo que intereses se instaló la idea de que ciertos tipos de madera (duras, sin nudos) son preferibles para la construcción, en todos los tiempos y para todos los lugares? E incluso una pregunta anterior si se quiere, ¿a qué bolsillos les conviene insistir hasta el hartazgo con la supuesta superioridad del material mampostería sobre el material madera? Basta con pensar en la asimilación inmediata y automática de la idea de "casas de material" a la mampostería y no así a otro tipo de materiales (la madera, la tierra, entre otros) para entender qué tan arraigada está esa definición.

Insistimos, la madera es un material. El pino ponderosa te pide cosas, y cosas específicas desde su propio lugar de enunciación (juguemos un poco con esta inversión epistemológica que hace Haber al tomar a las cosas por sujetos y a los sujetos por cosas). Sólo la necedad de la universalización nos invocaría a querer responder a ese pedido situado y concreto del pino ponderosa con una respuesta universal. Lo pongamos bien claro: si le pedimos al pino ponderosa que se comporte como cemento o como hierro, quienes se equivocan somos nosotras/os. Y este sencillo ejemplo muestra que esos "errores" que cometemos al pedirle a lo específico que se alinee bajo un criterio universal no es nada inocuo: produce la inexistencia, la invisibilización o la menospreciación de todo aquello que se rehúsa a alinearse a ese criterio. El pino ponderosa, continuemos con la inversión epistemológica, es así una subalternidad. Él exige para existir ser escuchado en sus propios términos y poder desplegar sus modos y formas específicas. Y nosotras/os estamos dispuestas/os a escucharlo, a tomarlo en serio y a intentar, al menos, producir una conversación que lo aloje, una composición colectiva que lo incluya.

---

34   La red vincula a los siguientes actores: compañeras/os de INTA, Dirección de Bosques de la provincia de Río Negro, Instituto de Tierra y Vivienda para el Hábitat Social de Bariloche, CONICET Patagonia Norte, Parques Nacionales, Ministerio de Agricultura, Ganadería y Pesca de la Nación, Comisión Forestal y Maderera de Bariloche, Escuela de Oficio Nehuen Peumán, Cooperativa Laburar y Talleres Angelleli y San José Obrero.

Al calor de estas reflexiones colectivas nacen los primeros esbozos de la tecnología. Los diversos intereses de los actores que nos convocamos a trabajar juntas/os a partir de lo que definimos antes como un vínculo positivo con la madera de pino ponderosa, o vínculo movilizante, se conjugaron en algunas premisas de trabajo. Claro que el proceso de definición colectiva de esas premisas no fue ni armónico, ni estático, ni sencillo. No nos interesa abonar aquí una idea de colectivo romántica ni demasiado consensista. Poner a trabajar diferencias y desigualdades en un proyecto colectivo no es simple cuando el neoliberalismo se ha encargado de forjar subjetividades individualistas y de crear dispositivos de todo tipo para afirmar y reafirmar esa individuación. Sin embargo, coincidimos con Verónica Gago (2014) en el punto que nos invita a pensar al neoliberalismo, no ya como una forma que se impone casi sin mediaciones por parte de "gobiernos neoliberales" a la sociedad que dice gobernar, o no sólo como eso. La invitación es a pensar que el neoliberalismo constituye un proceso de subjetivación que no es independiente pero tampoco determinado por un gobierno. Puesto así nos abre la posibilidad de pensar que en esa apropiación subjetiva que las personas hacemos del neoliberalismo, vamos transformándolo, estallando el presupuesto de su destino supuestamente inexorable (el homo economicus hecho y derecho) para pasar a la emergencia de distintas racionalidades en las que se conjuga algo de eso llamado neoliberalismo con otras racionalidades, aún cuando en principio parezcan contradictorias: comunitarias, colectivas, horizontalistas. En esas subjetividades ambiguas si se quiere, es que se gesta este proceso.

Volvamos a las premisas:

- Como dijimos, por las condiciones en las que se encuentran actualmente los bosques, la madera disponible para el desarrollo tecnológico que nos propusimos son tablas de no más de tres metros y medio de largo y de secciones no mayores a las cinco pulgadas. Decidimos, entonces, que las tablas sean de no más de 3 metros de largo, de 2x5 pulgadas y de 2x4 de sección.

- Para que el producto pueda producirse a través de pequeñas cooperativas o grupos de trabajo (favoreciendo así al desarrollo de las pequeñas economías del lugar y no a grandes empresas locales o de afuera): a) se produce de manera seriada, de este modo se obtienen dos fases de trabajo (una en taller en la que se producen los componentes seriados del sistema constructivo y otra en obra en la que se monta el edificio), lo que posibilitaría si se quisiera dividir el trabajo en distintos grupos, b) no requiere de grandes inversiones iniciales (las únicas maquinarias que se utilizan son sierras, taladros, atornilladores y martillos).

- El tipo de producto a desarrollar es un salón de usos múltiples (SUM). El Instituto Municipal de Tierra y Vivienda para el Hábitat Social estaba encarando para ese entonces la construcción de un salón comunitario para un barrio de la ciudad. Nos propusieron que el primer prototipo de la tecnología sea ese salón.

Un salón de las características que requiere ese barrio necesita tener luces de por lo menos seis metros o más (se llama luces a la distancia entre columna y columna). Al disponer en este caso de madera de no más de 3.50 metros de largo, se hace imposible cubrir esa distancia con un elemento simple de madera (tradicionalmente vigas). De allí la decisión de trabajar con **cabriadas**, que son elementos compuestos por piezas más pequeñas que, trabajando en conjunto, pueden cubrir luces mayores. Por otra parte, al trabajar con secciones pequeñas permite limpiar la madera de los nudos que tienen que, sumado a las uniones de los nudos con varillas metálicas, forman una pieza fuerte a pesar de sus condiciones.

Para que las cabriadas, como así también el resto de los componentes (vínculo y paneles) puedan producirse de manera seriada, se arma en el taller una **matriz**, que sirve de molde para que todos los componentes de un mismo tipo salgan con las mismas medidas sin diferencias entre uno y otro. La producción seriada permite prefabricar la mayor parte de la construcción en taller, con una variedad acotada de componentes no siendo más de cinco o seis tipos diferentes. Que la producción sea mayormente en taller es una condición prácticamente ineludible en una ciudad como Bariloche, con largos meses de invierno muy frío que dificulta el trabajo en obra.

De la unión de dos cabriadas a través de un **vínculo** resulta un **medio pórtico**. El vínculo es un componente conformado en parte por madera y en parte por chapa. Este es uno de los componentes que más se fue transformando a lo largo del proceso. En una primera instancia el vínculo era todo en madera. A simple vista se lo percibía como un elemento muy grande y tosco, tenía mucha madera (eran cinco tablas apiladas de 2" cada una). Las/os chicas/os en el taller, que en su mayoría trabajan más con herrería que con carpintería, propusieron cambiar algunos de estos elementos de madera por chapas. De la unión de dos medios pórticos se logra un **pórtico triarticulado,** que es la base del desarrollo estructural de esta tecnología.

Los cerramientos de esta estructura triarticulada se llevan a cabo mediante paneles prefabricados, pero que se terminan de componer en el momento del montaje. Salen así del taller paneles con machimbre y tablas de pino que lo rigidizan y que, a la hora del montaje, se le termina por colocar los elementos aislantes, tanto térmicos como hidrófugos, como la chapa acanalada que hace a las veces de cerramiento final.

El **núcleo húmedo** (los baños y la cocina) suele ser un punto complejo del desarrollo tecnológico. Por lo general y en experiencias anteriores los núcleos húmedos los desarrollamos a partir de la construcción tradicional (mampostería) generándose un desafío a la hora de la organización del trabajo ya que implicó la articulación con un grupo de constructores en ladrillo que no estaba integrado al proceso, por lo que fue difícil conciliar tiempos, formas e intereses. Para no tomar ese desafío en la organización es necesario tomar otro, que se da en la construcción, ya que construir baños o cocinas con madera requiere de algunas especificaciones técnicas diferentes a las que tiene el ladrillo. En este caso optamos por el desafío técnico por sobre el logístico.

Como instancia de evaluación de la tecnología y para darle un cierre al proceso de desarrollo, construimos en la sede de INTA Bariloche un **módulo estructural**, que constaba de tres pórticos, cerramiento en los techos y en uno de sus lados, contemplando todos los detalles estructurales. Sirvió, por un lado, a modo de poder comprobar si funcionaba o de corregir lo que hiciera falta, en una instancia previa a la del montaje de salón definitivo. Pero sirvió, también, en otros sentidos. Como dijimos antes, las definiciones que se tomaron en relación al producto, lejos de ser "objetivas", tuvieron intenciones políticas y económicas claras y expresas. Nos interesa remarcar algo aquí vinculado a la temporalidad. Si bien explicitamos primero esas posiciones políticas y después describimos el producto, eso no dice nada acerca de una existencia ontológica previa de aquellas sobre este. O al menos no dice todo. Queremos decir que, si bien llamamos premisas a esas definiciones políticas, y la idea de premisa implica cierta cuestión de "lo previo", no es completamente cierto que esas premisas fueran tan previas a la aparición concreta y material del producto. Es cierto que hubo conversaciones en torno a esas definiciones, acuerdos iniciales como le llamamos, previos a ponernos a construir concretamente el producto, a poner el cuerpo a vincularse con la madera, con las tablas, con las matrices, con la cabriada. Sin embargo, la aparición del producto (y en este caso específico, del módulo estructural), o mejor, su creación, generó una suerte de efecto de verdad, como si el producto viniera a afirmar que todo el proceso, que todas esas definiciones, existen "en serio". No queremos decir con esto que, efectivamente, la existencia del proceso dependa de su materialización en ese módulo. Es obvio que una conversación, por ejemplo, existe aunque no podamos tocarla. Y creemos que, aún sin ser tangible, involucra cierta materialidad, al menos en los efectos que esa conversación provoca en nuestros cuerpos. Sin embargo, hay algo en los diálogos, en la organización, en la gestión, que no termina de ser aprehensible. Deja en algunas/os de nosotras/os esta sensación de que "falta algo", de que esto que hacemos "no se termina de concretar".

Pensemos no ya en el módulo, sino en otra situación anterior. A unos meses de haber comenzado el proceso en Bariloche propusimos que durante un taller ocupemos media jornada para conversar sobre las expectativas de cada uno/a de nosotros/as sobre la experiencia. Convenimos que, antes de seguir avanzando en el desarrollo de la tecnología era preciso parar la pelota, organizar las ideas, preparar el terreno para la acción. Propusimos dividirnos por grupo productivo y, en la modalidad de mesa redonda, poner a circular la pregunta por las expectativas. El fracaso no pudo ser más rotundo. Apenas si pudimos acercarnos a algunas ideas muy vagas respecto de las expectativas, en un dialogo para nada fluido. Conversando con uno de los referentes de una de las organizaciones, nos dijo que la cuestión era, para él, al revés de como la estábamos planteando. A pesar de los intentos de movernos de ese sitio, seguimos operando en ese momento bajo la premisa de que acción y pensamiento son instancias separadas, y que a la primera le corresponde el cuerpo como territorio privilegiado y al segundo el discurso. Básicamente, nosotras/os queríamos empezar por poner palabras y ellas/os querían empezar por clavar maderas.

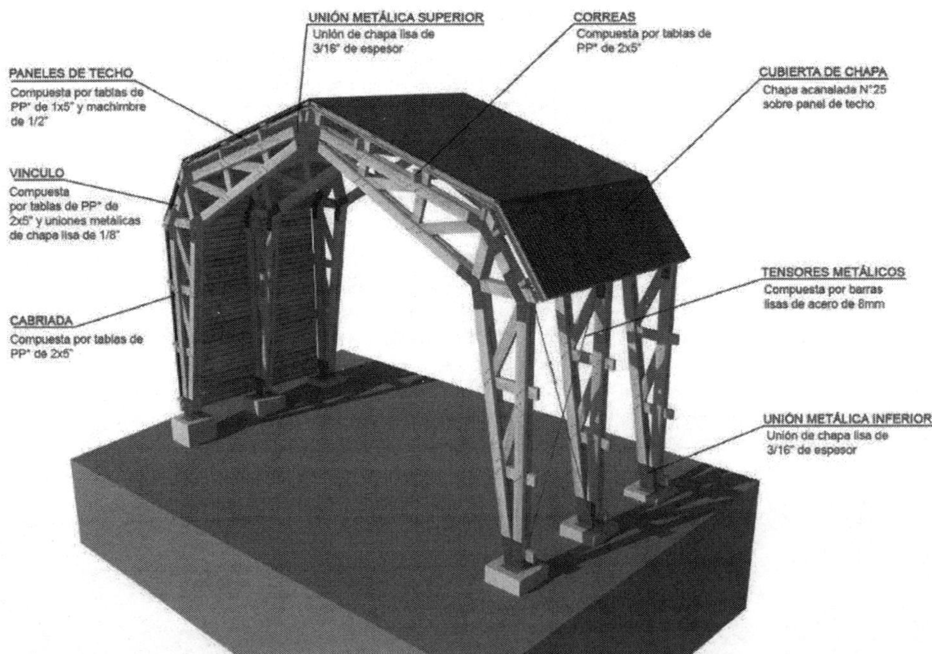

Comprendimos que fue en el mismo ejercicio del trabajo con la madera que la pregunta por las expectativas pudo circular con mayor fluidez. Que poner el cuerpo de ese modo, en contacto con la madera, nos dispuso a conversar de una forma que no nos dispuso el típico formato de mesa redonda, propia de las metodologías participativas. Que la aparición del artefacto (el taladro, el martillo, la tabla, el machimbre) producía la aparición de un canal para la palabra que, sin él, no existía. Que la separación entre el mundo de las ideas-discursos-abstracciones y el de las acciones-cuerpos-concreciones no nos sirve para pensar nuestras experiencias.

Cierre

Arrancamos el texto abriendo muchas preguntas. Si bien hemos trazado algunas líneas, (gruesas, torpes, finas, delicadas) para dibujar ese paisaje de Bariloche, no hemos dado en responder, al menos con la contundencia que quisiéramos, aquellas preguntas que nos planteamos. Tuvimos dos opciones: reformular las preguntas iniciales para que se acerquen más a lo que efectivamente pudimos responder o dejarlas planteadas, exponiendo la enorme distancia que aún separan nuestras preguntas de nuestras respuestas.

Evidentemente, elegimos la segunda. Quien se haya decepcionado, la responsabilidad es sólo nuestra. No podemos prometer más certezas en el futuro, puesto que en cada movimiento que damos buscando construir una respuesta se nos abren infinitas preguntas más. Hacia ahí vamos.

Repasemos un poco. Ante la sensación de que el lugar de la excusa ya no le cabía al artefacto en la comprensión de la experiencia de Bariloche, nos preguntamos hacia qué sitio podía moverse ese objeto. Posicionadas/os cercanamente a una mirada más bien constructivista de la tecnología, pensar que son las sociedades las que definen, diseñan y producen a los artefactos tecnológicos nos resultó innegable. Sin embargo, las primeras señales de que ese postulado era por lo menos incompleto nos las dieron las/os compañeras/os de Bariloche cuando nos decían "la madera te pide que hagas esto o aquello". La madera te pide. ¿Cómo hacer oídos sordos a eso? ¿Cómo seguir pensando a lo no-humano como algo muerto, inerte, a plena disposición de las necesidades de las personas? Eso provocó un desplazamiento epistemológico del lugar del determinismo social que, como dijimos, anula la posibilidad de pensar al artefacto como un actor. Y, a sabiendas de que las complejidades de nuestro mundo jamás se resuelven en dicotomías simplistas, no fue hacia el determinismo tecnológico que nos movimos. Tomamos la decisión de empezar a tomarnos más en serio a los artefactos y ver si ello nos llevaba a descubrir su agencia, a percibir sus efectos silenciosos.

Sin embargo, el intento de hallar o generar formar creativos de reconocer esos efectos, de hacer actuar a los objetos como dice Latour, nos condujo a un sitio insospechado. Comprendimos que el modo de vincularse de los actores barilochenses con el bosque, con los árboles, con la cabriada, no encajaba perfectamente en el esquema instrumental que supone el determinismo social (la sociedad crea y utiliza objetos para satisfacer sus necesidades), no porque no exista tal relación instrumental sino porque es insuficiente para dar cuenta de todo aquello que se produce entre esos sujetos y esos objetos. Dijimos que intuíamos que había algo más del orden de lo recíproco. Pero esa comprensión, o esa intuición, como suele suceder, no nos llevó al sitio que esperábamos ir. No nos dijo casi nada (hasta ahora por lo menos) acerca de las agencias no humanas o de las formas creativas de rastrear sus efectos. Sin embargo nos abrió un mundo interesantísimo por explorar: el de los afectos, el de la vitalidad de los objetos.

Preguntarnos por su agencia nos permitió dudar de su "muerte" y cuando interpelamos la muerte aparece la vida. Y cuando aparece la vida, aparecen los afectos. Si hay algo de esa intuición de relación "recíproca" que creímos que existía entre objetos y personas, tiene mucho más que ver con la relación vitalmente afectiva que se produce entre ellas más que con la agencia (al menos en los términos que lo planteaba Latour como los efectos transformadores que es posible rastrear en la acción de los objetos). No quiere decir que demos por cerrada la pregunta de la agencia, lo que queremos es expresar es que nos llevó al sitio que esperábamos y que no sabemos si quizás más adelante nos encontremos finalmente con la agencia no humana y podamos comprenderla, rastrearla.

Si hubo momentos donde algo del orden de lo afectivo en la relación entre personas y objetos apareció en el texto, fue en la definición de la relación con el bosque, con el pino, con la madera, que los integrantes de la CFMB hacen, atravesada por valores como el respeto o la trascendencia. También hubo algo así en las escenas que trajimos del módulo estructural o de los talleres.

Sabemos que los sentidos que le estamos dando aquí a eso que llamamos "lo afectivo" son por demás imprecisos. Hay mucho camino aún ahí por andar. Sin embargo, hay algunas percepciones que ya vamos advirtiendo que pueden llegar a componer esa trama de "lo afectivo" que aún vemos medio difusa. Hablamos de poner de relieve en toda construcción que se pretenda política a los cuerpos, a la materialidad (incluso la no humana, como quisimos hacer en este texto), a las subjetividades, a lo situado. El Loco Rodriguez escribía hace unos meses estas palabras que expresan con increíble contundencia y actualidad la importancia de lo afectivo en las construcciones políticas:

> "León Rozitchner nos supo provocar, preguntándonos: '¿Qué tiene que ver hacer el amor con la política?' Y nosotros podemos traducir la pregunta: Qué tiene que ver la política con nuestros placeres, con nuestra sensualidad, con nuestras formas afectivas, con nuestras formas de sentir. Si el sujeto es el que se involucra en la política, lo hace con todo su ser; en otras palabras, también con su carne. Y este sujeto encarnado, que siente y piensa, actualiza sus respuestas políticas según su carnalidad, según su cuerpo afectivo. ¿Las respuestas antes las crisis, ante el vacío, no parten también, de un cuerpo paralizado por el miedo, por la urgencia? Los afectos son también políticos. Y nuestra sensualidad, determina caminos, estrategias, formas de pensamiento, formas de hacer política. (...) Olvidamos el cuerpo, escamoteamos el cuerpo y, en consecuencia, no lo interrogamos. Las izquierdas en argentina (peronistas o no) permanecemos regulando las prácticas militantes bajo un modelo virginal: la Causa, siempre puesta en un más allá, y el cuerpo (sacrificial) y su sentir, siempre tapado, condenado al mutismo. Y cuidado, si este irrumpe: "este no es el ámbito compañero... ¿Qué se piensa, que esto es un club de amigos?". Cuando el cuerpo no se abre a ninguna problematización de cara a la construcción de

poder se da a lugar a que las interpretaciones políticas inadecuadas persistan, fijadas, en ciclos que se repiten. Dado que las mismas cuentan con un arraigo afectivo, imaginario y sentimental que nunca se pone en cuestión" (El Loco Rodríguez, 2016)

Como dijimos antes, de la materialidad a los cuerpos, de los cuerpos a los afectos, de los afectos a las subjetividades. Y no se trata de un volver a lo micro como cápsula, sino de acceder a los entramados macropolíticos desde las subjetividades, ponerle cuerpo y materialidad a las estructuras. De allí que la pregunta por los modos de subjetivación que se dan en la experiencia de Bariloche, las relaciones que se producen, las agencias que se rastrean, las formas colectivas que se pueden componer brindan, en su singularidad (concreta, situada, corporizada, afectiva) la posibilidad de acercarnos a la comprensión de lo macro, de las grandes ideas, de las estructuras, tan valoradas en los estudios de nuestras ciencias sociales.

Bibliografía

CORPORACIÓN NACIONAL FORESTAL (CONAF). (2013). *Guía básica de buenas prácticas para plantaciones forestales de pequeños y medianos propietarios*. Chile: Departamento de Plantaciones Forestales.

DAGNINO, Renato; Brandao, Flávio y Novaes, Henrique. (2010). Sobre o marco analítico-conceitual da tecnologia social. En R. Dagnino (Org), *Tecnologia social: ferramenta para construir outra sociedade* (2ª ed., pp. 72-111). San Pablo: Komedi.

EL LOCO RODRIGUEZ. (2016). Espejos incómodos: un diálogo con las militancias que dijeron adiós (III). *Blog Lobo Suelto*. Recuperado de: http://anarquiacoronada.blogspot.com.ar/2016/09/espejos-incomodos-un-dialogo-con-las.html

GAGO, Verónica. (2014). *La razón neoliberal. Economías barrocas y pragmática popular*. Buenos Aires: Tinta limón.

GRIMSON, Alejandro. (2011). *Los límites de la cultura*. Buenos Aires: Siglo XXI.

HABER, Alejandro. (2011). Nometodología Payanesa: Notas de metodología indisciplinada (con comentarios de Henry Tantalean, Francisco Gil García y

Dante Angelo). *Revista chilena de antropología,* 23, pp. 9-49. Recuperado de: http://www.revistas.uchile.cl/index.php/RCA/article/viewFile/15564/16030

LATOUR, Bruno. (2008). *Reensamblar lo social. Una introducción a la teoría del actor-red.* Buenos Aires: Manantial.

MALO, Marta. (2004). Prólogo. En *Nociones comunes. Experiencias y ensayos entre investigación y militancia,* pp.13-40. Madrid: Traficante de sueños.

SARASOLA, Mauro; RUSCH, Verónica; SCHLICHTER, Tomás y GHERSA, Claudio. (2006). Invasión de coníferas forestales en áreas de estepa y bosques de ciprés de la cordillera en la Región Andino Patagónica. *Revista Ecología Austral,* 16 (2).

Notas de campo y legajos técnicos producidos por el equipo de investigación Co-construcción de Conocimientos.

COMENTARIO 3

LOS PAISAJES ESCUCHADOS

GUIDO MONTALI[35]

La invitación a comentar un texto nos sitúa ante las preguntas más elementales: ¿Qué comentar? ¿Cómo comentar? Todo sería posible, me dijo Virginia, una de las escritoras. La idea, siguió, es que estamos visualizando un campo de problemas con nuevos interrogantes, algo en proceso. Así que lo que puedas sumar es bienvenido. Diré que esa libertad en el tono se tensiona con el deseo, en poquísimas líneas, de aportar a las inquietudes de las/os compañeras/os.

Con las relaciones entre lo humano y lo no humano en el proceso de desarrollo de tecnologías nos provocan. ¿Cómo hacer el ejercicio de comprenderlas? ¿Cómo asumir la materialidad no humana en diálogo con los productores cooperativistas de Bariloche, el Municipio, los propietarios de las tierras donde vive el pino ponderosa, los investigadores del CONICET? "La madera te pide" llevo a que las/os autoras/es lancen una frase bien provocativa: te pide ser un actor más. De la teoría del actor red y la relacionalidad local toman alguna pista, del cuerpo en el proceso concreto la pista deviene modo situado de lectura. Hacen un movimiento epistemológico asumiendo la necesidad de correrse del lugar donde estaban para caminar entre las aperturas que ya se les hacían evidentes. No cavilan en pisar un terreno poco firme al pensar lo colectivo como articulación de heterogéneas composiciones humanas y no humanas. Biografían la madera, ponen historia a la trayectoria de ese pino, nos permiten visualizar los recorridos, las apuestas políticas de las gestiones, la falta de seguimiento, el desconcierto. También abren el proceso productivo y el uso que hoy tiene la madera en zonas populares de la ciudad como "El Alto". Apasionante ejercicio, cuánto aporta en la búsqueda de alternativas el correr el velo de los presentes opacos. Después de leer la historia de esa madera y hacerse cargo de la situacionalidad cómo no comprender a lo que se asoman cuando hablan de la necesidad de considerarla un actor más. Proponen entonces el vínculo positivo/ movilizante, muestran cómo el producto (la cabriada) vino a afirmar que los puntos de partida político-económicos del proyecto existían "en serio". Hablan de la relación de los productores con los

35   Lic. en Sociología. Becario doctoral CONICET.

árboles, que a las claras habilita a buscar formas de nominar racionalidades relacionales con la naturaleza por fuera del instrumentalismo puro. En una charla que tuvimos después de leer el texto giramos alrededor, en este punto, de la idea de racionalidades afectivas. Tocan también las sinuosas vías de la comunicación y los puntos de encuentro entre actores que, quizá por su misma posición social, tienen intereses divergentes.

Relatan el "fracaso" de la reunión sobre "expectativas": "nosotras/os queríamos empezar por poner palabras, ellas/os querían empezar por clavar la madera". Apuntan la flecha en la dicotomía del discurso y del cuerpo, proponen que el cuerpo es discurso y que el discurso tiene cuerpo porque en el momento de trabajo con la madera los diálogos circulan con mayor fluidez, porque la aparición de los artefactos funciona como canal para la palabra. Lucidez de la praxis, podríamos agregar. Vislumbran, precisamente en ese cruce, la actividad sensible humana como piedra angular desde donde emergen lo mejor de sus registros. Allí, ¡atención!, es donde se animan a escribir *modos de subjetivación*. Un vínculo así, entre trabajo y subjetividad, me remitió al marxismo. Bueno, a una de las tantas variantes de marxismo. Hay algo con lo que insistentemente nos encontramos: la materialidad. Quisiera detenerme en una de las formas posibles de entender la materialidad, en vinculación con el trabajo y los modos de producción de subjetividad. En los textos de Marx, nos dice Mezzadra[36], la "producción de subjetividad" tiene un doble carácter dentro del sistema de producción capitalista. Por un lado, subjetividad emergente de la posición de las clases en la estructura productiva misma. Por otro, la subjetividad como capacidad de producir riqueza. Esa potencia productiva es entendida desde el concepto de fuerza de trabajo, que hace referencia a la "corporiedad", a la "persona viviente" del trabajador singular, pero también a lo que los humanos tienen en común genéricamente. Cuando se representa la vida productiva como un medio para la satisfacción de necesidades se obtura la posibilidad de entender que esa vida *es* la vida genérica misma: *es la vida que crea vida*. La producción produce vida y, con ello, también produce al hombre. Resalta Mezzadra la primer tesis sobre Feuerbach: "el defecto fundamental de todo el materialismo anterior es que sólo concibe las cosas, la realidad, la sensorialidad, bajo la forma de objeto o contemplación, pero no como actividad sensorial humana, no como práctica, de un modo subjetivo". La tesis nos permite hablar de la "objetivación", la traducción en un objeto de la práctica subjetiva, desnudando la relación de alienación (sujeto-objeto en una relación ajena y hostil).

Materialidad corpórea y potencia creadora del trabajo son elementos inescindibles: el trabajo es el sujeto, el trabajo es, de nuevo, vida que crea vida. Cita Mezzadra de Marx: "por fuerza de trabajo o capacidad de trabajo

---

36   Mezzadra, S. (2014). *La cocina de Marx: el sujeto y su producción*. Tinta Limón: Buenos Aires.

entendemos al conjunto de las facultades físicas y mentales que existen en la corporiedad, es decir, en la personalidad viva de un ser humano y que él pone en movimiento cuando produce valores de uso de cualquier índole". La mercantilización de la potencia humana es una de las marcas del capitalismo y el cuerpo no actúa como receptor neutral de estas presiones, sino que es moldeado, construido en este campo de fuerzas y resistencias al capital. Resaltará así Mezzadra que la cooperación laboral comandada por el capital se enfrenta a una cooperación antagónica en la que las "facultades de la especie" son desarrolladas por los trabajadores en diversas figuras de la subjetividad colectiva, rompiendo la relación de extrañeza con los objetos.

La cercanía de estas líneas con algunos de los trazos relatados en las experiencias de relación de las/os trabajadoras/es con los instrumentos de producción o la madera no pudieron más que llevarme de nuevo a pensar la cercanía de la vida humana (el trabajo) con la vida no humana, expresada con absoluta contundencia en "la madera te pide". La palabra, la escucha y el tacto emergen en las operaciones que hicieron las/os compañeras/os invitándonos a pensar las relaciones de producción no como el reino del cálculo instrumental sino como espacio de cooperación donde las tradiciones culturales y los modos de identificación con la naturaleza imprimen, con sus racionalidades afectivas, una grieta en su nominación: estamos ahora visualizando relaciones de encuentro y producción de vida. Están los productores mostrando maneras de interactuar con los actores-no humanos que se escabullen de las lógicas hegemónicas. Lo cual, por cierto, no hace necesariamente a esas interacciones contra hegemónicas o disruptivas. En todo caso ponen un contrapeso que vuelve inteligible eso de que "en Bariloche el artefacto no es ni telón de fondo ni infraestructura material, ni espejo de relaciones de distinción, sino actor".

Quedan con puntos suspensivos las formas de entender agencias no humanas, esgrimen. El corrimiento llevó a posicionar la mirada sobre los distintos modos de vinculación entre los actores que componen el proceso con el trabajo, los medios de producción y los insumos. En ese punto tal vez pueda decirse que lo no humano se agencia de una forma u otra según qué actor sea el que lo escucha, el que pasa su mano sobre él y traduce en palabras (que son creación humana) lo que pide. Todas esas formas de relacionamiento componen el heterogéneo modo actual de vinculación del colectivo en el proceso de Bariloche. Allí que la madera hable o que la cabriada sea una estructura que cuente historias del lugar no es indistinto. Son sus rastros, sus susurros en un *paisaje* en el que un nuevo salón de usos múltiples se sostiene sobre ecos de martillos, sierras, semillas migrantes, intentos esquivos de comunicación, nudos rebeldes, mates y mucho trabajo.

CAPÍTULO 4

EN BÚSQUEDA DE INTERSTICIOS SOLIDARIOS: EL POSICIONAMIENTO POLÍTICO DE LA TECNOLOGÍA EN LAS EXPERIENCIAS DE VILLA PARANACITO, CONCORDIA Y BARILOCHE.

VALERIA FENOGLIO[37]; MARÍA INÉS SESMA[38]

37   Centro de Investigaciones y Estudios sobre Cultura y Sociedad (CIECS) - E-mail: vale_fenoglio@outlook.com.

38   Centro de Investigaciones y Estudios sobre Cultura y Sociedad (CIECS) - E-mail: ine.sesma@gmail.com

"Pensé que de política no iba a hablar
pero ahora que recuerdo, política hacemos todos al caminar.

(Extracto de canción ey paisano, autor: Raly Barrionuevo)

Este es un trabajo que relata tres experiencias de Tecnología Social (TS) en el campo del Hábitat. Dicho de otra manera, es un trabajo que intenta resaltar las complejidades y particularidades de tres experiencias que, si bien son diferentes, llevan en su génesis un posicionamiento político en relación a vincular el sector de Ciencia y Tecnología (CyT) con el Estado (gobiernos locales) ponderando la matriz productiva local. Este posicionamiento es promovido por el equipo de investigación (como actor estatal científico-tecnológico) y puesto en funcionamiento en conjunto con el Estado (en su dimensión de gestión) y el sector socio-productivo (aserraderos locales, producción forestal, carpinteros, etc.) a través de distintos instrumentos de financiamiento.

Las preguntas que motivaron este trabajo fueron: ¿Qué vínculos se co-construyen en estas experiencias de investigación? ¿Qué tipo de innovación y con qué características se llevaron y se están llevando a cabo en las experiencias? ¿Qué obstáculos se deben sortear para poner en marcha este tipo de procesos tecnológicos? Las intenciones políticas que se plasman en las distintas experiencias... ¿las podríamos llamar intersticios solidarios?

A partir de estas preguntas, y en un intento por esbozar algunas respuestas, abordaremos algunos pensamientos ofrecidos por los Estudios de Ciencia, Tecnología y Sociedad (CTS) e intentaremos tender puentes entre estos y los relatos de las experiencias. A partir de esto, invitar por un lado al lector a una reflexión acerca de los modos de producción y concepción del conocimiento y la tecnología y por otro extraer insumos estratégicos para la definición de políticas públicas de CyT que promuevan una mayor vinculación entre las actividades científicas, tecnológicas e innovativas con las demandas productivas y sociales locales.

Palabras claves: Experiencias de TS; Estudios CTS; Intersticios Solidarios; Políticas de CyT.

Introducción

Para comenzar, cabe destacar que las reflexiones que se desarrollan a lo largo de este artículo, surgen de las experiencias de investigación de las cuales ambas autoras han participado y participan actualmente. Estas experiencias se dan en el marco del trabajo en el equipo de investigación "Construcción Interactoral del Conocimiento", con sede en CIECS – CONICET – UNC[39]. Las principales características de este equipo son: una profunda actividad de trabajo de campo y un posicionamiento político en relación a la producción de conocimiento en el campo del Hábitat.

El equipo viene trabajando desde hace más de 10 años en el desarrollo de procesos interactorales[40] de Tecnología Social[41]en el campo del Hábitat[42]. La primera de estas experiencias se llevó a cabo en la localidad de Villa Paranacito, provincia de Entre Ríos, donde se trabajó desde el año 1999 hasta el 2010. A través de esa experiencia, el equipo de investigación comenzó a delinear su perspectiva de pensamiento, al descubrir que a través de la transferencia de tecnología, se perdían e invisibilizaban una cantidad nada desdeñable de conocimientos locales, de potencial enriquecedor de la experiencia. De esta manera, se optó por hacer un viraje epistemológico y comenzar a desarrollar nuevas experiencias poniendo en valor las voces de todos los actores intervinientes en el proceso, no sólo los de la academia, sino también los saberes locales de sentido común. Villa Paranacito nos llevó a las otras dos experiencias, por un lado Concordia en la Provincia de Entre Ríos y por otro Bariloche en la Provincia de Río Negro.

En el marco de dichas experiencias, la perspectiva de los estudios CTS ha tenido una fuerte impronta que nos ha servido para comprender, debatir y

39   Centro de Investigaciones y Estudios sobre Cultura y Sociedad- Consejo Nacional de Investigaciones Científicas y Técnicas-Universidad Nacional de Córdoba

40   Por procesos interactorales se hace referencia a aquellas experiencias que se dan en torno al trabajo de campo, donde participan una diversidad de actores provenientes de diferentes sectores (academia, sector público, escuelas, cooperativas de trabajo, asociaciones, entre otras), cada uno aportando sus saberes diversos.

41   La TS, es el resultado de la acción de un colectivo de actores que trabajan en un proceso condicionado por un contexto socio-económico y un acuerdo social; estos elementos se reflejan en el entorno de producción, donde el control del proceso es auto-gestionado y participativo, con base en la toma de decisión colectiva (Dagnino, 2010).

42   Desde una concepción amplia, la noción de Hábitat refiere al ser y estar en la tierra. Esto va más allá de usar, ocupar, radicarse en o protegerse debajo de, puesto que el proceso dinámico de habitar resulta de la confluencia de planos diferentes, analíticamente distinguibles entre: lo natural, lo social, lo económico, lo cultural, lo político, lo emocional, lo físico-espacial, lo tecnológico, entre otros (Chardon, 2010).

reflexionar acerca de los procesos tecnológicos y el rol del investigador en relación a la sociedad. Según Mackenzie (2008), dicho nombre genérico hace referencia a una colección de estudios de las ciencias sociales y humanas que examinan los contextos y contenidos de la ciencia y tecnología. La preocupación ética y política, acerca de los efectos negativos del desarrollo científico-tecnológico, originados alrededor de la segunda guerra mundial, marcaron el carácter de los estudios de esta perspectiva. Así es como a partir de los años 60 comenzaron a proliferar numerosas reflexiones del tipo histórico, sociológico y filosófico, integrando los estudios sociales de la ciencia y tecnología en una perspectiva interdisciplinaria, destacándose el carácter social de todas las decisiones tecnológicas, su génesis y consecuencias.

En el marco de este campo de estudio, la teoría constructivista nos ha permitido comprender que el cambio de los artefactos y del conocimiento tecnológico en el tiempo no sigue una trayectoria natural. Por el contrario, depende fuertemente de los contextos en los cuales se desarrolla, depende de muchas más personas que un simple inventor, depende de grupos sociales enteros en interacción continua, revelando las tensiones y las relaciones de poder de las sociedades en las cuales se hacen estos desarrollos tecnológicos (Valderrama, 2004). Es decir que, cuando se construye una tecnología encontramos la existencia de varios grupos sociales diferentes que presentan visiones e interpretaciones particulares de acuerdo a sus intereses.

Así es como, esta teoría, nos ha permitido comprender las distintas experiencias reconociendo por qué el desarrollo de la tecnología fue de un modo y no de otro. Sin embargo, la preguntas de cómo debiera ser una tecnología y de los valores implícitos en la misma no pueden ser contestadas desde esa perspectiva teórica. Preguntarse hacia dónde y cómo debiera dirigirse el desarrollo de una tecnología constituye uno de los temas centrales en la Filosofía de la Tecnología.

La importancia de dichos estudios radica en que nos ayudan a explorar el significado de la tecnología en relación con nuestra forma de vida y nos sugieren, además, diversas maneras de promover una reforma tecnológica a partir de la generación de procesos más democráticos. Por un lado, Winner (2008) nos sumerge en una de las reflexiones más relevantes dentro de la Filosofía de la Tecnología: la naturaleza política de los sistemas tecnológicos. De acuerdo con esto, la adopción de un sistema técnico dado inevitablemente trae consigo condiciones para las relaciones humanas que tienen un tinte político característico: centralizado o descentralizado, igualitario o no igualitario, etc. Por otro lado, Feenberg (1992) nos invita a construir otra forma de racionalidad, que el autor denomina como democrática, y que se funda en la responsabilidad de la acción técnica por los contextos humanos y culturales.

Lo que intentan mostrarnos con esto, es la importancia y relevancia que tienen las elecciones que se hacen en el marco de la tecnología, ya que las mismas generan distintas consecuencias para la forma y calidad de vida de la sociedad. Si bien esta afirmación suena un tanto obvia, Winner (2008) argumenta que hemos adquirido una actitud pasiva, una especie de sonambulismo tecnológico, dejando toda decisión en una minoría de la sociedad ejercido por los llamados expertos técnicos o tomadores de decisiones en la esfera pública como privada.

Siguiendo en el marco del estudio de CTS y haciendo foco en nuestra región, adherimos al enfoque político del Pensamiento Latinoamericano en Ciencia y Tecnología (PLACT), que concibe a la ciencia y la tecnología en estrecha relación con las necesidades de la sociedad y plantea la importancia de desarrollos endógenos en función del proyecto local de desarrollo social (Massarini, 2011). En consonancia con esto, el posicionamiento político del equipo es fomentar la relación entre el sector científico- tecnológico, el sector productivo y el Estado. Este triángulo de vinculación, planteado por Jorge Sábato, supone para este autor y para nosotras, un requisito básico de articulación para lograr un impacto positivo del sector CyT en la sociedad. Para Sabato y Botana (2011), la acción de insertar la ciencia y tecnología en la trama misma del desarrollo significa saber dónde y cómo innovar, entendiendo a la innovación como la incorporación de conocimiento propio o ajeno con el objetivo de generar o modificar un proceso productivo. Nosotras adherimos a dicho concepto de innovación pero agregamos la pregunta: ¿para quién o para qué sector de la sociedad está enfocado dicho proceso político?

En nuestro recorrido investigativo, este triángulo es posible a través de los diversos instrumentos de financiamiento otorgados por el Ministerio de Ciencia, Tecnología e Innovación Productiva de la Nación (MinCyT). Partiendo de este escenario, es que creemos importante revisar los modos y las formas con que se conciben, desarrollan e implementan estos proyectos de financiamiento.

Durante la última década, la relación entre desarrollo tecnológico e inclusión social comenzó a adquirir relevancia en varios países en desarrollo. Las discusiones sobre el modo en el que el desarrollo de tecnologías puede (o debe) favorecer procesos de inclusión social se han incorporado al debate académico y, en algunos casos, se han plasmado en el diseño e implementación de políticas públicas. Concretamente en Argentina, en los últimos años se comenzó a hacer hincapié en el fortalecimiento del sistema científico y la promoción de la innovación a fin de orientar sus acciones al desarrollo de un modelo productivo que genere mayor inclusión social y mejore la competitividad del país bajo la idea del conocimiento como eje de desarrollo. Esta idea se vio materializada entre otras cosas, con la creación del

MinCyT y dentro de esta institución con líneas específicas de financiamiento tendientes a vincular la problemática de la exclusión social a las políticas de Ciencia, Tecnología e Innovación.

Este paneo contextual, permite observar que en lo relativo al vínculo entre ciencia y tecnología (los proyectos de financiamiento otorgados por el MinCyT) y la sociedad (las experiencias de tecnología social en el campo del hábitat), se encuentran algunos logros y resultados obtenidos pero todavía mucho camino por recorrer. Sin embargo, más allá de esta descripción conceptual, creemos necesario invitarlo al lector a analizar junto a nosotras, algunas características y elementos concretos y específicos que perfilan el vínculo entre estos dos mundos.

A continuación, se introduce los relatos de las experiencias con el objetivo de rescatar aquellas decisiones técnicas, valores y criterios que fueron incorporados durante los distintos procesos y que en la actualidad se constituyen en banderas de lucha para desafiar los modos establecidos y hegemónicos de producción de conocimiento y tecnología y de ese modo proponer vías alternativas.

En busca de intersticios solidarios para trazar puentes inter-actorales: de Entre Ríos a Río Negro.

La producción forestal y el saber local como fuentes impulsoras de la innovación.

Si trazáramos una línea del tiempo, podemos decir que a raíz de las inundaciones ocurridas en el 1998 en la región del litoral argentino, el estado Nacional, precisamente el Ministerio de Desarrollo Social, realiza la primera demanda al equipo de investigación, en aquel momento con sede en el Centro Experimental de la Vivienda Económica (CEVE) [43] junto con la Asociación de Vivienda Económica (AVE), para intervenir en dicha región. En ese contexto, CEVE-AVE firma un convenio interinstitucional con la Municipalidad de Villa Paranacito con el objetivo de resolver la problemática socio-habitacional, que había dejado dicha inundación. Esta primera alianza fue altamente significativa para el Municipio de Villa Paranacito, ya que era la primera vez que una Institución proveniente del Sector de CyT, le prestaba al municipio asistencia social y técnica en dicho campo. En ese marco,

---

43   La experiencia de Villa Paranacito tuvo sus comienzos en la Institución Centro Experimental de la Vivienda Económica (CEVE), luego en el año 2010 dicha experiencia y las sucesivas se realizaron desde la Institución CIECS-UNC- también perteneciente al CONICET.

CEVE-AVE solicitó ante el Ministerio de Ciencia y Tecnología, un proyecto de investigación denominado PID 037 con el objetivo de llevar adelante el desarrollo tecnológico de una vivienda palafítica para la localidad.

Los investigadores y directivos de dicha Institución deciden transferir un sistema constructivo que fue diseñado en el año 1992 y cuya designación nominal es UMA[44]. Este sistema constructivo ofrecía una serie de ventajas sumamente adecuadas al contexto de emergencia, que estaba atravesando la región del litoral, tales como rapidez y flexibilidad. Este desarrollo tecnológico debió ser adaptado a las condicionantes del lugar, dando como resultado el desarrollo de un nuevo sistema constructivo.

La transferencia de un sistema constructivo, considerado como singular y del tipo *no tradicional*, implicó acciones como: incorporación al proceso de dos mypes locales que fabricaron los distintos componentes del sistema, la capacitación de los técnicos del CEVE a dichos actores locales acerca de la nueva tecnología incorporada y la participación directa de las familias beneficiarias en la construcción de las viviendas. Esta concepción en la construcción de la tecnología generó por un lado, que el proyecto centrara la solución al problema local a partir de la vivienda, es decir del artefacto tecnológico y por otro que al trasferir un sistema constructivo el conocimiento utilizado fuera del tipo experto y al mismo tiempo exógeno a la localidad.

De aquella primera experiencia (Fase I), surge en el equipo de investigación una *fuerte intuición impulsora para innovar en un proceso productivo interactoral*. El equipo reconoce una serie de capacidades locales fuertemente instaladas: un saber técnico de la escuela y un saber constructivo de la comunidad en general; un trabajo artesanal y ancestral de la madera y una producción forestal de álamo que poseía un uso ineficiente. De esta manera, se intenta allí ocupar un nuevo espacio que permitiese establecer alianzas y relaciones que no estaban construidas en la localidad. Aquí, es donde podríamos introducir el concepto de **intersticios**[45] **solidarios**. Intersticios porque el equipo detecto un vacío y propuso ocuparlo con una nueva trama inter-actoral socio-productiva y habitacional. Solidaria, porque como intención

---

44   La idea central de este sistema consiste en un soporte estructural básico (componentes metálicos unidos por cabezales abulonados), que actúa como ordenador de los espacios de la vivienda y de las tareas de obra en general, brindado un espacio inicial similar al de un tinglado.

45   Adherimos al concepto de Intersticio de Bourriaud (2006) definido como un espacio para las relaciones humanas que sugiere posibilidades de intercambio distintas de las vigentes, integrado de manera más o menos armoniosa y abierta en el sistema global.

política hubo una clara convicción de invitar a participar a aquellos sectores más vulnerables como mypes, aserraderos pequeños, etc.

En una segunda etapa (Fase II), el equipo saca el foco del artefacto (vivienda) e incorpora el aspecto socio-productivo, permitiendo una invitación a rastrear a otros actores que estaban siendo invisibilizados en el proceso de producción de Hábitat. Este nuevo espacio propició el encuentro de distintos actores y permitió establecer una alianza entre el desarrollo científico-tecnológico, las actividades productivas, el sistema educativo y la cultura propia local. Por lo tanto, en el año 2006 se formula de manera conjunta, entre CEVE, Municipio y Escuela Técnica de Villa Paranacito, el proyecto de investigación PID 23121 siendo luego aprobado por el MinCyt.

Esto llevó a que el proyecto buscara la puesta en marcha de un circuito Interactoral, que dinamizara la localidad en base a un proceso endógeno con los recursos y saberes locales. De esta manera, se buscó utilizar expresamente los materiales de construcción disponibles. La zona de Paranacito se caracteriza por la producción forestal de álamo cuya madera se utiliza habitualmente como insumo de la industria del papel. En base a una serie de premisas previas y de ensayos estructurales realizados en laboratorio se diseñó un tipo de sistema constructivo de vivienda íntegramente en madera de álamo. En base a los avances del proyecto y a una cada vez mayor confianza en el material se formula otro proyecto complementario, PICT 670, para el estudio y mejoramiento de la madera de álamo. De esta manera, se incorpora al equipo de investigadores una bióloga para el trabajo de la problemática forestal en profundidad. Asimismo, se decide de manera conjunta solicitar un certificado de aptitud técnica (CAT) del sistema construido en madera, ante la Subsecretaria de Vivienda de la Nación con el objetivo de obtener financiamiento con fondos públicos, para construir viviendas con el recurso local.

Innovar para cooperar, no para competir

Villa Paranacito nos llevó a Concordia. En el año 2010, en un encuentro de localidades entrerrianas, el proyecto de Villa Paranacito llamó la atención y el interés por parte de quien era el intendente en aquel momento de Concordia. Así es como, desde la Secretaría de Producción y Trabajo (dependencia gubernamental de escala municipal) se convoca al equipo de investigación con el objetivo de dinamizar las cadenas productivas locales del ámbito forestal, la producción de vivienda y generación de trabajo para pequeños productores. De ese modo, es que se da inició a un trabajo en conjunto en el marco de dos proyectos con financiamiento público, el primero bajo la línea denominada PROCODAS (Programa Consejo de las Demandas de

Actores Sociales) y el segundo por la línea DETEM (Proyectos de Desarrollo Tecnológico Municipal).

El carácter asociativo que impulsaba el proyecto PROCODAS y el vínculo entre municipio y sector CyT que fomentaba DETEM, permitieron llevar adelante una experiencia que se basó en la conformación de una red de actores con el objetivo de diseñar un sistema constructivo de base endógena. Así la red se fue conformando con la participación de la Asociación de Carpinteros de Concordia, invitados y propuestos por la Secretaría de Producción y Trabajo del municipio. Esta Asociación comparte tiempos, espacios y usos de manera solidaria. Otro actor relevante fue la Dirección de Vivienda del municipio, actor que manifestó gran interés por el desarrollo de un sistema constructivo en madera, como una opción nueva para dar respuesta al déficit habitacional de la localidad, como así también su interés en gestionar una certificación de aptitud técnica (CAT) del sistema para construir viviendas con fondos de Nación. De la mano de la Dirección de Vivienda se incorpora a la red de actores la Cooperativa de Trabajo "Jorge Pedro", con experiencia en la construcción por vía húmeda (sistema tradicional).

Una vez conformada e identificada la red de actores, el equipo de investigación propuso realizar recorridos por los aserraderos para conocer y recuperar la matriz productiva local, con el objetivo de llevar adelante un desarrollo tecnológico lo más endógeno posible. De esa manera, se comenzó primero con el diseño de un salón de usos múltiples (SUM), a partir de un sistema constructivo realizado con predominancia de tablas de eucaliptus grandis de 1"x4". Los distintos elementos del sistema fueron producidos y evaluados en el taller de la Asociación de Carpinteros, mediante sucesivos encuentros donde se fueron complementando los saberes diversos, teóricos y prácticos, propios del acervo de cada uno de los actores participantes, productores (constructores, carpinteros), académicos (CONICET y luego se sumó la Universidad Tecnológica) y funcionarios públicos (miembros de la Dirección de Vivienda). El prototipo del SUM, fue montado y construido en una pequeña comunidad cercana a la ciudad de Concordia llamada Magnasco.

Paralelamente a dicho proceso, el equipo formulo un nuevo proyecto de financiamiento, que permitiese escalar la experiencia pero en la producción de viviendas con el recurso forestal. Así es como en el año 2012 se pone en marcha un proyecto PID 0079. Este financiamiento permitió el desarrollo colectivo de una tipología constructiva de vivienda (a partir de la re-adaptación del sistema del SUM), el acompañamiento y gestión de la certificación de aptitud técnica y la construcción de tres viviendas en un barrio de Concordia (el municipio al ser adoptante del proyecto financió los materiales para la construcción y pago de trabajo). La confianza construida a lo largo de estos años con los distintos actores (carpinteros y los funcionarios públicos) permitió la generación de dos nuevos proyectos de investigación, que actualmente están en sus comienzos. Uno es un proyecto PROCODAS. Su objetivo está planteado en encuentros tecnológicos, donde los carpinteros locales puedan transmitir su experiencia en la construcción de viviendas, en el marco del Consorcio Intermunicipal del Departamento de Concordia. Esto refuerza la importancia de apostar por procesos innovativos de producción local, fomentando la cooperación regional.

El otro proyecto es un PAD cuyo objetivo está relacionado a optimizar el diseño de mobiliario/equipamiento para instituciones públicas, integrando en dicho diseño los saberes del oficio de carpintería, las posibilidades productivas de la matriz foresto-industrial local (aserrío de Eucaliptus Grandys) y la demanda de uso institucional.

Y el proceso productivo se hizo eco en la Patagonia

El arribo a la ciudad de Bariloche se da cuando el Instituto Nacional de Tecnología Agropecuaria (INTA) – Estación Patagonia Norte, se pone en contacto con el equipo. El INTA, habiendo investigado sobre las experiencias anteriores del equipo, tenía el propósito de vincularnos con un grupo de personas, la Comisión Forestal y Maderera de Bariloche (CFMB) interesadas en trabajar sobre grandes hectáreas de pino ponderosa de la ciudad de Bariloche, que hasta el momento no habían sido tratadas. Así comienza la experiencia en esta ciudad.

Teniendo como antecedente los dos escenarios anteriores y habiendo recorrido ya un camino de trabajo colectivo, se advirtió que el proceso podía y debía ser más que poner de pie al sector forestal. A través de esto era posible que se intentara dar respuesta a ciertas problemáticas habitacionales, apalancar a pequeños grupos de trabajadores, fomentar a escuelas de oficio a trabajar en carpintería y que a su vez esto sirviera como experiencia de investigación para el sector científico-tecnológico.

En principio, el poner de pie al sector forestal iba a estar dado por utilizar la materia prima de los bosques de pino ponderosa para hacer tecnología en madera. Para eso había que diseñar, producir y montar la tecnología. Pero antes de diseñar, primero había que pensar qué se quería hacer, qué se podía hacer y qué hacía falta en Bariloche que se hiciera y quiénes lo podían y querían hacer. Una vez definido eso, habría que comenzar a pensar cuál era el mejor sistema tecnológico posible en función del material disponible, las necesidades de quienes hicieran uso de esa tecnología y también en función del oficio carpinteril disponible. Resuelto eso, si nos podríamos poner manos a la obra para la producción y su posterior montaje. Claro que esta secuencia de acciones se puede hacer de diferentes maneras; nosotros, reafirmando nuestro posicionamiento político, apostamos una vez más a hacerlo colectivamente. En la acción, esto se traduce en que la elección de qué se hace, qué se puede hacer, qué hace falta en Bariloche, qué y quiénes hacen eso que hace falta, cuál es el mejor sistema tecnológico en función del material, las necesidades y el recurso productivo y quiénes producen y montan la tecnología se hace **entre todos**. Así, se decidió que la mejor manera de poner en marcha este proceso, era armando una red de actores provenientes de diversos sectores, que pudieran conformar un escenario propicio para que el camino se pusiera a andar.

Desde el inicio, la experiencia estuvo habitada por ciertos actores, algunos ya los nombramos (el Equipo de CONICET, el INTA, la CFMB); también participaban el Ministerio de Agricultura, Ganadería y Pesca de la Nación (MAGyP) y la Dirección Provincial de Bosques de la Provincia de Río Negro. Además, el sector científico-tecnológico no sólo estaba representado por INTA y CONICET, sino también por MinCyT a través del PROCODAS, que fue el primer proyecto de financiamiento que nos permitió trabajar en Bariloche.

Una vez puesto en marcha el proceso, rápidamente se acudió al sector municipal, específicamente a través de la Intendencia, del Instituto Municipal de Tierra, Vivienda y Hábitat Social (IMTVHS), de la Subsecretaría de Economía Social y de la Secretaría de Desarrollo Humano. A lo largo de diversos encuentros, se fueron definiendo los aportes específicos que el sector municipal podía hacer para esta experiencia, y se fue delineando que el Estado debía ser un actor fundamental. Esta búsqueda de vincularnos al Municipio nuevamente, viene dada por la apuesta del equipo a un Estado que debe traccionar y apoyar estos procesos y circuitos productivos. Tiempo más tarde el Instituto de Tierra se convertiría en un actor fundamental de esta experiencia.

Además, se lanzó a la búsqueda de grupos productivos que pudieran y quisieran participar de este proceso. Una vez más, se procuraba encontrar grupos de economías pequeñas, que a través de esto, pudieran trabajar en condiciones favorables, dignas y libres. Así fue como, después de buscar y rastrear llegamos a la Cooperativa de Trabajo L.A.B.U.R.A.R., cuya trayectoria de trabajo es más cercana a la albañilería, pero interesados en el proyecto, se sumaron a participar.

Luego, se visitó escuelas de oficio, específicamente dos. Una, fue la Escuela Angelelli, que más tarde se iba a convertir de uno de los grupos productivos más importantes y participativos del proyecto. La otra, la escuela San José Obrero. Allí conocimos a algunas personas que luego iban a trabajar con nosotros en el marco de la Secretaría de Programación para la Prevención de la Drogadicción y la lucha contra el Narcotráfico (SEDRONAR), que a través del (ex) programa PAIS, se convirtieron en el tercer grupo productivo del proceso.

En lo concreto, una vez precisada la red de actores, se comenzó a definir qué tecnología era propicia para el lugar en función de las posibilidades de la madera local, de las necesidades, de las posibilidades de producción, etc. Luego de esbozar algunas opciones, tales como componentes de vivienda, o sistemas tecnológicos completos, se acordó que un buen comienzo sería el de un prototipo para Salón de Usos Múltiples. A partir de ello, se comenzó a trabajar en talleres productivos, con el objetivo de ensayar la tecnología. El resultado material de eso fue la construcción de un módulo itinerante, que consistía en un prototipo a escala de la tecnología, que finalmente fue montada en el predio del INTA – Estación Patagonia Norte. Esta experiencia sirvió como ensayo, no solo del sistema tecnológico, sino del trabajo colectivo en instancias de diseño, producción y montaje. Luego de esto, continuó un proceso de afianzamiento de la red interactoral al tiempo que se siguieron ajustando los detalles del sistema tecnológico. Actualmente, se comenzó con la producción de componentes de cara a la construcción del SUM. La producción se está desarrollando de manera colectiva y complementaria entre los tres grupos productivos nombrados con anterioridad. La sede de la producción es en la carpintería de Parques Nacionales, espacio cedido por esta Institución especialmente para la producción de este sistema tecnológico.

Como se puede ver, la experiencia Bariloche está constituida por una gran red de actores que forma una trama de vínculos y relaciones que se van delineando con el tiempo y el pasar de la experiencia. De esta manera, algunas tienden a fortalecerse, otras a atenuarse y otras a modificarse. Lo cierto es que, una vez más y como sucedió y sucede en las otras dos experiencias la red interactoral es central del proceso y se persigue desde el inicio. Sería romántico relatar que esta red es perfecta, que los vínculos que se entablan son siempre armoniosos, por lo contrario, esta construcción es una negociación continua de relaciones de poder que intentamos consensuar colectivamente. Sin embargo, hay un rasgo que aparece como una constante del proceso: la intención de generar espacios que posibiliten vínculos y relaciones entre los actores; que constituyan intercambios diferentes a los vigentes. Esto que aquí reconocemos como **intersticios solidarios**, es lo que creemos que hace de nuestra experiencia, procesos de innovación social alternativos.

En lo relativo a los proyectos de financiamiento, además del PROCODAS, la experiencia de Bariloche fue financiada por el Proyecto Asociativo de Diseño (PAD), otorgado también por MinCyT, nuevamente por un PROCODAS. Actualmente la experiencia es financiada por el Proyecto de Innovación y Desarrollo (PID) otorgado por MinCyT y a partir del 2017, se efectivizará el financiamiento del Proyecto de Investigación Científica y Tecnológica (PICT), también otorgado por MinCyT.

Mapa 01: Trayectoria de los proyectos de investigación en el país

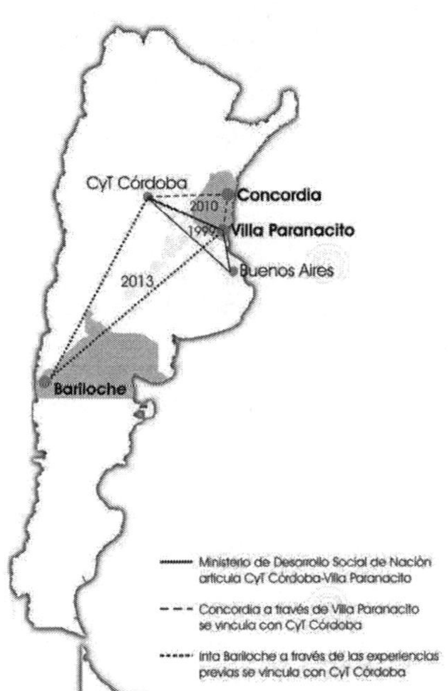

Fuente: Elaboración propia

Lo que nos dejaron las experiencias como instrumentos de lucha en el campo de Ciencia y Tecnología

La perspectiva socio-productiva y la interactoralidad como proceso en la gestión del hábitat

Descubrir y efectivizar el potencial productivo de la localidad de Villa Paranacito se constituyó en el objetivo principal del proyecto de investigación a lo largo de la Fase II de la experiencia. El reconocimiento de una problemática relacionada, por un lado, con el uso ineficiente del recurso local (madera de álamo), y por otro con la necesidad de soluciones habitacionales, llevó al equipo de investigadores a generar una propuesta en la gestión del hábitat desde una perspectiva diferente a lo que se venía desarrollando. Esta nueva perspectiva socio-productiva la consideramos como un momento de ruptura en la experiencia, y al mismo tiempo de transición epistemológica en el desarrollo de la tecnología.

Este momento de transición, surge como resultado del aprendizaje obtenido en la fase I, cuando el equipo de investigadores llega por primera vez a raíz de las inundaciones. La incorporación de la dimensión socio-productiva, permitió que se ampliara la trama de vinculaciones para abordar la problemática. A la alianza entre el sector de CyT y el Estado, establecida en la Fase I de la experiencia, se le incorpora en la Fase II otros sectores y actores que hasta el momento habían quedado invisibilizados en la resolución de la problemática del hábitat.

De este modo, el concepto de interactoralidad cobró fuerza y relevancia para el proceso en la gestión del Hábitat y se posicionó en otro nivel con respecto al significado del artefacto en sí, en este caso la vivienda. Así, se produjo una comprensión más amplia acerca de la Tecnología, donde el proceso interactoral y el artefacto se co-construyen al mismo tiempo (abordaje socio-técnico). Esto generó un cambio radical de los objetivos para la formulación de futuros proyectos de investigación, poniendo el foco en el aprovechamiento de las ventajas socio-económicas de los recursos locales.

Al analizar la trayectoria del equipo de investigación, advertimos que esta ruptura epistemológica y posicionamiento político, iba en paralelo con la incorporación de nuevos instrumentos de financiamientos por parte del MinCyT. La experiencia de Villa Paranacito fue financiada por líneas de Innovación y Desarrollo (I+D) como PID y por líneas de Investigación Científica y Tecnológica (ICyT) como el PICT. En el año 2008, el Ministerio crea las líneas DETEM y PROCODAS.

En el primero de estos proyectos, se disponía la asignación de aportes no reembolsables para fortalecer la gestión municipal tomando la innovación tecnológica y la transferencia de conocimiento como pilares fundamentales para impulsar procesos de desarrollo local. Los beneficiarios de este proyecto eran los municipios, quienes asumían el compromiso de transferir el conocimiento a todos los habitantes involucrados. Los destinatarios finales de los Proyectos DETEM eran los distintos actores sociales y productivos de los Municipios. Rápidamente se observa una fuerte semejanza entre el planteo del instrumento de financiamiento y nuestros objetivos de trabajo, en relación a fortalecer a los sectores productivos a través de una alianza estrecha con el Estado. En relación al PROCODAS, éste nace con la idea de promover políticas que favorezcan la interacción entre el sector científico-tecnológico y las demandas sociales y productivas (ligadas al ámbito de la economía social de pequeña escala productiva) para contribuir a la detección de demandas sociales que requieran participación del sector Científico Tecnológico en su resolución. Una vez más, se observa una fuerte correspondencia entre el planteo de la línea de financiamiento y el posicionamiento político del equipo, en relación a establecer un vínculo entre el sector CyT y los sectores productivos con economías pequeñas, en acciones conjuntas con el Estado (gobiernos locales), promoviendo la transversalidad de políticas públicas para el desarrollo social.

Así la llegada del equipo a la ciudad de Concordia en el año 2010 se realizó desde esta perspectiva socio-productiva y se ejecutaron ambos proyectos teniendo como beneficiarios directos al municipio y la Asociación de Carpinteros.

Los montos ofrecidos por estos proyectos, permitieron consolidar la red de actores y desarrollar el primer prototipo de madera, pero rápidamente se hizo necesario formular un proyecto de mayor envergadura para poder consolidar el proceso. De este modo se formula nuevamente un PID, proyecto que constituye para el equipo, un eslabón significativo en lo relativo al financiamiento. Según datos recogidos del MinCyT, el objetivo de esta línea es favorecer que la investigación científica y tecnológica se oriente hacia aplicaciones que sean de interés de uno o más Adoptantes (empresas o instituciones), promoviendo la generación de tecnología y su transferencia mejorando la interacción con los sectores productivos y sociales.

Los datos arrojan que desde 2008, en lo relativo a las Instituciones Adoptantes, es decir al sector productivo o social, el número está dividido casi a la mitad entre instituciones públicas y empresas privadas, lo que deja entrever que en este sector, la balanza está en relativo equilibrio. A nuestro entender, consideramos importante este equilibrio si lo comparamos en relación a los datos arrojados por el sitio web del Mincyt de los PID financiados en el año 2005 y 2007 donde se observó un mayor porcentaje de adoptantes del sector privado (65%) (Ver gráfico 01).

Tiempo más tarde, en la experiencia de Bariloche, el equipo de investigación continúa en la línea de los Instrumentos de Innovación Productiva Social y Tecnológica (PROCODAS) y a esto suma un financiamiento de la línea denominada Proyecto Asociativo de Diseño (PAD). Este último proyecto, está dirigido a financiar experiencias que tengan por finalidad la incorporación del diseño como factor estratégico de innovación y gestión en microemprendimientos, cooperativa y empresas recuperadas y autogestionadas por sus trabajadores. Una vez más, aparecen puntos fuertes de correlación entre el carácter asociativo (interactoralidad) entre el sector CyT y los grupos productivos, con el objetivo de generar desarrollo local.

Sin embargo, se presenta un límite en relación al monto y al tiempo de duración ofrecido por estos proyectos. Así, el equipo propone al Municipio de Bariloche, específicamente el Instituto de Vivienda, ser el adoptante en un proyecto PID, lo que significo mayor financiamiento para desarrollar y construir el primer prototipo de SUM en la localidad.

Actualmente el equipo cuenta con la aprobación de un nuevo PICT, que se pondrá en marcha a partir del 2017. Este último, tiene como característica peculiar que abarca las tres experiencias, bajo un mismo proyecto de financiamiento. El objetivo planteado por el PICT es la generación de nuevos conocimientos en todas las áreas de ciencia y tecnología. Los resultados están destinados a priori al dominio público y no están sujetos a condiciones de confidencialidad comercial. Este último dato resulta interesante ya que configura una postura de custodia hacia lo público. Otra característica a tener en cuenta es que, en la convocatoria 2015 (donde nuestra propuesta salió adjudicada), el proyecto se elaboró en función a cuatro categorías, una de ellas es el Plan Argentina Innovadora 2020, en la cual se suscribió la propuesta del equipo. Resulta pertinente detenerse en esta categoría ya que deja entrever un posicionamiento del MinCyt en relación al vínculo entre la Ciencia y la Tecnología con la Sociedad. El Ministerio se propone, a través del Plan Argentina Innovadora 2020, dar un fuerte impulso al fortalecimiento y la puesta al día del acervo de herramientas de políticas orientadas a consolidar las capacidades de investigación en CyT y a promover la innovación, priorizando aquellas destinadas a fomentar procesos de articulación entre firmas, en especial PYMEs, y entre ellas e instituciones generadoras de conocimiento en los Núcleos Socio-Productivos Estratégicos (NSPE) identificados en el Plan. Uno de los NSPE es el de hábitat (que forma parte del área de desarrollo social), lo que da muestra de que hay una intención clara de darle impulso a este campo de investigación, en donde se insertan nuestras investigaciones. La muestra concreta de esto, como dijimos con anterioridad, es que el proyecto presentado por el equipo quedó finalmente seleccionado.

Gráfico 01: Porcentaje de tipos de adoptantes en el Proyecto PID

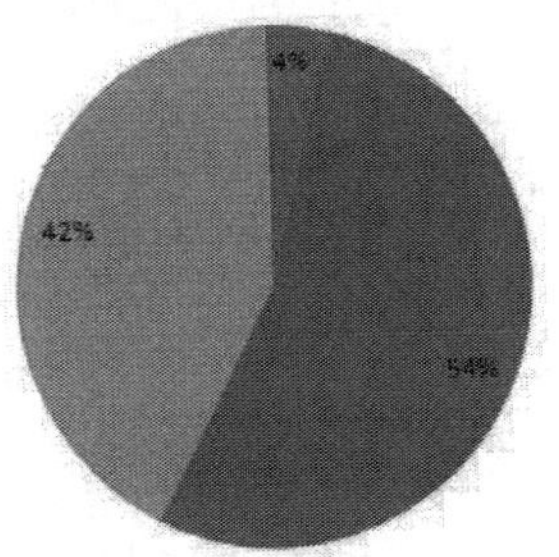

Gráfico 02: Trayectoria del equipo: caracterización de los proyectos financiados por Ciencia y Tecnología desde el año 1999 hasta la actualidad

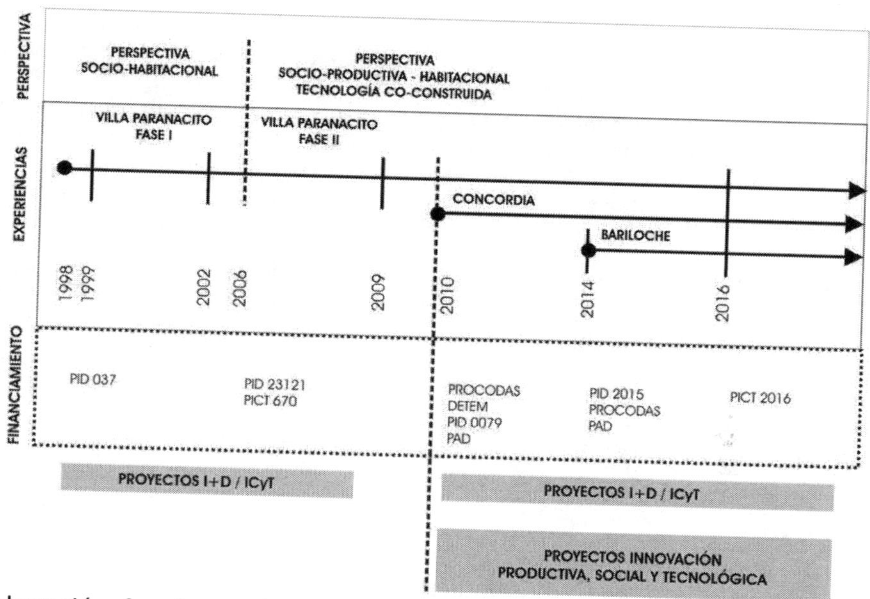

Elaboración: fuente propia, año 2016

Propiedad colectiva y local del conocimiento tecnológico

En Villa Paranacito, el fuerte reconocimiento de lo local, y el cambio en la metodología de trabajo de los encuentros productivos, promovió otra instancia de transición en los modos de operar desde el sector de Ciencia y Tecnología. Cuando el sistema constructivo en madera de vivienda ya había sido ensayado, discutido y re-elaborado, el grupo de investigadores advierte la necesidad de gestionar un certificado de aptitud técnica de dicho sistema. Hasta aquel momento, los desarrollos tecnológicos habían quedado en manos del centro de investigación que los desarrolló, en este caso el CEVE. Sin embargo, este proyecto había sido teñido de lo local, los nuevos espacios de intercambio cobraron mucha fuerza y la búsqueda teórica en el campo de la Tecnología Social abrió una instancia reflexiva, que hizo que el grupo de investigadores decidiera dejar en manos de la localidad, en este caso el actor municipal, dicho certificado. Para el grupo el sistema constructivo al que se había llegado era el resultado de la integración de ideas, saberes y soluciones que la comunidad había usado tradicionalmente en la construcción de viviendas de madera (producto) así como también los aspectos de gestión y comercialización de recursos locales (proceso), junto con el campo de experiencia que el equipo técnico de Córdoba tenía. Es así que se inicia una nueva etapa para el grupo de investigadores, la promoción de la eliminación del régimen de propiedad intelectual. Una tecnología cuya resolución final fue producto de una complementariedad de saberes diversos no podría estar limitada por patentes que involucran derechos lucrativos para los supuestos desarrolladores, tecnólogos, investigadores, entre otros. La solicitud de este CAT en Villa Paranacito sirvió como antecedente para la localidad de Concordia. Cuando se inició la gestión de esta certificación para Concordia el posicionamiento político del equipo de investigación fue un poco más allá y se resolvió entre todos la propiedad colectiva del CAT, ya no solo del municipio sino también con la co-propiedad de la Asociación de Carpinteros.

Si analizamos las propiedades o titularidades de los CAT, datos que están publicados en el sitio web de la Secretaría de Vivienda y Hábitat de Nación, encontramos un predominio importante del sector privado. De todos los certificados aprobados y en vigencia no hay ninguno que pertenezca a algún municipio local. El primero fue la certificación del sistema constructivo "Paranacito", que no lo hemos puesto por que aún no ha sido renovado por la localidad. El segundo, es el CAT de Concordia que tampoco lo hemos puesto ya que está en proceso de evaluación.

Gráfico 03: Porcentajes de titularidades del Certificado de Aptitud Técnica otorgado por la Secretaría de Vivienda y Hábitat de Nación

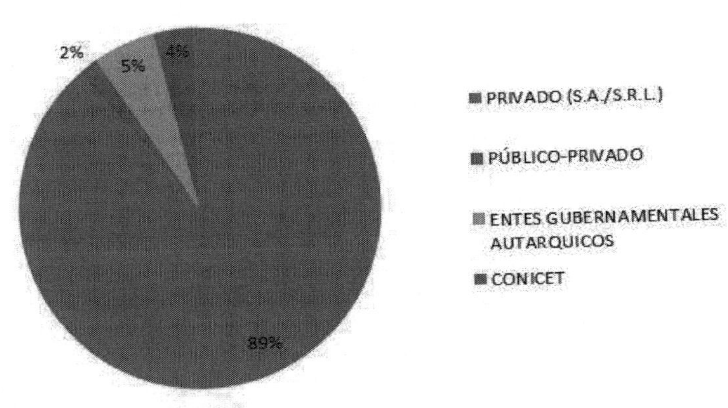

Fuente: Elaboración propia

http://www.mininterior.gov.ar/vivienda/pdf/viviendaweb.pdf

Consideraciones finales

Al inicio del artículo dejamos plasmados algunos interrogantes, con el objetivo de encontrar claves a lo largo del texto que nos permitieran esbozar algunas respuestas. Teniendo en claro que seguramente estas respuestas no resultan cerradas y acabadas (lo que tampoco es de nuestro interés), si creemos que fuimos descubriendo algunas líneas que colaboran a trazar el escenario que conecta a la ciencia y la tecnología, con el Estado y los sectores productivos. De esta manera, nos resulta interesante, a modo de cierre, pasar en limpio algunas de esas líneas que fuimos recogiendo del texto en función a responder nuestras preguntas iniciales y a partir de esto, dejar planteados algunos nuevos interrogantes que nos han surgido de este análisis y que de algunas manera sirven para seguir traccionando este camino como investigadoras.

Sin ánimo de convertir a estas consideraciones finales en un test de preguntas y respuestas, podemos comenzar por el primer gran interrogante planteado al principio: **qué tipo de vínculos se co-construyen en nuestras experiencias de investigación.** En relación a esto, es importante decir que si analizamos la trayectoria del equipo, el camino recorrido estuvo siempre marcado bajo el mismo fin u objetivo: el de trazar puentes, articular actores, construir alianzas. Y ese andar no es más ni menos un fin político que motiva al equipo a seguir investigando y haciendo en esa dirección. Ahora bien, hay tantos modos de construir redes, como equipos de investigación en el mundo, por lo cual nuestra manera se presenta con características que la distinguen. No es necesario abundar en este punto ya que lo explicitamos a lo largo del texto, pero nunca está demás repetir que nuestra manera de construir investigación es con el otro, de ahí nuestra intención de anteceder el "co" a la palabra construir, no como un eufemismo sino más bien como una forma de tener presente permanentemente que nuestro hacer es colectivo. Claro que, como intentamos describir en nuestro relato, estas relaciones no son siempre armónicas e igualitarias. Además, tener eso como horizonte no haría más que sumirnos en una constante frustración investigativa, ya que todas las relaciones se configuran desde un principio bajo criterios de poder y desigualdades de todo tipo. Más bien diríamos que el tipo de vínculos que intentamos entretejer no buscan ser perfectos, sino más bien diferentes, es decir alternativos e innovadores.

Esto último nos conecta directamente con el segundo gran interrogante planteado al inicio: **qué tipo de innovación y con qué características se llevaron y se están llevando a cabo en las experiencias.** En primer lugar, nos permitiremos por un momento hacer una rápida división de la tecnología en proceso, producto y gestión, sólo para explicar de manera simplificada que nuestra innovación no se asienta tanto en el producto, sino más bien en el proceso y en la gestión tecnológica. Si bien es bueno aclarar que hay mucho trabajo dedicado a crear el producto tecnológico de manera responsable, la mayor creatividad del equipo está puesta en generar procesos y gestiones tecnológicas que sean innovadoras, generando experiencias que se diferencien de las prácticas consabidas en el campo de CyT. Ahora bien, para poder llevar adelante estos procesos y prácticas alternativas, resulta necesario que exista una diversidad de actores e instituciones que estén dispuestas a generarlos. Además, para que esta red pueda sostenerse en el tiempo, es sumamente importante que se cuente con instrumentos de financiamiento que impulsen este tipo de procesos y que posibiliten su fluidez. En base a nuestra experiencia, y específicamente en los últimos años, observamos que desde el Ministerio de Ciencia y Tecnología, existe una marcada tendencia a apoyar este tipo de procesos. Específicamente en lo relativo a los proyectos que nos financiaron, si bien cada uno cuenta con características disímiles entre ellos (en lo relativo a su formulación, su ejecución y su administración), también tienen algunos elementos en común, como por ejemplo, que todos ellos han financiado nuestras experiencias, es decir procesos de tecnología social en el campo del hábitat, lo que ya los posiciona en un lugar posibilitador de experiencias alternativas.

Más allá de que advertimos un viraje de las políticas científico-tecnológicas que tiende a impulsar dichas experiencias alternativas, también observamos que hay algunos puntos para seguir avanzando. De alguna manera esto intenta responder al tercer gran interrogante: **qué obstáculos se deben sortear para poner en marcha este tipo de procesos tecnológicos.** En relación a esto y después de haber analizado en profundidad de qué manera se estructuran los proyectos de financiamiento, pensamos que sería interesante que la línea de Proyectos de Innovación productiva, social y tecnológica (DETEM, PROCODAS, PAD) pudieran otorgar un financiamiento mayor, en cuanto a duración de los proyectos y sobre todo en relación a los desembolsos de dinero. Así, estas líneas estructuradas y concebidas bajo criterios tan sinérgicos a los de nuestro equipo, posibilitarían que los resultados obtenidos a partir de estas, fueran mucho mayores. Sumado a esto, en el devenir propio de las experiencias, claramente se van presentando obstáculos a los cuales podemos denominar externalidades de los procesos, que son propios de trabajar con una gran cantidad de actores e instituciones. Los obstáculos que se van presentando son de diversos tipos: administrativos, institucionales, personales, de intereses diversos, etc. Lo que rescatamos de estos obstáculos, es que también intentamos resolverlos creativa y colectivamente.

Por último, intentamos responder a otro gran interrogante: **las intenciones políticas que se plasman en las distintas experiencias... ¿las podríamos llamar intersticios solidarios?** Para finalizar, podemos decir con cierta firmeza que los intersticios solidarios entendidos tal como lo planteamos en el texto, constituyen un insumo teórico interesante que nos permite explicar aquellos "vacíos o espacios libres" que intentamos entre todos ocupar con **creatividad** a lo largo de nuestras experiencias.

Tal como dijimos, a partir de lo escrito surgen nuevos interrogantes para responder. La búsqueda de esas respuestas nos sirven para seguir buscando caminos en nuestro recorrido como investigadoras. Algunas de estas preguntas son: ¿cuáles son los nuevos desafíos que se nos presentan en las experiencias a partir de poner en marcha los procesos de financiamiento venideros?, ¿de qué manera transitar estos desafíos tanto al interior del equipo de investigación como con la red de actores ampliada?, ¿qué nuevos elementos emergerán al momento de retornar a la experiencia de Villa Paranacito?, ¿cómo estar alertas para reconocer esos elementos? y por último ¿cuáles son los nuevos desafíos que se presentan en el sector científico-tecnológico en relación al escenario político actual? Para seguir reflexionando...

Bibliografía

BOURRIAUD, N. (2008). Estética Relacional. Extraído el 20 de agosto de 2016 del sitio web: http://fba.unlp.edu.ar/lenguajemm/?wpfb_dl=57.

CHARDON, A. C. (2010). Reasentar un hábitat vulnerable. Teoría versus praxis. INVI, N° 70, Vol Nº 25, 17-75.

COLECTIVO CO-CONSTRUCCION HABITAT (2016). Dimensión productiva del Hábitat. Reflexiones a partir de una experiencia situada (Concordia, Entre Rios, Argentina). *Cuadernos de Vivienda y Urbanismo, 9* (17), xx-xx. http://dx.doi.org/10.11144/javeriana.cvu9-17.dphr

DAGNINO, R. (2010). 0 pensamento Latino-Americano em ciencia, tecnología e sociedade (Placts) e a obra de Andrew Feenberg. En R. Neder (Ed), A Teoria Crítica de Feenberg: racionalizaçao democrática, poder e tecnología. (pp. 25-45) Brasilia: CDS.

FEEBENRG, A. (2006). Del esencialismo al Constructivismo: la Filosofía de la tecnología en la encrucijada. Extraído el 20 de abril de 2009 del sitio web: http://www.sfu.ca/~andrewf/translations.html

FENOGLIO, V. (2016). El papel de la Tecnología Social en los Procesos Socio-Habitacionales. Propuesta Alternativa en el campo del Hábitat a partir de la aplicación de Tecnologías basadas en la adecuación Socio-Técnica. Tesis de posgrado para la obtención del título de Doctor, Facultad de Arquitectura y Urbanismo, Universidad Nacional de Tucumán.

MACKENZIE, D. (2008). Abriendo las cajas negras de las finanzas globales. Revista Redes, 27 (14) 163-190.

MASSARINI, A. (2011). El enfoque CTS para la enseñanza de las Ciencias: una clave para la democratización del conocimiento científico-tecnológico. [Versión electrónica] Revista Voces, 8

SABATO, J. y BOTANA, N. (2011). La Ciencia y la Tecnología en el desarrollo futuro de América Latina. En Sabato (Comp.), El Pensamiento Latinoamericano en la problemática ciencia-tecnología-desarrollo-dependencia. Extraído el 05 de septiembre de 2016 del sitio web: www.mincyt.gob.ar

VALDERRAMA, A. (2004). Teoría y Crítica de la Construcción Social de la Tecnología. Revista Colombiana de Sociología, 23, 217-233.

WINNER, L. (2008). La ballena y el reactor. Una búsqueda de los límites en la era de la alta tecnología (2º ed) Barcelona: Gedisa

COMENTARIO 4

BÚSQUEDA DE INTERSTICIOS SOLIDARIOS

MARIANO FRESSOLI[46]

Ha sido un verdadero placer leer este artículo que permite reconectarme con las visitas a Entre Ríos y Córdoba y el fascinante trabajo de intervención que están haciendo bajo la dirección de Paula Peyloubet. El artículo es una interesante descripción de la evolución del trabajo interactoral y los desafíos que enfrentan las tecnologías para la inclusión social en el contexto de grandes cambios de políticas públicas.

Además, se reflexiona sobre otros desafíos más sistémicos como las dificultades que presentan los regímenes de propiedad intelectual y los dilemas de intentar construir procesos de transformación social bajo esquemas de financiamiento de corto plazo. En este sentido, el trabajo permite observar tanto el esfuerzo de investigación e intervención como también los límites de la práctica. En el aire queda flotando la necesidad de reflexionar sobre estos dilemas en lo inmediato y construir nuevas articulaciones en la construcción de tecnologías para la inclusión social.

 Como aporte y sugerencia sería interesante continuar explorando de qué manera el modelo de circuito intereactoral puede generar intersticios de solidaridad y cómo se podrían componer o articular estos intersticios. Bien mirado, la tensión entre la micropolítica del trabajo interactoral y los dilemas sistémicos (propiedad intelectual, financiamiento) pueden genera nuevas soluciones y nuevos modelos de intervención.

Quizás es la lección más grande de las prácticas llevadas a cabo por este equipo: que todo trabajo de construcción de tecnologías para la inclusión se debe componer de la experimentación social y técnica acompañada de una fuerte reflexión teórica. Esta conjunción parece ser una combinación clave para la construcción de caminos alternativos de desarrollo sustentable.

46   Investigador asistente CONICET, miembro del Centro STEPS, América Latina y CE-NIT. E-mail: mfressoli@fund-cenit-org.ar.

CAPÍTULO 5

PRODUCCIÓN DISIDENTE DEL SABER. APRENDER DE LO QUE NOS SUSURRA EL VIENTO…

MARÍA ROSA MANDRINI[47]

47   Arquitecta (FAUDI-UNC). Doctoranda en Arquitectura (UNSJ). Becaria posdoctoral del CONICET. Integrante del programa Co-construcción del Conocimiento (CIECS-CONICET-UNC).

"Corre sobre las llanuras, selvas y montañas, un infinito viento generoso. En una inmensa e invisible bolsa va recogiendo todos los sonidos, palabras y rumores de la tierra nuestra. El grito, el canto, el silbo, el rezo, toda la verdad cantada o llorada por los hombres, los montes y los pájaros van a parar a la hechizada bolsa del Viento (...) Por eso hay que hacerse amigo, muy amigo del viento. Hay que escucharlo. Hay que entenderlo. Hay que amarlo. Y seguirlo. Y soñarlo. Aquel que sea capaz de entender el lenguaje y el rumbo del viento, de comprender su voz y su destino, hallará siempre el rumbo, alcanzará la copla, penetrará en el canto..."

(Atahualpa Yupanqui)

Aprender del viento

¿Por qué he elegido este fragmento de Atahualpa que nos habla sobre el viento? Estas hermosas palabras, nos susurran la idea de volver a la lentitud, de tener la actitud de centrarse en lo esencial. Hay que poder estar en tranquilidad y conexión para lograr escuchar lo que el viento nos quiere contar y poder captar lo elemental en ello. Detenerse un momento para entender ese susurro. Debemos *estar* presentes, para aprender del viento, de la tierra, del sol y la luna, como inspiran aún las ideas de Rodolfo Kusch (1962) sobre el *estar* americano.

A propósito de la importancia que cobra lo corporal en las metodologías situadas entre el hacer y el pensar propuestas por Cusicanqui[48] (2015), este fragmento de Atahualpa Yupanqui es un convite de unos amigos escultores de voces para un taller de canto colectivo, quienes día tras día trabajan

---

48   En la entrevista "Saberes compartidos", realizada por la socióloga activista Zuiri Méndez, para el programa Palabra de Mujer. Disponible en https://www.youtube.com/watch?v=g3DUsv7udNs.

para ayudar a que otros puedan reencontrarse con su propia voz. Y lo traigo hasta aquí porque veo una relación directa entre el hacer y el pensar, entre poner el cuerpo y la palabra. Nuestro cuerpo tiene memoria, nuestras ideas y nuestra voz también, es hora de despertar la propia voz, la propia memoria (Cusicanqui, 2015), la presencia de ese *estar* ancestral, y para ello se requiere estar alerta, en conexión.

Hablar de disidencia del saber supone una actitud de atención, de presencia ante un modelo impuesto de conocimiento. Para ello se revisa la producción del hábitat y del saber, desde una producción que he adjetivado como *disidente*: que se resiste a la manera de construir el conocimiento de producción capitalista y hegemónica, en donde predomina la velocidad del capitalismo y en donde los procesos colectivos, artesanales, que manejan otros tiempos y maneras, quedan relegados.

Este espacio de reflexión nace a partir de un proceso que inicia con mi tesis doctoral titulada "Reinterpretación del hábitat construido en tierra, a partir de experiencias colectivas en el marco de un paradigma cognitivo alternativo". La tesis invita a repensar los modos de producción del saber y del habitar actuales, centrándose en el estudio de los procesos colectivos de construcción con tierra. Particularmente para este escrito, me ubico en relacionar algunas ideas trabajadas anteriormente sobre la disidencia del saber: el *Wu-Wei* (Fukuoka, 1978) y la práctica de las *mingas*. Ideas que fueron alimentándose y renaciendo a lo largo del trabajo en el equipo de investigación Construcción Interactoral del Conocimiento[49] y que en este apartado pongo en diálogo con las prácticas de *talleres de producción* dentro de la experiencia del propio equipo.

Las ideas se ordenan en tres momentos. El primero se asienta particularmente en el concepto de la disidencia del saber en relación a la investigación situada, desde la propia voz. En un segundo momento se presentan ideas sobre el cuestionamiento actual sobre la ciencia. Finalmente, a modo de cierre se comparten dos prácticas colectivas (las *mingas* y los espacios de *talleres de producción*) que representan esta actitud de resistencia cognitiva, a modo de respuestas para repensar el imaginario productivo dominante (del habitar y del saber).

La primera práctica colectiva se asocia con el saber de la arquitectura de tierra, que representa un modo de resistir a esa producción mercantil del hábitat. Primero, desde la elección de materiales y formas de construcción diferentes a los industriales o impuestos por el mercado y luego, a partir de las *mingas* como metodología de trabajo colectivo, proceso en donde se practican consensos, diferencias, acuerdos.

---

49   Dentro del espacio del CIECS -Centro de Investigación y Estudios Sociales y Culturales-, unidad ejecutora de Conicet en la ciudad de Córdoba, Argentina.

Con el término *minga o minka* me refiero a una experiencia colectiva en donde un número de personas son convocadas para realizar alguna actividad determinada. Ancestralmente en países de Latinoamérica las personas se reunían para colaborar en la cosecha de cereales, y a modo de celebración se realizaba luego una comida preparada por quien convocaba. Actualmente esta experiencia es resignificada en diversos países y generalmente se la asocia a la reunión con fines constructivos.

La segunda, en relación al saber académico en el que a modo de resistencias a lo establecido aparecen, por un lado, otras maneras de producir conocimiento atravesando todo el campo creativo -como el diseño gráfico, el arte, el ritual- en respuesta a la investigación centrada en el modo predominantemente verbal de la producción científica hegemónica actual, ideas trabajadas anteriormente en el escrito "Lo gráfico y lo ritual"[50]. Por el otro, afloran modos de investigar colectivos mediante la elección del trabajo mancomunado antes que el unipersonal en el campo científico, a modo de entramados comunitarios mediante la afinidad en las prácticas cotidiana (Gutierrez, 2012).

Con la idea de *talleres de producción*[51], señalo particularmente los encuentros en talleres de carpintería entre los actores que componen la red de investigación. En donde los actores se reúnen con el fin de producir componentes en madera de un determinado sistema constructivo en desarrollo. *"El escenario privilegiado para el desarrollo plural de conocimiento toma lugar en los talleres, donde cada unx de nosotrxs puede darse al encuentro con la herramienta que mejor le permita expresarse: porque no todo puede decirse con palabras"* (Coconstruidxs, 2015).

---

50   Capítulo en co-autoría con la Dra. Mariana Ortecho perteneciente al libro de producción colectiva *"Reflexiones y experiencias situadas. Una contribución a la pluralización de conocimientos"*.

51   Para ampliar la información, ir a capítulo en este libro: LA EXCUSA NO ERA TAN EXCUSA: LA RELACIÓN ENTRE LOS ARTEFACTOS Y LAS PERSONAS EN PROCESOS DE DESARROLLO DE TECNOLOGÍAS PARA EL HÁBITAT. EL CASO BARILOCHE. Virginia MARTÍNEZ COENDA ; Santiago RÍOS ; Sebastián CARBONE.

"Tu cuerpo tiene memoria, lo llevas en tus células y una forma de desatarlo es mediante el trabajo corporal: bailar, sembrar, construir, apelando al ejercicio de la actividad creativa frente a la lógica del mercado, es una manera de resistencia" (Cusicanqui, 2015).

Metodologías para la resistencia

Partiendo de la base de que el saber es un sistema de conocimientos atravesado por luchas de poder (Marta Malo, 2012), es posible afirmar que el presentar una actitud disidente en relación al conocimiento supone una actitud de cuestionamiento, de estar alerta, de búsqueda permanentemente en torno a resignificar la idea de ciencia actual.

Una manera de investigar desde la disidencia va de la mano con trabajar, experimentar y vivenciar otras metodologías, otras formas de atravesar el conocimiento y con ello, las luchas de poder que en él conviven. El hecho de que se trabajen con otras metodologías, que se exploren otras maneras de hacer, que se apele a la creatividad en el área investigativa, habla de salirse de las reglas impuestas por un modelo hegemónico científico. En este recorrido se proponen al arte y al gráfico como herramientas metodológicas indispensables a la hora de apelar a otras subjetividades dentro del campo investigativo por un lado. Y por el otro, a la práctica colectiva en investigación como una forma de metodología, que se resiste a la producción científica individual.

De esta forma me ubico principalmente junto a la reivindicación de saberes silenciados frente a un tipo de conocimiento objetivo y global, resignificando el sentido de lo colectivo y la cooperación frente al individualismo que predica la práctica moderna. En otras palabras, mi búsqueda se asienta sobre una crítica al modo unilateral de pensamiento hegemónico, lógico y argumental, que promueve categorías únicas de pensamiento, reproduciendo lógicas de dominación en todos los sentidos. Percepciones todas que han guiado la exploración dentro de este campo investigativo.

Lo gráfico, entonces, como forma de representación artístico-sensible, es abordado desde la idea de reivindicar los modos representacionales que, siendo tan legítimos como las argumentaciones verbales que prevalecen en el campo investigativo científico occidental, son generalmente invisibilizados.

En base a la relación entre metodologías e instrumentos disidentes, este escrito señala la importancia en activar el funcionamiento de la razón y la emoción, lo pensante y lo creativo, lo objetivo y subjetivo para apuntar hacia investigaciones integrales y profundas, capaces de incluir ambas esferas dentro del campo cognitivo. Como metodologías de trabajo colectivo, la *minga* y los *talleres productivos;* y como instrumentos, el uso de materiales de construcción lejanos a la industria y el uso del gráfico como productor de conocimiento. Estas formas integran el trabajo manual del intelectual, la práctica y reflexión. Constituyen terrenos fértiles para involucrar en la producción de conocimiento colectivo a sectores bien diversos de la sociedad, propiciando un mayor empoderamiento en los procesos de transformación sociales.

Una actitud disidente implica no divorciar el trabajo del goce, caminando en dirección opuesta a las reglas que impone hoy el mercado. Una manera que se relaciona con el construir con tierra abarca la construcción con las propias manos. La técnica de la arquitectura en tierra es posibilitante de que ocurra el construir con las propias manos, desde el hecho concreto de que la materia prima, la tierra, es inofensiva para la piel humana, además la herramienta fundamental para construir.

"Tu cuerpo tiene memoria, lo llevas en tus células y una forma de desatarlo es mediante el trabajo corporal: bailar, sembrar, construir, apelando al ejercicio de la actividad creativa frente a la lógica del mercado, es una manera de resistencia" (Cusicanqui, 2015).

Por otro lado, el trabajo colectivo es otra práctica que apunta a generar una forma de trabajo desde la disidencia. El trabajo colectivo se compone de tiempos más lentos, la reflexión colectiva supone trabajar los consensos, diferente a la producción individual, capitalista, que va de la mano con una producción científica hegemónica. Invita a un andar libre y no lineal, como el del mismo viento. La *minga* y el *taller productivo* como metodologías disidentes, expresan formas de resistencia a esa forma de producción de la velocidad capitalista.

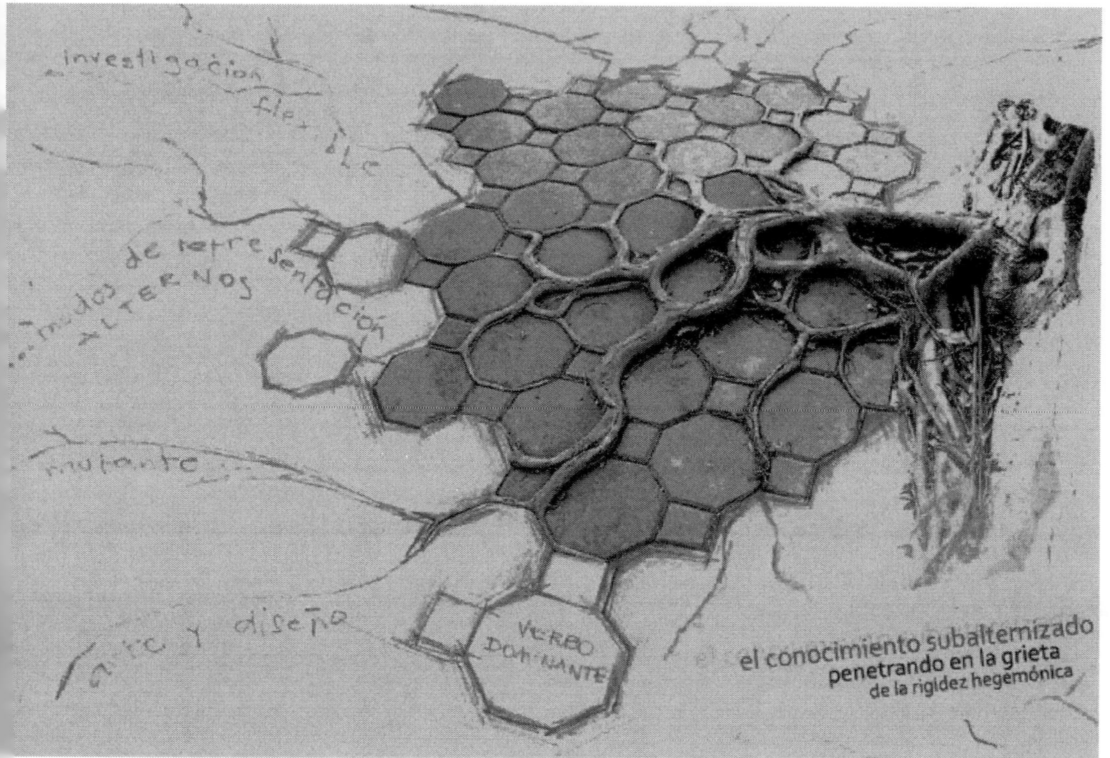

No hacer para producir mejor

Reforzando la idea iniciada en mi tesis doctoral, sobre mantener la actitud de continuo cuestionamiento sobre los modelos impuestos y, relacionado al lugar que ocupamos dentro del sistema científico público, resulta imprescindible volver a preguntarse sobre el funcionamiento (algunas veces acertado y otras no tanto) de la ciencia actual. Es por ello que se comparten algunos pensamientos sobre la filosofía del *Wu-Wei o no-hacer* (Fukuoka, 1978), poniendo en duda a la práctica científica actual.

Durante las últimas décadas parece haberse alcanzado el límite del desarrollo científico y se han comenzado a sentir dudas sobre sus producciones. Por lo tanto, ha llegado el tiempo de la reevaluación, tal como lo afirma Fukuoka (1978) en *La revolución de una brizna de paja*: "lo que se consideraba primitivo y atrasado inesperadamente, se ve ahora muy avanzado ante la ciencia moderna. Hemos llegado a un punto en el que no hay otro camino que organizar un "movimiento" para no hacer nada" (Fukuoka, 1978, p.58). El autor trabaja sobre la idea de que cultivar un campo sin labrarlo puede ser un método simple, eficiente y actual en relación a otros métodos para cultivar la tierra. Rechaza las técnicas agrícolas propuestas por la ciencia moderna y desarrolla un método cercano a la naturaleza develando los límites del método científico y el gran beneficio del no-hacer.

La agricultura natural es simple y tranquila, elimina prácticas agrícolas innecesarias e indica un retorno a la fuente de la agricultura, haciendo visible la ironía de que la ciencia ha servido solamente para mostrar cuán pequeño es el conocimiento humano. Acompañando esta idea, el autor expresa: "La humanidad no sabe nada en absoluto, no hay valores intrínsecos en nada, y cada acción es un esfuerzo fútil, sin sentido" (Fukuoka, 1978, p.8). "No comprender nada" significa reconocer la insuficiencia del conocimiento intelectual. El hacer crecer cultivos es una innovación cultural que requiere conocimiento y esfuerzo, por lo tanto, deja de ser "natural". Sin embargo, la diferencia fundamental con la agricultura "moderna" es que trabaja cooperando con la naturaleza en lugar de tratar de "mejorarla" mediante su conquista.

Los cuatro principios de la agricultura natural se encuentran en relación con la filosofía del no-hacer presentada por Fukuoka (1978). El primer principio tiene que ver con la decisión del *no laboreo,* es decir, no arar ni voltear el suelo. El segundo propone *no utilizar abonos químicos ni compost preparado.* El tercero presenta acciones sobre el *no desherbaje mediante cultivo o herbicidas.* Finalmente, el cuarto comenta sobre la *no dependencia de los productos químicos.* Estos cuatro principios son el núcleo del método de cultivo Fukuoka y cumplen el orden natural, llevando al origen de la riqueza de la naturaleza.

Fukuoka (1978) ha estudiado por años la relación entre agricultura científica y natural, cuestionándose si la agricultura natural se podía enfrentar a la ciencia moderna, ya que la agricultura química, que utiliza los productos de la inteligencia humana, estaba reputada como superior. En el marco de esa noción de dependencia del saber experto, el autor propone repensar los beneficios de ambas. Desde su perspectiva:

> Si los resultados de una agricultura no-activa son comparables a los de la ciencia a una fracción del coste de inversión en recursos, entonces ¿dónde está el beneficio de la tecnología científica? En agricultura es poco lo que no puede ser eliminado. Abonos preparados, herbicidas, insecticidas, maquinaria, todos son innecesarios, pero si se crea una condición en que se vuelven necesarios, entonces se requiere el poder de la ciencia. (Fukuoka, 1978, p.62).

El autor señala de esta forma que las técnicas mejoradas por el hombre se vuelven necesarias en la medida que el equilibrio natural ha sido alterado tan gravemente de antemano por estas mismas técnicas que la tierra se ha hecho dependiente de ellas. Esta línea de razonamiento no solamente se aplica a la agricultura, sino también a otros aspectos de la sociedad humana. Los médicos y las medicinas se vuelven necesarios cuando la gente crea un ambiente enfermizo. La escolarización formal no tiene valor intrínseco, pero se convierte en necesaria cuando la humanidad crea unas condiciones en las cuales "uno debe tener educación" para salir adelante.

Actualmente, el reconocimiento general de los peligros a largo plazo de la agricultura química ha renovado el interés de los métodos alternativos de agricultura.

Parece curioso hablar de "producir" mediante la propuesta del no-hacer. Sin embargo, desde la lógica del *wu wei* en la agricultura natural, donde se pone en práctica el "no-hacer", el autor asegura lograr resultados de producción similares a los de la agricultura científica. Esta idea introduce el beneficio de la duda sobre las nociones ligadas a la producción intervencionista del hábitat. El autor plantea una analogía entre la agricultura natural y el camino de Gandhi: un método sin metodología, actuando en un estado de mente no-vencedor y no-oponente, generando un modo de resistir creativamente.

Este gráfico, como parte de reflexiones parciales de mi tesis, expresa esta dualidad en la producción del saber y del habitar. La abundancia que predica la filosofía del *no hacer*, expresada en campos productivos comestibles, que responden a una lógica complementaria entre las especies vegetales, para que, desde la sinergia puedan prescindir de sustancias químicas, perjudiciales para la salud de todos los seres vivos y de la tierra fundamentalmente, soporte y motor para que en ella nazcan y se reproduzcan. Del otro lado, el avión fumigador, hoy más que nunca, ícono de grandes desastres ambientales y sociales. Culpable de tantas muertes y derrotas de vida. Estas dos formas de agricultura dialogan íntimamente con dos modelos de producción bien opuestos. El primero apela a la observación de los procesos naturales para aprender de sus ciclos, siempre cuidando de los recursos disponibles. El segundo toma a la tierra solamente como un soporte/medio para producir determinado producto.

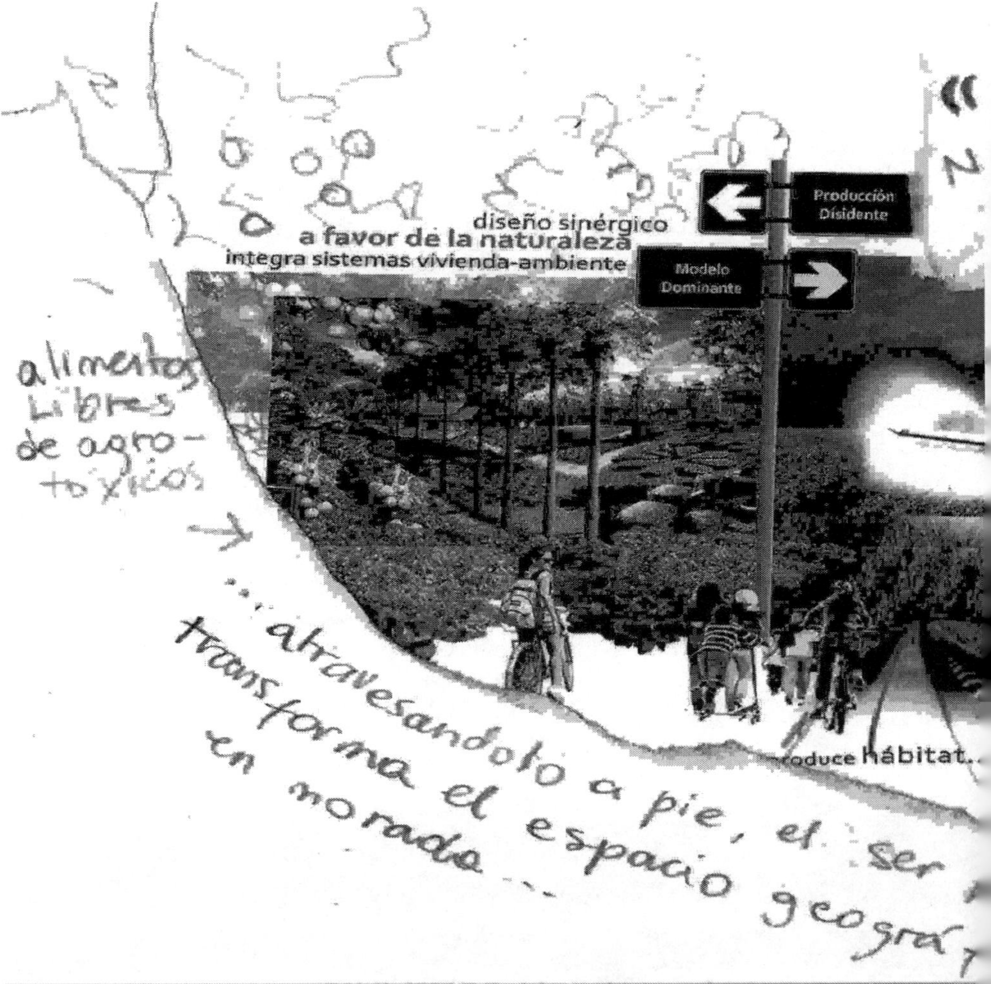

Esto conlleva a poner el foco sólo en la producción y todo apunta a obtener mejores rendimientos a corto plazo: mayor producción, en menor tiempo y con menores riesgos económicos, terminan por poner en peligro a todo el sistema natural.

Por otro lado, en el mismo sentido aparecen dos formas de trasladarse que tienen que ver con la lentitud. Y acá otra vez vuelvo a la relación del comienzo con la idea de disponer de tiempo para escuchar al viento. Prácticas que tienen que ver con el tomarse el tiempo para pensar y tomar decisiones responsables. La velocidad extrema que ofrecen los motores de alta velocidad diseñados para producir más y consumir más, que poco margen dejan para la reflexión y la pausa. Frente a la posibilidad de traslado que ofrecen las bicicletas y el caminar, prescindiendo de combustibles fósiles, pero logrando otra velocidad en el desplazamiento que no es funcional para la idea del consumismo vertiginoso.

Prácticas anárquicas del saber

Partiendo del supuesto de que el saber compone un sistema atravesado por luchas de poder, se ponen en tensión en este escrito la producción disidente y descolonizada del saber frente a una producción capitalista y heredada. Desde la idea de "prácticas compartidas", se abarcan dos miradas producidas desde redes de personas con afinidades, que representan entramados comunitarios (Gutierrez, 2012).

Por un lado, dentro del saber de la construcción con tierra, se presenta la práctica colectiva de la *minga*, como forma de reconocer este conocimiento en donde se reflexiona haciendo. Y por el otro, dentro del campo científico, se presenta la modalidad de *talleres de producción,* como una forma colectiva en investigación, en donde la tarea práctica conforma el corazón del espacio y la práctica intelectual, lo atraviesa. Ambas componen la idea de asociar el trabajo manual con el intelectual (Cusicanqui, 2015), desde procesos lentos y artesanales, diferentes a los modelos convencionales de construcción apelan a producir más cantidades y en menos tiempo.

La energía que se genera en los espacios de aprendizaje de las *mingas*, donde se comparten saberes, se reflexiona y se aprende en el hacer se relaciona con la producción colectiva de los *talleres*, donde el trabajo es mayoritariamente corporal, y en ambos casos abriendo espacio a la oportunidad de reflexión compartida.

Los *talleres productivos* podrían llamarse también encuentros entre amigos o reuniones de producción. La excusa que nos reúne en estos encuentros es la de producir un componente tecnológico, (la cabriada, por ejemplo), que no es más que un elemento estándar para construir o ampliar viviendas u otros espacios como salones comunitarios. Para co-construir esta tecnología necesitamos estar todxs presentes para que cada unx pueda aportar su conocimiento. Es en este ejercicio donde aparecen los más variados aportes. En los *talleres* cada uno participa a su modo, y es que "la producción" no implica solamente trabajar la madera, también son momentos de compartir conversaciones, comidas y aportes al proceso desde otros lugares como la gestión, la difusión y aspectos operativos que hacen al funcionamiento del *taller* (Coconstruidxs, 2015).

Tanto la *minga* en la construcción con tierra, como el trabajo en *talleres productivos* dentro de los proyectos de investigación del equipo, representan un modo de "hacer" en tiempos más lentos, diferentes a los impuestos por la sociedad de consumo o la producción capitalista. *"En el trabajo colectivo, como un ritual, se genera un espacio de mediación, de conjunción de diferentes"* (Cusicanqui, 2015), apuntando a la reflexión compartida.

El trabajo recíproco que se genera en estos procesos de intercambio de saberes, requiere de respeto y empatía. Se trata entonces de un intercambio respetuoso y cuidadoso del vínculo entre las personas que lo practican. Compartir prácticas es una manera de resistir a las formas de comercialización propias de la economía tradicional. Estas formas – tanto las *mingas* como los *talleres productivos*- son indicios de una transformación en el modelo de desarrollo y de consumo actuales.

Entonces, este capítulo representa la idea de aportar al campo de conocimiento poniendo en diálogo los aprendizajes entre dos esferas: la práctica constructiva y la investigativa. Aprender de la capacidad transformadora de las *mingas* en la construcción con tierra y de la misma sinergia en los *talleres productivos* dentro del campo de investigación, supone fusionar complementariamente las energías de lo espiritual y lo mundano, de lo irracional y la razón, de lo sensible y lo práctico, del arte y la palabra. Dualidades que construyen una totalidad, un TAO en cada quien, indivisible. He aquí la importancia de detenerse a mirarlos, escucharlos, estudiarlos, como nos invita el viento con sus cantos.

Bibliografía

COCONSTRUIDXS, 2015. Anuario Bariloche 2015. Redes interactorales para el desarrollo de tecnología co-construida. Programa de Co-construcción del conocimiento CIECS – CONICET – UNC.

FUKUOKA, M. (1978). *The One-Straw Revolution, an Introduction to Natural Farming* (Traducción de Chris Pearce, Tsune Kurosawa y Larry Korn). Emmaus: Rodale Press.

GUTIÉRREZ AGUILAR, R. (2012). Pistas reflexivas para orientarnos en una turbulenta época de peligro. Escudriñar las contradicciones que estamos viviendo.

KUSCH, R. (1962). *América profunda*. Rosario: Ed. Fundación Ross.

MALO, M. (2012). Taller de investigaciones situadas: Entrevista realizada por Ariana S. Cota. Disponible en https://vimeo.com/54591326.

RIVERA CUSICANQUI, S. (2015). Los saberes compartidos. Entrevista realizada por la socióloga Zuiri Méndez, para el programa Palabra de Mujer. Disponible en https://www.youtube.com/watch?v=g3DUsv7udNs.

"Todo en su lugar aporta, todos los roles son sumamente importantes, desde el que alcanza el agua hasta el que toma fotos, pero lo más lindo que se da es el estar atentos, estar atentos a si a mi compañero le falta agua o necesita algún material para avanzar o está bien de ánimo o lo que sea (…) Entonces la minga despierta la solidaridad, la cooperación, que en otros ámbitos de la sociedad se da de manera muy diferente" (Taty, 2015).

COMENTARIO 5

ANALOGÍA DESDE LA EXPERIENCIA

HORACIO AROMANDO[52]

"Tu cuerpo tiene memoria, lo llevas en tus células y una forma de desatarlo es mediante el trabajo corporal: bailar, sembrar, construir, apelando al ejercicio de la actividad creativa frente a la lógica del mercado, es una manera de resistencia" (Cusicanqui, 2015).

Retomando esta frase me vinculo desde mi experiencia al texto anterior, siendo la creatividad una actitud crucial para subsistir en el día a día. Soy arquitecto, artista, más una que otra, menos ninguna, no importa. Lo que importa es sobrevivir.

Este año estuve llevando a cabo un taller que se llamó "experimentación desde el collage y el soporte", considerando como collage no solo al papel sobre papel, considerándonos un collage, un soporte, un cuerpo que vive y experimenta, que se mueve y es capaz de transformar su tiempo, un cuerpo en el que en la instancia de taller se abre al debate, un espacio de aprendizaje mutuo, abierto a la reflexión, a la prueba y al error.

Somos capas sobre capas, somos tiempo sobre tiempo, eso que me lleva a la desmesura que solo basta con observarnos para dar cuenta de su paso, porque nunca somos los mismos, por que aprender se trata de eso, de TRANSformar.

El contexto sobre el cual se trabajó fue la ciudad de Córdoba, sus calles. Partiendo de un trabajo de campo adonde lo que importaba más que nada era la observación del entorno para luego recolectar posibles disparadores. Durante el recorrido se juntaron diferentes elementos de trabajo, como papeles, desechos orgánicos, objetos de la vida cotidiana que por diferentes razones estaban a nuestra disposición. En el transcurso se fue alertando y dialogando sobre la contaminación visual, la publicidad, el recambio del mobiliario solo por estar acorde a un tiempo, algo tan efímero como banal, impuesto por la sociedad de consumo.

Arrancar, encontrar, servirnos de algo sin plata a cambio, nos hizo crear y crecer.

"hola Horacio, hoy día lo que hicimos en la calle me encanto, como que sentía que tenía mucho poder, estuvo muy genial"

Palabras de Fernando, ex integrante del taller.

A raíz de esto reflexiono… que bueno ser conscientes sobre lo poderosos que somos, con las herramientas que tenemos, con nuestra mente y nuestro cuerpo. Sin grandes aspiraciones, todo está al alcance de la mano.

CAPÍTULO 6

¿POR QUÉ RESULTA TAN DIFÍCIL IR MÁS ALLÁ DE LA CRÍTICA? INCERTIDUMBRES, CUESTIONAMIENTOS Y NUEVOS DESAFÍOS

AGUSTINA SOLERA[53]

53   Arquitecta estudiante del Doctorado en Estudios Sociales de América Latina del Centro de Estudios Avanzados de la Universidad Nacional de Córdoba (DESAL-CEA-UNC). Becaria doctoral en el Centro de Investigaciones y Estudios sobre Cultura y Sociedad (CIECS - CONICET y UNC). E-mail: agustnasolera@gmail.com

Las reflexiones que se presentan en este texto giran en torno a la idea de reivindicación de saberes *otros*[54] y nacen de diversas conversaciones mantenidas con mis directoras[55] de tesis.

Se intenta establecer aquí una articulación entre las cuestiones surgidas a partir de mis propias experiencias de campo junto a Comunidades Mapuches y planteamientos teóricos de autores referentes inscriptos (en su mayoría) en la corriente de pensamiento decolonial.

Esta opción denuncia un modelo epistemológico desigual que privilegia una forma particular (eurocéntrica) de comprender el mundo y además promueve la búsqueda de propuestas alternativas originadas desde América Latina. Sucede, sin embargo que en el intento de superar las instancias de crítica y querer avanzar hacia nuevos lugares surgen nuevos interrogantes que, al parecer, no tienen respuestas claras aún.

Se propone entonces poner en común aquí las incertidumbres, cuestionamientos y posibles alternativas que puedan conducir a lugares fértiles y que contribuyan a repensar los alcances y límites de la investigaciones académicas.

Palabras claves: opción decolonial, producción de sentido, reivindicación de saberes.

54   Lo que Walter Mignolo (2000) llama el "pensamiento fronterizo", como respuesta epistémica al proyecto eurocéntrico de la modernidad desde la diferencia colonial, es decir, desde el lado de lo subalterno, lo oprimido y explotado.

55   Mis directoras de tesis doctoral son Dra. Paula Peyloubet y Dra. Mariana Ortecho. Ambas son investigadoras del Centro de Investigaciones sobre Cultura y Sociedad. CIECS-CONICET y UNC. La Dra. Peyloubet es además mi Directora de Beca CONICET.

Introducción

Para comenzar, vale señalar que los planteos que aquí se exponen se encuentran enmarcados en las reflexiones y argumentos teórico-metodológicos iniciados con mi tesis doctoral[56]. La misma nace de una experiencia situada en la ciudad de San Martín de los Andes[57], Patagonia Andina, —un espacio intercultural[58] en el que se encuentran, se tocan y conviven dos grupos culturales diferentes (Occidental/Mapuche), con dos formas diferentes de habitar el territorio y el mundo—. En ella, se plantea el objetivo de identificar el contenido gnoseológico de las prácticas culturales, específicamente aquellas ligadas al habitar de las Comunidades Mapuches *Curruhuinca* y *Vera* que residen en las cercanías de la ciudad de San Martín de los Andes, con el propósito de rescatar aquellos elementos negados, silenciados y subalternizados por la cultura occidental dominante y poner en valor formas de conocer alternativas a la perspectiva actual.

Con este planteo se pretende contribuir a una reflexión epistémica desde el campo del hábitat a partir de la reivindicación de voces, prácticas y gnoseologías ligadas a formas *otras de ser y estar en el mundo* para, de esta manera, intentar desandar los caminos de la epistemología colonial transitando senderos alternativos y promoviendo diálogos reparadores.

A partir de las cuestiones señaladas, se presentan dos interrogantes que permiten iniciar las reflexiones: ¿Por qué se hace tan difícil ir más *allá de la crítica*? ¿De qué manera será posible avanzar hacia alternativas esperanzadoras frente al pensamiento moderno colonial?* En la búsqueda posibles respuestas, el texto se estructura en dos partes:

En la primera, llamada *Denuncias y alternativas esperanzadoras,* se describen brevemente los argumentos y conceptos teóricos alineados a la corriente de pensamiento decolonial, cuya función en la tesis es la de *alumbrar el camino* como si se tratara de un foco que orienta la mirada. Cobra especial relevancia aquí la crítica que establecen sus principales promotores basada en la noción de *colonialidad del saber* que resalta la dimensión epistémica de la *colonialidad del poder*, y las salidas posibles a partir de las nociones de *herida colonial* y *pensamiento frontera*.

....

56   Actualmente me encuentro realizando la tesis del Doctorado en Estudios Sociales. DESAL. CEA. UNC.

57   San Martín de los Andes es una ciudad enclavada en la Cordillera de los Andes. Está situada en el sudoeste de la Provincia de Neuquén, al norte de la región Patagónica. Se asienta sobre la costa este del lago Lácar.

58   Es una ciudad intercultural pero a su vez es una ciudad de exultante racismo.

En la segunda parte, titulada *El camino para la reivindicación,* se problematizan algunas cuestiones ligadas a la praxis con el propósito de (re)pensar la manera de continuar hacia otros lugares. En la búsqueda de recorridos fértiles que conduzcan hacia formas otras de producción, conservación y transmisión de sentidos, se rastrean algunos elementos planteados por Peirce desde la vertiente de la semiótica triádica.

PRIMERA PARTE: DENUNCIAS Y ALTERNATIVAS ESPERANZADORAS

En nuestro territorio conviven no sólo distintas razas y lenguas, sino varios niveles históricos. Hay quienes viven antes de la historia; otros, como los otomíes, desplazados por sucesivas invasiones, al margen de ella. Y sin acudir a estos extremos, varias épocas se enfrentan, se ignoran o se entredevoran sobre una misma tierra o separadas apenas por unos kilómetros. (...) Las épocas viejas nunca desaparecen completamente y todas las heridas, aun las más antiguas, manan sangre todavía.

Octavio Paz, El laberinto de la soledad

La opción decolonial forma parte de las múltiples perspectivas que problematizan la matriz gnoseológica dominante de producción de conocimiento —occidental, moderna y eurocentrada—. Su especificidad radica en que, además de sus denuncias, procura hacer un desplazamiento, un *giro* hacia un espacio para la producción de conocimiento, situado geopolíticamente en Latinoamérica y basado en los saberes que desde allí se generan. A esto se debe su elección.

Esta perspectiva teórica parte del supuesto de que, con el fin de la dominación colonial en América Latina, no se transformaron significativamente ni la división internacional del trabajo entre centros y periferias ni la jerarquización étnico-racial de las poblaciones (Castro Gómez, Grosfoguel, 2007:13). Más aún, el esquema de dominación colonial, fundado en la distinción racial/étnica de la población del mundo, permanece y sigue operando hasta hoy como marco de acción que legitima las desigualdades entre sociedades (Quijano 2000).

Modernidad/Colonialidad

Con el inicio del colonialismo tras la conquista de América, se establece una organización de poder fundada en dos procesos paralelos: la creación de la modernidad y la organización colonial del mundo. La modernidad, entendida como modelo civilizatorio global, se encuentra estrechamente ligada a la historia del colonialismo y de la colonialidad.

Modernidad/Colonialidad son dos términos inseparables, no existe una sin la otra, "constituyen dos lados de una misma moneda" (Grosfoguel, 2006: 27). La modernidad es la cara visible de un modelo global que, por un lado, muestra la civilización, el progreso, el desarrollo pero que, por otro, esconde la cara de la colonialidad, en donde habita oculta la violencia, la barbarie, el atraso, el subdesarrollo, etc., estos últimos, fundamentales para que la modernidad pueda ser posible y sobre todo para que pueda subsistir (Mignolo, 2003: 34).

La conquista de América da comienzo a la organización colonial del mundo, a la constitución colonial de los saberes, de los lenguajes, de la memoria y del imaginario. "Se da inicio a un largo proceso que logra organizar la totalidad del espacio y del tiempo —todas las culturas, pueblos y territorios del planeta, presentes y pasados— en una gran narrativa universal" (Lander, 2000: 6).

Colonialidad del poder. Control de la economía y de la autoridad

El primer momento fundamental y pilar básico en las exploraciones decoloniales se remonta a los planteamientos del sociólogo peruano Aníbal Quijano con la noción de *colonialidad del poder* que se formula a partir de la idea de que existe un "patrón colonial de poder" con el que se opera para controlar la economía (mediante la apropiación de tierras y recursos naturales y la explotación del trabajo) y el ejercicio de la autoridad (mediante las formas de gobierno, las formas legítimas de coerción), y a partir del cual, se instala el *eurocentrismo* como punto de referencia que establece el control del conocimiento y de la subjetividad, es decir, *colonialidad del saber y del ser* (Mignolo 2009).

Quijano (1992, 2000) señala la distinción entre colonialismo (una forma de dominación político-administrativa) y colonialidad (un patrón de poder global). El colonialismo se considera "una forma de dominación directa, política, social y cultural de los europeos sobre los conquistados de todos los continentes" (Quijano, 1992: 437). La colonialidad, en cambio, es un *patrón de dominación* colonial, que permanece en el imaginario de las poblaciones luego de la ruptura con los lazos coloniales.

Con el fin del sistema colonialista en su aspecto político y la posterior construcción de los Estados nacionales en América Latina (mediante la tensión entre los procesos de fragmentación y de nueva centralización del poder), aquella estructura colonial iniciada con la conquista no desaparece sino que, por el contrario, continúa funcionando hasta la actualidad como marco de acción dentro del cual operan las relaciones sociales (Quijano, 1992).

Esta permanencia a lo largo de los años ha sido posible gracias a la connivencia entre élites locales y externas durante los procesos de construcción de los Estados Naciones y del reordenamiento de la economía (procesos estrechamente vinculados entre sí).

En los Estados Latinoamericanos, la gran mayoría de políticas que se adoptaron, favorecieron la inserción de sus economías en la economía mundo como productoras de materia prima. Esto no es un detalle menor, ya que significó reiterar el patrón de la economía colonial a una escala resignificada acorde a la gran expansión del modo de producción capitalista. Por lo tanto, los mercados latinoamericanos se configuraron sobre relaciones dependientes que contribuyeron a reorganizar la estructura de poder hacia el interior de cada grupo dominante. Sin embargo, la introducción y el crecimiento del capitalismo en los nacientes Estados, no disolvió por completo los modelos preexistentes sino que los desplazó y los reubicó en un lugar de subordinación.

Este movimiento asimétrico fue posible gracias a las estratégicas alianzas entre los grupos de poder externos y las clases internas dominantes (que conformaron la nueva dirigencia después de la independencia). Estas élites internas, proyectaron una organización política que les permitió integrarse al mercado mundial manteniendo la estructura legada de la economía colonial, basada en la maximización de beneficios con un mínimo de inversión.

Los intereses de esa pequeña minoría blanca —en la que se concentró el poder y control de los nuevos Estados— fueron explícitamente antagónicos a los intereses de poblaciones indígenas, negras, mestizas, etc. y sus privilegios estuvieron marcados por el exterminio, el dominio y la explotación. En consecuencia dichas élites actuaron en función de los intereses de la burguesía europea, permitiendo el establecimiento de relaciones externamente dependientes (Quijano, 2000:141).

Eurocentrismo. Control del conocimiento y la subjetividad

Ya constituidos los Estados Nacionales, la colonialidad prevalece a través de la actualización de la matriz de producción de sentido eurocentrado, que configura un modo de organización geopolítica orientada a sostener la superioridad europea. El *eurocentrismo* instaura en la sociedad un "patrón epistemológico" (Quijano, 2001: 124), como manera de conocer y como productor de subjetividades, a partir del cual surge la noción de *colonialidad del saber* que resalta la dimensión epistémica de la *colonialidad del poder*.

Santiago Castro-Gómez (2007), aclara y profundiza sobre las relaciones existentes entre la dominación material (economía, autoridad, instituciones) y la dominación epistémica en la matriz colonial de poder. Se establecen, a partir de aquí, una serie de denuncias fundadas en la crítica al *privilegio epistémico* de la modernidad, que se coloca por sobre cualquier otra modalidad de conocimiento y, de esta manera, genera y mantiene la *colonialidad del saber y del ser* (Mignolo 2009).

Una de ellas, repara en la *imposición* en América Latina de *las formas eurocéntricas de producción de conocimiento* y *la superioridad asignada al conocimiento surgido en Europa Occidental*, considerado patrón de referencia universal frente a muchas otras formas de producción de conocimiento. Otra, llama la atención sobre la *construcción eurocéntrica de la historia,* que coloca a la historia de Europa Occidental como la expresión más avanzada sobre cualquier otro proceso y, por lo tanto, "lleva a todas las culturas y a los pueblos desde lo primitivo, lo tradicional, a lo moderno" (Lander, 2000:10).

Esto muestra que ese privilegio epistémico, no es más que una actitud colonial arrogante que establece como eje de referencia su propia cultura y declara carentes, pre-modernas y, por lo tanto, inferiores las culturas, diferentes a las occidentales —con sus formas de ser y de saber—.

El legado moderno/colonial en los modos de conocer

Podríamos estar de acuerdo en afirmar que gran parte de las cuestiones señaladas por las distintas corrientes críticas ya han sido socialmente aceptadas. En términos generales, ya circula en la sociedad la idea de que ha existido una imposición, un avasallamiento cultural.

Sin embargo, aún hoy es posible advertir en los Estudios Sociales, los vestigios, los rastros de ciertas modalidades heredadas que aún no han sido superadas, entre ellos, la definición del modelo de desarrollo europeo como único camino posible para la modernización (amparado en argumentos ofrecidos por las instituciones científicas), que ubica a los demás proyectos en una situación de atraso.

En el mismo sentido, la reproducción de instancias de clasificación gnoseológica, es otra herencia moderna/colonial que no ha logrado ser superada. El movimiento de jerarquización y legitimación de algunas gnoseologías sobre otras, determina cuáles son los saberes autorizados para impulsar el devenir civilizatorio. El modelo científico moderno, cuya voz pertenece exclusivamente a un sujeto con características específicas —blanco, masculino, occidental, burgués, católico, etc. —, se alza como el modelo epistemológico de producción de conocimiento por excelencia y es el que declara legítimos ciertos conocimientos, suprimiendo la riqueza gnoseológica existente. Los saberes ocasionales, discontinuos, no sistematizados, incluso aquellos que, siendo académicos, ponen el acento en aspectos no materiales o no racionales, quedan innegablemente apartados.

Este movimiento de jerarquización también incluye los modos en que dichos conocimientos se representan. Se destaca el privilegio que se otorga a la escritura alfabética frente a otras formas de escritura (como por ejemplo la escritura iconográfica), frente a la oralidad e incluso a las diversas maneras de transmisión y representación de sentidos que existen y que trascienden el campo de la lingüística. Junto a las facultades dadas a la escritura alfabética, se promueve la idea de que la capacidad crítica del pensar nace exclusivamente debido a la reflexión a través de este modo particular de representación.

Por lo tanto, desde esta perspectiva de trabajo se advierte que, siguiendo parámetros y criterios heredados, se ordenan ámbitos del saber y se imponen categorías que no reconocen otra realidad y otras urgencias más allá de las eurocéntricas.

Pensamiento de frontera

Vivir en la Frontera significa que tú
  no eres ni hispana india negra española
  ni gabacha, eres mestiza, mulata, híbrida
  atrapada en el fuego cruzado entre los bandos
  mientras llevas las cinco razas sobre tu espalda
  sin saber para qué lado volverte, de cuál correr;

Vivir en la Frontera significa saber
  que la india en ti, traicionada por 500 años,
  ya no te está hablando,
  que las mexicanas te llaman rajetas,
  que negar a la Anglo dentro tuyo
  es tan malo como haber negado a la India o a la Negra;

Cuando vives en la frontera
  la gente camina a través tuyo, el viento roba tu voz,

eres una burra, buey, un chivo expiatorio,
anunciadora de una nueva raza,
mitad y mitad –tanto mujer como hombre, ninguno–
un nuevo género;

Vivir en la Frontera significa
poner chile en el borscht,
comer tortillas de maíz integral,
hablar Tex-Mex con acento de Brooklyn;
ser detenida por la migra en los puntos de control fronterizos;

Vivir en la Frontera significa que luchas duramente para
resistir el elixir de oro que te llama desde la botella,
el tirón del cañón de la pistola,
la soga aplastando el hueco de tu garganta;

En la Frontera
tú eres el campo de batalla
donde los enemigos están emparentados entre sí;
tú estás en casa, una extraña,
las disputas de límites han sido dirimidas
el estampido de los disparos ha hecho trizas la tregua
estás herida, perdida en acción
muerta, resistiendo;

Vivir en la Frontera significa
el molino con los blancos dientes de navaja quiere arrancar en tiras
tu piel rojo-oliva, exprimir la pulpa, tu corazón
pulverizarte apretarte alisarte
oliendo como pan blanco pero muerta;

Para sobrevivir en la Frontera
debes vivir sin fronteras
ser un cruce de caminos.

Vivir en la frontera (Gloria Anzaldúa)

Frente a las críticas señaladas, esta alternativa de pensamiento atiende especialmente a la idea de establecer vínculos con formas de producir sentidos diferentes a la eurocentrada. Apuesta a la consolidación de un conocimiento desde un *lugar* común de pensamiento —político y epistémico—, un *paradigma otro* (Mignolo, 2003), compuesto por experiencias e historias marcadas por la colonialidad. Rechaza el pensamiento totalizante de la modernidad, fundado en la idea de que existe una única manera (universal) de entender la realidad y cuestiona los criterios eurocéntricos de producción y validación de conocimientos. En cambio, propone generar espacios pluriversales de diálogo con otras gnoseologías, a partir del reconocimiento de la diversidad del mundo y de las historias locales. Expresado en términos del autor, "estos lugares (de historia, de memoria, de dolor, de lenguas y saberes diversos) ya no son 'lugares de estudio' sino 'lugares de pensamiento'; donde se genera el bilenguajeo y las epistemologías fronterizas" (p. 22).

Estos planteos parten de la noción de *herida colonial* primeramente expresada por Gloria Anzaldúa, marcada por el hecho de vivir en la frontera con la sensación de vivir en un entremundo. La *herida* es mucho más que una entidad teórica, es según Mignolo (2007) la marca de dolor de quienes han sido víctimas de la dominación, los *damnés*[59]; es la huella que han dejado las distintas situaciones de injusticia, de dolor, de padecimiento provenientes de circunstancias de marginalización, sometimiento e inferiorización y, por lo tanto, las experiencias y subjetividades de quienes las padecen, son la condición de posibilidad de una alternativa pluriversal.

En el mismo sentido, la opción decolonial reside en el *pensamiento de frontera*, esto es, el pensamiento que surge desde la perspectiva epistémica de quienes comprenden la necesidad de reaccionar frente a la arrogancia de aquellos que se autoproclaman superiores. La diversidad de formas de ser y estar en el mundo de quienes llevan inscriptas en el cuerpo estas heridas coloniales, constituyen alternativas esperanzadoras frente al pensamiento moderno colonial y sus variados promotores.

SEGUNDA PARTE: EL CAMINO PARA LA REIVINDICACIÓN

Es que el pueblo no habla el mismo lenguaje que nosotros. Su abecedario no tiene letras, sino apenas formas, movimiento, gestos. Y no es que el pueblo sea analfabeto, sino que quiere decir cosas que nosotros ya no decimos.

Rodolfo Kusch. Indios, porteños y dioses

Hasta aquí parece quedar claro cuál es el lugar que no se desea habitar, desde donde hacer el giro. Sin embargo, lo que no resulta tan evidente es cómo continuar, hacia dónde ir. Es el gran desafío que tenemos por delante, es un trabajo creativo, de inventiva, que supone imaginar nuevos diseños que aún no ha sido posible presentar. Tal vez, valdría comenzar a cuestionarse el porqué.

---

59   En referencia a Les Damnés de la Terre (Los condenados de la tierra) de Frantz Fanon (1966).

Si atendemos a la idea de que la matriz colonial de poder es una red de creencias sobre las que se actúa y se racionalizan la prácticas (se saca ventaja o se sufren sus consecuencias) (Mignolo, 2010: 12), el siguiente paso es lograr comprender su accionar, poner de relieve el funcionamiento de sus mecanismos, para luego poder *desmantelarla* tal como nos propone Quijano. Esto supone dar cuenta de los procesos mediante los cuales se han subalternizado sistemáticamente durante siglos otros procesos, actores y conocimientos.

Resulta necesario además liberar los lazos que mantienen encorsetadas la producción y distribución de conocimientos, para abrirse hacia nuevas formas de pensar. Esto implica, en términos de Castro-Gómez, Schiwy, Walsh (2002), "indisciplinar las ciencias sociales" (p. 13), para así poder advertir otras formas de conocimiento (especialmente las originadas en la diferencia colonial) y establecer, junto a ellas, nuevos diálogos e interacciones. Siguiendo la propuesta de los autores, se necesita atender también a las formas de expresión y representación de dichos saberes, mediante el uso de sistemas semióticos alternativos (pp. 13-14).

Esta última cuestión resulta clave para (re)pensar la manera de continuar con la formulación de propuestas descolonizadoras debido a que, en el intento de establecer puentes hacia otros lugares, se reconocen algunos inconvenientes. Intentar superarlos supone un gran desafío.

Es preciso preguntarse en qué medida es efectivamente posible reivindicar, comprender, o al menos reconocer otras formas de producir sentido, si se desconocen las formas mediante las cuales dichos sentidos emergen."¿Podemos hablar de otros conocimientos mediante los mismos recursos de representación?" (Peyloubet, Ortecho, 2015: 16). Al proponerse abrirse hacia otras formas de producción sentido, es necesario reconocer las propias limitaciones (como por ejemplo, la imposibilidad del pensamiento racional de comprender ciertas cuestiones ligadas a una conciencia mítico-mágica) y, en consecuencia, aceptar que, desde una posición cultural particular no es posible abarcar en toda su extensión el universo de sentidos presente en formas de ser y comprender el mundo ajenas a la propia. Los dos ejemplos siguientes ayudan a explicar mejor esta idea.

Acerca del privilegio otorgado a la racionalidad

En este primer ejemplo, desde la antropología, Rita Segato cuestiona el uso de *la interpretación* (herramienta basada en atribuir significados al comportamiento del otro) en el ámbito de experiencias religiosas y artísticas en las que existen elementos que se encuentran en el orden del sentir esas experiencias y que, por lo tanto, son imposibles de generalizar o explicar de manera meramente intelectual.

En *Una paradoja del relativismo: el discurso racional de la antropología frente a lo sagrado,* Segato (en prensa)[60] se cuestiona sobre el rodeo racional que media el encuentro del antropólogo con las sociedades que estudia. La autora advierte el descontento frente a la interpretación en los trabajos etnográficos que resuelven el problema de la comprensión puntualizando siempre en aquello que está por fuera de la experiencia vivida (y que posee valor interpretativo, precisamente debido a que pertenece al orden relativo a los hechos). Sostiene que en estos trabajos "el vector que une significante y significado se define en una linealidad horizontal regida por el entrecruzamiento racional de las relaciones" (p. 60) y frente a esto se pregunta ¿qué ocurre con la relación vertical del ser humano con su cosmos, con las causas que lo trascienden y que apenas puede vislumbrar?

Advierte que la inteligibilidad se busca en las significativas relaciones que existen entre una creencia y el contexto en el que ésta existe, y por lo tanto, a través de los patrones del contexto es posible deducir el significado. Sin embargo, a pesar de que el contexto puede dar algunas respuestas, en las experiencias residen siempre aspectos esenciales que permanecen intraducibles. Aproximarse a las prácticas privilegiando el intelecto sobre la sensibilidad o la comprensión sobre la experiencia, suprime la riqueza de la expresión sensible e impide acceder al frondoso imaginario que está presente en ella.

Atender sólo al recorte donde hay coherencia o relación significativa entre el universo de la interacción social y el universo de lo sagrado, implica ignorar todos aquellos otros aspectos que no contribuyen en la inteligibilidad, lo que conduce a pensar que los elementos que no pueden ser interpretados y traducidos mediante una racionalidad lógica carecen de valor o no existen. La linealidad horizontal atraviesa sólo aquellas prácticas que se adecuan y que pueden convivir con la razón occidental. La consecuencia más grave de esto, según Segato, es que aquellos aspectos que no se adecuan quedan condenados a ser olvidados.

---

60   El artículo original Un paradoxo do relativismo. O discurso racional da antropologia frente ao sagrado fue escrito por la autora en 1989. Las citas están tomadas de su reedición en el libro El archivo, el campo. Interdisciplina y producción de la evidencia de Frida Gorbach y Mario Rufer (eds). que se encuentra en prensa.

Acerca del privilegio otorgado a la escritura

En este segundo ejemplo, desde el campo de la semiótica, Mignolo denuncia el carácter especial otorgado a la escritura como la forma exclusiva y válida de producción, representación y transmisión de conocimiento, dentro de un proceso más amplio de subordinación gnoseológica.

En el texto *La colonización del lenguaje y la memoria. Complicidades de la letra, el libro y la memoria*, Mignolo (1992) da cuenta que, desde aquel pacto entre las armas y las letras con el que Nebrija convence a la Reina Isabel de conquistar pero además civilizar; la palabra escrita se ha convertido en el único recurso legítimo para producir conocimiento, y el libro en el instrumento transportador de signos genuino. Denuncia que la "colonización del lenguaje y de la memoria" (p.211) se llevó a cabo mediante la introducción de un instrumento particular, el alfabeto, y de los géneros (o marcos) discursivos asociados a él que fueron adaptados para conservar las tradiciones antes transmitidas por medio de glifos y pictografías acompañadas de relatos orales.

Entendiendo "lenguaje" como todo sistema de signos, aurales o gráficos, que se encuentra regido por normas y convenciones, el autor sostiene que la "colonización del lenguaje" (p. 191) se lleva a cabo a partir de aquellas acciones impuestas mediante dos movimientos: la escritura de gramáticas (colonización del habla) y la introducción de la escritura alfabética (colonización de escrituras picto-ideográficas), como estrategia de posesión utilizada para re-organizar y re-diseñar las lenguas de comunidades nativas.

En este sentido, la historia de la escritura se presupone jerárquica y se considera que toda forma de escritura tiene como destino final el alfabeto. No hay historias paralelas de los sistemas de escritura sino una historia ascendente cuya forma superior es la alfabética. Ligado a esta idea, y como consecuencia de la alfabetización de las formas nativas de recordar el pasado y transmitirlo, la "colonización de la memoria" (p. 191) que propone el autor, hace referencia a la imposición de los géneros discursivos ligados a la escritura alfabética que permitieron escribir las "historias" de las culturas nativas, reprimiendo sus propias voces y la posibilidad de ser escuchados. Los amerindios tenían maneras de conservar el pasado (tanto en forma oral como en sus pictografías), sin embargo, misioneros y letrados se autodesignaron la tarea de ordenar los relatos en forma coherente, ya que para ellos era inviable tener historia si no se poseía escritura alfabética. De esta manera, mediante la escritura de la historia de comunidades no-occidentales, los letrados colonizaron las formas de expresión que antes se llevaban a cabo a través de la oralidad y las formas de escritura picto-ideográfica.

Con su aporte, el autor deja planteado el desafío de pensar sobre cómo continuar en la búsqueda de nuevas lecturas, en el silencio de aquello que no ha sido escrito o dicho.

La imposición de la escritura alfabética sobre otros tipos de representación, forman parte de un mecanismo de subalternización más amplio, que abarca diferentes ámbitos, entre ellos, el conocimiento y sus formas de transmisión y representación. Se advierte, además, la correlación entre determinados rasgos del modelo científico moderno positivista —la objetividad y la universalidad— y las características de las herramientas de representación asociadas a dicho modelo —la arbitrariedad de los símbolos que componen el alfabeto romano—.

En estos dos ejemplos, ambos autores desde diferentes campos científicos, permiten reconocer la imposibilidad de abarcar en su totalidad la producción de sentido exclusivamente a través de modalidades y soportes racionales y dejan formulados nuevos interrogantes.

¿Qué hay más allá, en el silencio, en aquello que no se dice? ¿Qué sucede con los aspectos que permanecen intraducibles en términos racionales/ intelectuales que se encuentran ligados a la sensibilidad? ¿De qué herramientas de representación, alternativas a la palabra, podemos servirnos para intentar vislumbrar modalidades que aún permanecen imperceptibles?

Algunas propuestas preliminares a partir de otras formas de representación

Tal como sugiere Ortecho (2014), aproximarse a la vertiente de la Semiótica triádica[61] puede ser una alternativa fértil en el intento de indagar en formas otras de producción, conservación y transmisión de sentidos, para enriquecer la comprensión de los encuentros y las instancias de diálogo y para intentar recuperar aquellas modalidades en las que el saber se encuentra interrelacionado a lo sensible, lo mágico, lo mítico.

Se rastrean algunos elementos de la Semiótica triádica, —concretamente a partir de la lectura que Verón hace de Peirce— que tienen que ver con la producción social de sentido, para indagar en el funcionamiento de la representaciones y de esta manera, tratar de comprender cómo los sujetos significan su mundo. Peirce formula algunos principios teóricos esenciales para entender cómo este modelo es producido socialmente en tanto las subjetividades no se entienden de manera individual.

La importancia del carácter ternario (y no binario) del signo para comprender la cuestión del sentido surge con el pensamiento de Frege y Peirce. Para Frege, el sentido corresponde a la producción del dispositivo significante,

---

61   Me he aproximado a estas cuestiones a través de sus textos, pero especialmente en conversaciones personales durante nuestros encuentros en CIECS-CONICET.

mientras que la denotación pertenece al orden de las representaciones, es decir al mundo construido por un lenguaje. Continuando con esta idea, Peirce plantea que la semiosis no se reduce a una acción dinámica entre dos sujetos o al producto de dicha acción, sino que "implica la cooperación de tres sujetos *(subjects)*, un signo, su objeto y su interpretante" (Peirce en Verón, 1993:103), entendiendo a éstos como soportes; en otras palabras, *objeto, signo e interpretante* son soportes del proceso semiótico, mientras que el sujeto, en el sentido psicológico de la palabra, queda fuera de dicho proceso. A través de la *Faneroscopia* (la descripción del *phaneron*, el estudio de las ideas existentes en la mente del hombre), Peirce funda las relaciones lógicas del signo, las cuales rigen sus modos de funcionamientos o modos de ser, y las define como la Primeridad, Segundidad y Terceridad.

> La Primeridad es el modo de ser tal como es, positivamente y sin referencia a nada más. La Segundidad es el modo de ser de lo que es tal como es en relación con un segundo, pero sin consideración a tercero alguno. La Terceridad es el modo de ser de lo que es tal como es, poniendo en relación recíproca un segundo y un tercero. (Peirce en Verón, 1993, p. 106)

Al considerar los signos en su relación con sus objetos interviene una categorización en el interior de la Terceridad, que pertenece al orden del sentido de la "representación": *el icono, el índice y el símbolo*. Todo signo tiene, lo que Peirce llama un precepto de explicación, una *"emanación de su objeto"* (Peirce en Verón, 1993, p. 112).

Tanto en el ícono como en el símbolo, el objeto es una emanación del signo.

Si el signo es un ícono, encuentra en él su materia, ya que los íconos son aquellos signos que presentan una relación de semejanza entre representamen y objeto. El icono reproduce las formas de las relaciones reales a las que se refiere.

Si el signo es un símbolo incorpora la razón de él emanado, debido a que los símbolos son aquellos signos que se distinguen por su capacidad representacional (mediante convenciones).

Si el signo es un índice, remite a su objeto no tanto porque tenga alguna semejanza análoga con él ni porque se le asocia con los caracteres generales que posee, sino por la conexión dinámica que establece con el objeto individual que intenta representar. El índice dirige la atención sobre el objeto indicado. Esto implica una acción ejercida sobre el objeto, lo sustituye, por lo tanto, es la cosa que está en lugar de otra cosa, evocándolo. En el índice, el signo aparece utilizado como anticipación, como consecuencia o como manifestación de otro signo. La metáfora que Peirce utiliza para explicar el índice es la de *"fragmento arrancado al objeto"* (Peirce en Verón, 1993, p. 113), que.

Lo arbitrario de los símbolos se opone a lo no arbitrario de los fenómenos icónicos e indiciales. Esta clara diferenciación nos permite deducir la relación que guarda la clasificación del signo planteada por Peirce según los diferentes modos de funcionamiento con la clasificación jerárquica (denunciada más arriba) de los diferentes soportes y alternativas de representación del conocimiento.

De este modo, podríamos señalar que los símbolos se condicen con el principio de objetividad debido a su arbitrariedad característica, en contraposición a la no arbitrariedad del icono y del índice, que guardan relación directa con aquello que representan, en tanto se asemejan en aspecto o son efecto de ello.

La escritura alfabética y la imagen material visual bajo el punto de vista semiótico

A partir de los planteos de Peirce se advierte que no todos los fenómenos comunicativos pueden ser explicados por medio de categorías lingüísticas.

La semiótica consigue formalizar distintos actos comunicativos y elaborar categorías como las de *código* y *mensaje* que comprenden diversos fenómenos identificados por la lingüística (de la cual se ha servido), pero sin reducirlos únicamente a la *lengua* y el *habla*. Precisamente por eso motivo es una ciencia autónoma.

Por tal motivo, una alternativa interesante radica en rastrear en las comunicaciones visuales bajo el punto de vista semiótico. Las distinciones triádicas del signo propuestas por Peirce permiten dar cuenta de que cada una de las definiciones del signo puede corresponder a un fenómeno de comunicación visual (Eco, 2012).

Los diferentes sistemas de interacción permiten conservar y transmitir signos al entorno mediante diferentes soportes, a través del aire (relatos orales) o basándose en la inscripción de marcas en superficies sólidas (como la escritura o el dibujo).

Un sistema de interacción es la *escritura alfabética*, compuesta por símbolos que representan el sonido hablado, es decir, que recodifican el sonido hacia lo visual, tornan visibles los fonemas y los ordenan en filas (líneas). El modelo para esto se basa en que "la mano que escribe graba el surco y siembra la semilla, y el ojo lector selecciona el grano maduro" (Flusser, 2005: 99), lo cual significa que tanto el pensamiento escrito como el leído, están obligados a avanzar de un modo procesual y lineal.

De esta manera, en la escritura y la lectura alfabética (codificación o recodificación), la organización de los símbolos se formula de manera precisa y estructurada mediante reglas elaboradas por convención, proceso a partir del cual el pensamiento se transforma en "un discurso procesual, progresivo y disciplinado" (2005: 100).

Otro sistema de interacción es la *imagen material*[62] *visual* (como la pintura, la fotografía, entre otras) que posee características semióticas diferentes a la palabra y, en consecuencia, podría colaborar en la aproximación a aquello que no se dice o no se escribe, precisamente porque en ella, los sentidos emergen de otros modos.

Siguiendo la propuesta de Magariños de Morentin (2005), en un análisis metasemiótico de la imagen visual confluyen tres operaciones fundamentales que pueden designarse como "identificación", "reconocimiento" e "interpretación". Más allá de que estas operaciones se expresan en orden secuencial, a diferencia de la escritura y la lectura que ocurren de manera lineal, el procesamiento mental de estas operaciones es simultáneo y se inscribe en la instantaneidad.

La primera operación es la *identificación*. En ella se registra el conjunto de marcas que utiliza quien produce la imagen y que identifica el eventual el perceptor. Este repertorio se compone de dos modos. Uno es deductivo y consiste en establecer determinadas formas primarias elementales con las que podría componerse o descomponerse cualquier imagen visual. Otro es inductivo y consiste en identificar, en una imagen determinada, la marca máxima que todavía no es representativa o sea que no activa ningún atractor[63].

Luego, el reconocimiento es la operación perceptual que consiste en integrar la mínima cantidad de marcas necesaria para activar un atractor, o sea, para producir una representación.

---

62   Esta exigencia de que la imagen sea "material" se refiere a la necesidad de un soporte físico (tela, papel, pantalla, etc.) para admitirla como punto de partida de un análisis semiótico (diferenciándose de las imágenes perceptuales y de las imágenes mentales). Tal como sostiene Magariños de Morentin (2005), las imágenes materiales son un objeto más del mundo exterior que puede ser percibido y que, por tanto, como todos los restantes objetos, puede dar lugar a una o múltiples imágenes perceptuales y puede almacenarse y transformarse en la memoria visual como una o múltiples imágenes mentales.

63   El autor denomina "atractor" de una imagen material visual a un conjunto de formas, que, en un momento dado, ya está organizado, con cierta constancia, en una imagen mental almacenada en la memoria visual, la cual se actualiza o no por su correspondencia o falta de correspondencia con la configuración que el perceptor efectúa a partir de dicha imagen material visual propuesta. (...) Dinámicamente, el atractor se actualiza en base a las operaciones de reconocimiento que determinarán las marcas, los ejes y los contornos de oclusión, en cuanto componentes perceptuales mediante cuyo agrupamiento interior y/o exterior se irá configurando la forma, hasta que se concrete el atractor.

Finalmente la interpretación es la operación perceptual-conceptual por la que el resultado de la operación de reconocimiento se articula en el sistema cultural de quien lo percibe.

En el continuum de las formas del mundo, hay zonas de especificidad (en la identificación) y zonas de ambigüedad, a partir de las cuales podrían identificarse otras (múltiples-posibles) nuevas zonas de especificidad. Hay múltiples-posibles transformaciones (conservando una única masa o generando partes/apéndices) que apelan (llaman, convocan, invocan) a otras formas identificables, a través de suscitar posibles atractores.

El croquis como herramienta metodológica

En sintonía con estas exploraciones, en el plano metodológico de mi investigación se intenta delinear una propuesta particular que contemple otras herramientas de representación incorporando la comunicación visual (en la que están presentes las funciones icónicas e indiciales) de manera complementaria a la palabra y a las argumentaciones lógicas (que utilizan soportes en los cuales predomina la función simbólica.)

En esta búsqueda, el *dibujo* o *croquis a mano alzada* (herramienta muy usual en la disciplina arquitectónica de la cual provengo), se presenta aquí como una manera sensible y subjetiva de transmitir las experiencias compartidas durante el trabajo campo.

Para cerrar comparto, a modo de ejemplo, uno de los croquis que realicé acompañando las notas de campo, luego de haber compartido un ritual de agradecimiento por la vida que se renueva, durante el *We Tripantu* o *Año Nuevo Mapuche,* junto a una familia integrante de la Comunidad Mapuche Vera.

Al regreso de aquel encuentro me dispuse a ilustrar sobre el papel lo que había significado aquella experiencia ritual para mi, es decir, mi propia interpretación de lo vivido.

Días más tarde, en una de las conversaciones junto a mis directoras, compartí el relato oral de la experiencia, acompañado del dibujo. Al observarlo, Paula me preguntó porque lo había pintado de esa manera. Les expliqué que luego de realizar los trazos generales decidí que el dibujo sería monocromático y opté por utilizar los grises para pintarlo. Esta elección tuvo que ver con la intención de transmitir el intenso frío y la profunda quietud de aquella madrugada. El gris realmente teñía el espacio y cubría, como un velo, toda la escena.

Tras mi explicación, Mariana me preguntó si el suelo blanco representaba nieve. Pero mi respuesta fue negativa. La tierra estaba congelada, pero no había nieve. Entonces Paula notó que por "alguna razón" había elegido dejar deliberadamente blancos el cielo y el suelo. Según su propia percepción del dibujo, se podía distinguir ahí la idea del reflejo del cielo y el suelo y la conexión de ambos a través de las cañas.

El objetivo de este breve relato es simplemente señalar como mis directoras encontraron en el dibujo nuevos elementos que yo no había colocado de manera deliberada (consciente), pero que sin embargo, claramente estaban ahí y habían emergido de otra manera.

Palabras de cierre

La denuncias establecidas por las múltiples perspectivas de pensamiento crítico latinoamericano en torno al avasallamiento cultural y al silenciamiento al que han sido sometidos determinados grupos culturales es una idea socialmente madurada, es decir, en la sociedad la existencia de aquellas situaciones de injusticia ya está reconocida.

Además, de manera más específica, las críticas a la propia dinámica de la producción epistemológica occidental también está reconocida; en la trama discursiva general ya circula la idea aceptada de esa crítica. No quedan dudas de que la matriz epistemológica moderno colonial es deficiente.

Sin embargo, la palabra permite nombrar algo de lo cual aún no se ha hecho el proceso completo de transformación y por lo tanto, más allá de que la crítica ya esté fuertemente instalada y reconocida, en la práctica se continúa reproduciendo la modalidad dominante heredada.

Es por eso este motivo que es posible indagar sobre las dinámicas de subalternización (gnoseológica), reconocer e intentar comprender cómo se han llevan a cabo dichos procesos. Sin embargo, luego intentar asomar a propuestas transformadoras resulta una tarea más conflictiva.

Tal como se señalaba al comienzo de estas páginas, la particularidad de la perspectiva decolonial es querer superar la crítica ante las situaciones de injusticia advertidas e ir más allá; es intentar tender lazos hacia otras formas de producción del saber, establecer diálogos horizontales con ellas.

Ahora bien, para que los diálogos entre dos modelos culturales diferentes sean efectivos, es necesario poder comprender o al menos reconocer ciertas características específicas de cada uno. Las barreras que surgen en este sentido están ligadas a nuestros propios modos y a nuestras propias limitaciones —desde nuestra cultura, nuestra vida cotidiana— para percibir y dar cuenta de cómo se despliega la trama simbólica de las otras maneras de ser y estar en el mundo que nos proponemos reivindicar.

En este sentido, Rita Segato desde el campo de la antropología, nos recuerda que existen cuestiones ligadas al sentir que no pueden comprenderse exclusivamente mediante formas racionales. Logra señalar con claridad aquellos lugares a los cuales no es posible acceder, pero no ofrece respuestas claras sobre cómo continuar.

Mignolo, por otro lado, denuncia la imposición de la escritura alfabética frente a las múltiples formas de expresión y transmisión del saber. Proyecta un camino alternativo que conduce hacia lugares más allá de la escritura y propone recuperar la oralidad afirmando que los lenguajes gráficos pudieron ser silenciados por el libro, sin embargo, los lenguajes verbales —inscriptos en el cuerpo—, no pudieron ser colonizados por completo, lo cual se advierte en todas aquellas personas a lo largo del continente que en la actualidad

We Tripantu - Ceremonia de agradecimiento por la vida que se renueva

continúan hablando lenguas amerindias. Su propuesta sigue girando sobre el eje de la palabra, la cual tiene una serie de características semióticas iguales en la versión oral que en la escrita. Sin embargo, su trabajo es de gran importancia ya que representa un primer eslabón de la cadena para continuar en la búsqueda hacia nuevos lugares. Deja planteado así el desafío de abrirse hacia otras dinámicas de producción del saber que, tal como sugiere Ortecho (2014), frecuentemente permanecen imperceptibles "precisamente por valerse de otros recursos representacionales que exceden por mucho a la palabra y sus articulaciones lógico-argumentales" (p. 99).

Como reflexión final queda abierto el interrogante acerca de ¿Cuál es esa otra cosa hacia la cual se busca avanzar? Al parecer, no encontraremos respuestas claras aún y, probablemente, tampoco sea posible dar con ellas exclusivamente mediante las formas tradicionales de conocer.

Aún queda un largo camino por recorrer en el intento de desandar los pasos dados por la epistemología colonial. Un punto de partida podría ser asumir aquello que no es posible de advertir mediante las formas tradicionales.

Reconocer la imposibilidad de poder lograr establecer diálogos profundos mediante formas tradicionales y aceptar que el intento de reivindicación es una aspiración pretenciosa, axiológicamente indiscutible, pero formulada en un plano que no es fértil. Cuestionarse ¿será efectivamente posible establecer diálogos reales frente a cuestiones no racionales como la creencia, la espiritualidad, en las que la conciencia mítico mágica se enfrenta a la conciencia racional?

El primer intento, por lo tanto, es el de señalar nuevos lugares de producción de sentido, indicar un recorrido, atendiendo con especial cuidado a que esa orientación de ningún modo significa que sea posible abarcarlo, tan solo intentar asomar a una pequeña parte de un todo inabarcable desde la racionalidad.

Bibliografía

CASTRO-GÓMEZ, Santiago (2007). "Decolonizar la universidad. La hybris del punto cero y el diálogo de saberes". En: *El giro decolonial. Reflexiones para una diversidad epistémica más allá del capitalismo global*. Siglo del Hombre Editores. Universidad Central. Instituto de Estudios Sociales Contemporáneos y Pontificia Universidad Javeriana. Instituto Pensar. Bogotá.

CASTRO-GÓMEZ, Santiago. GROSFOGUEL, Ramón. (2007). *"El giro decolonial: reflexiones para una diversidad epistémica más allá del capitalismo global"*. Siglo del Hombre Editores. Universidad Central, Instituto de Estudios Sociales Contemporáneos y Pontificia Universidad Javeriana, Instituto Pensar. Bogotá.

CASTRO-GÓMEZ, Santiago. SCHIWY, Freya. WALSH, Catherine. (2002). *"Indisciplinar las ciencias sociales: geopolíticas del conocimiento y colonialidad del poder"*. Universidad Andina Simón Bolívar. Abya-Yala. Quito.

ECO, Humberto. (2012). Los códigos visuales. Disponible en: http://www.fadu.edu.uy/slv-i/files/2012/05/Eco_Umberto-Los_codigos_visuales.pdf

FLUSSER, Vilém (2005). "La sociedad alfanumérica", *en Revista Austral de Ciencias Sociales*, Nro.9. Universidad Austral de Chile. Valdivia

Disponible en: http://mingaonline.uach.cl/pdf/racs/n9/art09.pdf

GROSFOGUEL, Ramón. (2006). La descolonización de la economía política y los estudios postcoloniales. Transmodernidad, pensamiento fronterizo y colonialidad global. *Tabula Rasa.* Nro. 4. 17-48. Bogotá. Disponible en: http://www.scielo.org.co/pdf/tara/n4/n4a02.pdf

KUSCH, Rodolfo. (1994). La zamba y los dioses. En: *indios, porteños y dioses.* Secretaría de Cultura de la Nación. Editorial Biblos. Buenos Aires.

LANDER, Edgardo. (2000). Ciencias sociales: saberes coloniales y eurocéntrico. En Lander (comp.) *La colonialidad del saber: eurocentrismo y ciencias sociales. Perspectivas Latinoamericanas.* CLACSO, Consejo Latinoamericano de Ciencias Sociales. Buenos Aires.

MAGARIÑOS DE MORENTIN, Juan. (2005). Manual de estudios semióticos. La semiótica como epistemología y metodología. Foro *"SEMIOTICIANS".* Disponible en:

http://www.magarinos.com.ar/opera.htm#análisis

http://www.magarinos.com.ar/leyendo.htm#imag3

MIGNOLO, Walter. (2010). *"Desobediencia epistémica: retórica de la modernidad, lógica de la colonialidad, gramática de la descolonialidad".* 1ra. Ed. Del Signo. Buenos Aires.

MIGNOLO, Walter. (2009). La idea de América Latina (la derecha, la izquierda y la opción decolonial). Crítica y emancipación. Año 1. Nro. 2: 251-276.

Disponible en: http://biblioteca.clacso.edu.ar/ar/libros/secret/CyE/CyE2/09idea.pdf

MIGNOLO, Walter. (2007). El pensamiento decolonial: desprendimiento y apertura. Un manifiesto". En: Santiago Castro-Gómez y Ramón Grosfoguel (eds.) *"El giro decolonial: reflexiones para una diversidad epistémica más allá del capitalismo global".* Siglo del Hombre Editores. Universidad Central, Instituto de Estudios Sociales Contemporáneos y Pontificia Universidad Javeriana, Instituto Pensar. Bogotá.

MIGNOLO, Walter. (2003). *"Historias locales/diseños globales. Colonialidad, conocimientos subalternos y pensamiento fronterizo".* Ed. Akal. Madrid.

MIGNOLO, Walter. (1992). "La colonización del lenguaje y la memoria. Complicidades de la letra, el libro y la memoria". En: *Discursos sobre la 'invención' de América*. Coord. Iris M Zavala. Ed. Ámsterdam, Holanda.

ORTECHO, Mariana Jesús (2014). La experiencia de encuentro (ritual) o el nuevo valor de la empírea. *Revista Otros Logos*. p. 90-110. Centro de Estudios y Actualización en Pensamiento Político, Decolonialidad e Interculturalidad. Universidad Nacional del Comahue. Neuquén. Disponible en:

http://www.ceapedi.com.ar/otroslogos/Revistas/0005/07%20Ortecho%20%20dic%2021.pdf

PAZ, Octavio. (1998). *"El laberinto de la soledad"*. Segunda reimpresión en España. Fondo económico de cultura en España. Madrid.

PEYLOUBET, Paula. ORTECHO, Mariana. (2015). Desafíos empíricos, crítica semiótica y una apuesta por la introducción a nuevos lenguajes. *Signo y pensamiento. Revista de comunicación, información y lenguajes*. Vol. 34. Nro. 66. Pontificia Universidad Javeriana, Bogotá.

Disponible en: http://revistas.javeriana.edu.co/index.php/signoypensamiento/article/view/13360

QUIJANO, Aníbal. (2000). Colonialidad del poder, eurocentrismo y América Latina. En libro: La colonialidad del saber: eurocentrismo y ciencias sociales. Perspectivas Latinoamericanas. Edgardo Lander (comp.) CLACSO, Consejo Latinoamericano de Ciencias Sociales, Buenos Aires, Argentina. p. 246.

Disponible en: http://bibliotecavirtual.clacso.org.ar/ar/libros/lander/quijano.rtf

QUIJANO, Aníbal. (1992). Colonialidad y modernidad-racionalidad. En: Heraclio Bonilla (ed.). *Los conquistados. 1492 y la población indígena de las Américas*. Tercer Mundo Editores. Bogotá. pp. 437-447.

Disponible en: https://es.scribd.com/doc/70586547/Quijano-Colonialidad-y-Modernidad-1992

QUIJANO, Aníbal. (2001). Colonialidad del poder, cultura y conocimiento en América Latina. En: Walter Mignolo (ed.). *Capitalismo y geopolítica del conocimiento. El eurocentrismo y la filosofía de la liberación en el debate intelectual contemporáneo*. Ediciones Signo. Buenos Aires.

SEGATO, Rita. (en prensa). "Una paradoja del relativismo. El discurso racional de la antropología frente a lo sagrado". En Frida Gorbach y Mario Rufer (eds). *El archivo, el campo. Escritura y producción de evidencia*. UAM, México.

VERÓN, Eliseo. (1993). *"La Semiosis Social"*. Gedisa. Buenos Aires.

COMENTARIO 6

¿POR QUÉ RESULTA TAN DIFÍCIL IR MÁS ALLÁ DE LA CRÍTICA?

JUAN PABLO PUENTES[64]

Introducción

El texto se enmarca en una discusión gnoseológica, epistemológica y metodológica de absoluta relevancia para las humanidades y ciencias sociales. A partir de una hermenéutica del pensamiento fronterizo, Solera se vale de su experiencia de trabajo de campo, enmarcada en su tesis de doctorado, en donde se plantea el objetivo de:

"[...] identificar el contenido gnoseológico de las prácticas culturales, específicamente aquellas ligadas al habitar de las Comunidades Mapuches Curruhuinca y Vera que residen en las cercanías de la ciudad de San Martín de los Andes, con el propósito de rescatar aquellos elementos negados, silenciados y subalternizados por la cultura occidental dominante y poner en valor formas de conocer alternativas a la perspectiva actual [...]"

A partir de dos interrogantes acerca de ¿por qué se hace tan difícil ir más allá de la crítica? Y ¿De qué manera será posible avanzar hacia alternativas esperanzadoras frente al pensamiento moderno colonial? la autora divide el texto en dos secciones. Una primera parte en donde desarrolla la crítica que la opción decolonial —el grupo Modernidad/Colonialidad/Decolonialidad (M/C/D)—, ha realizado a la matriz epistémica eurocéntrica a partir de las cuales son analizadas la totalidad de las vidas del planeta; y una segunda parte en donde intenta reivindicar, desde la semiótica triádica de Pierce, una "gnoseología otra" que permita comprender las prácticas de sus interlocutores/as en su trabajo de campo. En concomitancia con ello, finaliza planteando una interesante propuesta metodológica. Utilizando el mismo desarrollo de su exposición, me centraré en primer lugar en el diagnóstico realizado por el grupo M/C/D esgrimido en el texto, posteriormente me referiré a la segunda parte, de carácter gnoseológico/metodológico.

---

64   *(IDAES/UNSAM-Fac.Soc/UBA)* Militante social. Forma parte de Vecinos sin Techo y por una Vivienda Digna de San Martín de los Andes. Profesor de la Facultad de Ciencias Sociales de la Universidad de Buenos Aires (UBA), recientemente presentó su tesis de doctorado en Ciencias Sociales. Es Magister en Sociología de la Cultural y Análisis Cultural por la Universidad Nacional de San Martín. Trabaja sobre metodologías de y post coloniales en contextos interculturales y sobre sociología y antropología urbana desde una perspectiva activista e intercultural.

Colonialidad, tiempo, lenguaje y escritura

En *The Time and The Other, How Anthropology Makes Its Object*, Johannes Fabian indaga acerca de la unicidad temporal evolutiva a partir de la cual la antropología ha concebido un tipo específico de temporalidad, como diacrítico de civilización, mientras que otras temporalidades son consideradas por el/a antropólogo/a, como dignas de ser arrojadas al basurero de la historia, o simplemente, no son consideradas. Esos pasados, presentes y futuros, a los que René Zavaleta Mercado ha denominado como "abigarrados", son los que Octavio Paz magistralmente esboza en *El Laberinto de la Soledad*, acertado epígrafe con el que Solera inicia sus reflexiones. Hacia el final de su mapeo teórico del grupo M/C/D la autora hace énfasis en los modos de conocer, analizados como legados moderno/coloniales, esos en donde lo evolutivo y la constitución de lo que Edgardo Lander ha titulado bajo la forma de eurocentrismo, resultan los lentes a partir de los cuales observamos, indagamos y hasta moralizamos todos aquellos conocimientos que no provengan de esa etnia particular que, siguiendo a Quijano, denominaré como europea.

Solera destaca, a partir de los análisis de Mignolo:

"[…] el privilegio que se otorga a la escritura alfabética frente a otras formas de escritura (como por ejemplo la escritura iconográfica), frente a la oralidad e incluso a las diversas maneras de transmisión y representación de sentidos que existen y que trascienden el campo de la lingüística. Junto a las facultades dadas a la escritura alfabética, se promueve la idea de que la capacidad crítica del pensar nace exclusivamente debido a las reflexiones a través de ese modo particular de representación […]"

Me detendré en ese párrafo, pues puede servir de "puente" hacia lo que a mi entender, es lo más interesante del texto de Solera: la formulación metodológica esbozada hacia el final del texto.

La autora, para desprenderse de la escritura que privilegia el monolenguajeo y el eurocentrismo, retoma el potente pensamiento de Gloria Anzaldúa, la experiencia del bilinguajeo y de las epistemologías fronterizas. Me pregunto entonces qué sucedería si Solera pusiera en diálogo —dado que su tesis trabaja con dos comunidades mapuches del *Puel Mapu*—, tales postulados con estudios acerca de redefiniciones de identidad étnica como mapuche urbanos o "mapurbes" (Kropff, 2004), con la categoría de "xampurrias" (Milanca Olivares, 2015), atribuida con una valencia moral negativa, a aquellos/as mapuche que no viven en las comunidades, es decir, a los/as mapurbes que no tienen *lof*, o con el bilinguajeo efectuado por la poesía mapuche contemporánea que se realiza en el *Wallmapu*, como por ejemplo las poéticas de Liliana Ancalao o de David Añiñir, analizando "nuestra frontera", a partir de propios estudios transfronterizos.

A su vez, la autora del texto que tengo el privilegio de comentar, menciona el rol central de la escritura como forma exclusiva de producción de representación y transmisión de conocimiento. A partir de ello, sería relevante poder analizar cómo y de qué formas esos conocimientos otros quedan subalternizados. Una apuesta interesante podría ser pensar, a modo de pasarle benjamineanamente a contrapelo el cepillo a la historia, cómo la colonialidad de los lenguajes (Vernonelli, 2015) opera, subalternizando e inhumanizando a las comunidades Curruhuinca y Vera. Podría ser una buena forma de romper el *continuum* de la historia en este instante de peligro, en donde el Pueblo Nación Mapuche se encuentra asediado por dos Estados coloniales. Ello nos permitiría ir hacia otras temporalidades y otras gnoseologías.

Al costado de la semiótica

La semiótica ha sido un valioso instrumento del que la antropología se ha valido para realizar estudios empíricos y desarrollos teóricos. Baste pensar, por ejemplo, en los análisis estructuralistas de Levy Strauss a partir de su interpretación de formalistas rusos como Propp y Tomashevsky. Desde la década del 1980 (por lo menos en Argentina, en donde la dictadura cívico militar 1976-1983 prohibió cualquier tipo de circulación libre de autores), el giro lingüístico ha devenido el lugar por el que todas las metodologías cualitativas han pasado. No obstante lo cual, sin soslayar los aportes provenientes de la dimensión tríadica de Pierce, o los estudios de comunicación de Eco, sería interesante complementarlos con metodologías cualitativas en donde lo semiótico sea puesto en diálogo con tradiciones de pensamiento que no intenten complejizar los paradigmas racionalistas que van, por simplificar en estas líneas, de Descartes a Luhmann, pasando por el eterno Kant. En este sentido, se podría complementar a la semiótica, buscando una *etnografía dialógica que piense en términos de interculturalidad* (Bidaseca, 2010) y que discierna los actores de las voces, para saber cuándo la voz que se escucha es la de ese actor/actriz y no de otro/a, cuándo se trata de un momento pre-discursivo en el que la voz está totalmente moldeada por la formalidad, cuándo se trata de una voz fagocitada, silenciada o mimetizada y cuándo es la voz propia la que se escucha. Este tipo de apuestas epistémico/políticas, nos llevan necesariamente hacia una búsqueda de metodologías decoloniales (Haber, 2011; Gigena, 2012), en donde los abordajes cualitativos de investigación, ocupen un lugar preponderante de nuestras reflexiones, priorizando las investigaciones interculturales de autoría colectiva que permitan profundizar y afinar nuestro acervo metodológico, desnaturalizando las tendencias que apuntan hacia el trabajo solitario que promociona la idea del/a experto/a y que tratan de eliminar los disensos para generar consensos. Una política-metodológica de este tipo explicitaría los disensos, a partir de ciertos consensos y ayudaría a cuestionar la fragmentación que subyace a la noción de polifonía (Briones et al, 2007:269) que lleva muchas veces a cristalizar en bloques discursivos contrastantes las disparidades de trayectorias de los/as distintos/as investigadores/as. En este sentido, me pregunto por ejemplo, qué pasaría si Solera lleva el croquis que realizó en sus notas de campo y lo discute y debate con sus interlocutores/as (más allá de debatirlos con sus directoras de tesis), cuáles serían las posibles traducciones que una investigadora puede hacer del *We Tripantu* mapuche, sabiendo, como señala la autora a partir de sus lecturas de Segato, las limitaciones que poseemos quienes nos dedicamos a estas lides. Una etnografía intercultural, podría ayudar a complementar y complejizar los análisis esgrimidos a partir de la semiótica.

Finalmente, *last but not least*, un último comentario a este interesante artículo. El mismo parte de una premisa clave del grupo M/C/D: diálogos entre modelos culturales diferentes. Aquí una breve observación. Al trabajar con modelos estáticos de culturas —como lo hace la opción decolonial—, se corre el riesgo de reificar un modelo cultural: el blanco, occidental, patriarcal, cristiano, eurocéntrico y homofóbico, escindiéndolo del "otro" modelo cultural, el de los Pueblos Indígenas (no occidentales, no patriarcales, no cristianos, no eurocéntricos y homofóbicos, etc.). Aquí se abre la posibilidad de concebir una bondad ontológica en la cultura subalterna, soslayando los procesos de producción bio y necro políticos que han co-constituido esas mismas culturas. Recordemos a Frantz Fanon cuando nos advierte acerca de los traumas que el colonizado posee, cito de memoria: "[...] el colonizado quiere sentarse en la mesa del colono...el colonizado quiere acostarse en la cama del colono [...]" (Piel Negras, Máscaras Blancas), es decir que los sectores subalternizados son muchas veces hablados por el lenguaje del colono, por el lenguaje del amo. En este sentido, sería fructífero poder poner en diálogo la búsqueda de una gnoseología otra con los estudios en torno a procesos de etnogénesis o reetnización (Radovich y Balazote, 1992; Tamagno, 1997; Briones, 2005; Escolar, 2007; Katzer, 2008; entre otros/as), con las investigaciones sobre etnocomunalizaciones jurídicas y etnoguberamentalidad (Katzer, 2010 y 2015) y de recuperación identitaria en contextos de producción bio y necro políticas (Gigena, 2012), para poder analizar las especificidades gnoseológicas de las comunidades mapuches Curruhuinca y Vera, tarea para nada sencilla, pero de una necesidad cada vez mayor, en este contexto de racismo y xenofobia creciente.

Bibliografía

BIDASECA, Karina. (2010). *Perturbando el texto colonial*. Los Estudios Poscoloniales en América latina, Buenos.Aires: Ed. SB.

BRIONES, C. Kropff, L y LEUMAN, M. (2007). "Escenas del multiculturalismo neoliberal. Una proyección desde el Sur", en Grimson, A.: *Cultura y neoliberalismo*. Buenos Aires: Clacso. Pp.265-299.

BRIONES, Claudia, ed. (2005). *Cartografías Argentinas: políticas indigenistas y formaciones provinciales de identidad.* Buenos Aires: Antropofagia.

ESCOLAR, Diego. (2007) Los dones étnicos de la Nación. Identidades huarpe y modos de producción de soberanía en Argentina. Buenos Aires: Prometeo.

FABIAN, Johannes (1983). Time and the Other. *How anthropology makes its object*. Columbia University Press. New York.

GIGENA, Andrea. (2013). "Entre las emergencias epistémicas y los adeudos metodológicos y empíricos". Ponencia presentada en el III Encuentro Latinoamericano de Metodología de las Ciencias Sociales (ELMeCS), Manizales (Colombia), 30-31 de agosto y 1 de septiembre.

GIGENA, Andrea (2012) "Procesos de subjetivación y luchas por territorios rurales en Argentina: los casos de TINKUNAKU, MOCASE Y LA LOMA". Tesis de Doctorado en Ciencias Sociales, Universidad de Buenos Aires.

HABER, Alejandro. (2011). "Nometodología Payanesa: Notas de metodología indisciplinada (con comentarios de Henry Tantalean, Francisco Gil García y Dante Angelo)", en Revista Chilena de Antropología, Nº 23. Disponible en http://www.revistas.uchile.cl/index.php/RCA/article/viewArticle/15564/16031.

KROPFF, Laura (2004) ""Mapurbe". Jóvenes mapuche urbanos". En Kairos. Revista de Temas Sociales. Universidad Nacional de San Luis. Año 8, número 14.

KATZER, Leticia (2015) "La etnicidad como "Acontecimiento". Una etnografía de las trayectorias de subjetivación y des-comunalización étnica Huarpe en Mendoza y San Luis", en Revista Intersticios de la política y la cultura. Intervenciones latinoamericanas. Universidad Nacional de Córdoba, Pp. 63, 76.

KATZER, Leticia (2010) "Reconfiguraciones organizacionales, procesos políticos y territorialización: los Huarpes como "comunidades indígenas". Anales de Arqueología y Etnología N° 65, pp.229-246.

MILANCA, Olivares Javier (2015) Xampurria. Somos del lof de los que no tienen lof. Santiago de Chile: Pehuén.

RADOVICH Juan Carlos y Balazote Alejandro (1992) La cuestión indígena en la Argentina. Colección Fundamentos Ciencias del Hombre, número 51, Buenos Aires: CEAL.

TAMAGNO, Liliana (1997) "La construcción de identidad étnica en un grupo indígena en la ciudad. Identidades y utopías", en Rubéns Bayardo-Mónica Lacarrieu (Comp). Globalización e identidad cultural. Buenos Aires: Ciccus.

VERONELLI, Gabriela (2015) "The coloniality of language: race, expressivity, power, and the darker side of modernity", en Wagadu. A Journal of trasnational women´s and gender studies, volumen 13. Pp. 108-134. Disponible en: http://journals.cortland.edu/wordpress/wagadu/files/2015/07/5-FIVE-Veronelli.pdf

CAPÍTULO 7

NARRACIONES FEMINISTAS ANTE LA CONTRAOFENSIVA NEOLIBERAL. ALTERNATIVAS POLÍTICAS CON CUERPOS Y GEOGRAFÍAS DEL SUR

GABRIELA BARD WIGDOR[65]; DENISE MATTIOLI[66], GABRIELA ARTAZO[67]

65   Centro de Investigaciones y Estudios sobre Cultura y Sociedad (CIECS) -   E - mail: gabrielabardw@gmail.com

66   Instituto de Investigación de Vivienda y Hábitat (INVIHAB-FAUD) - Universidad Nacional de Córdoba. E-mail: den.mattioli@gmail.com

67   Instituto Académico Pedagógico de Ciencias Sociales-Universidad de Villa María - E-mail: Artazo2011@hotmail.com.ar

En este capítulo, nos proponemos reflexionar acerca de la nueva coyuntura política de la región latinoamericana que denominamos "contraofensiva neoliberal". Para ello, planteamos un escenario de debate que consiste en poner en diálogo cuatro casos paradigmáticos para la lucha del movimiento de mujeres en el mundo, que vienen desarrollándose en la región y que en el año 2016, marcaron huellas significativas: el encarcelamiento de Milagro Sala y la lucha de Sofía Gatica en Argentina, el asesinato de Berta Cáceres en Honduras y el triunfo en primera vuelta en las elecciones peruanas de Keiko Fujimori. Casos que hablan de la resistencia feminista pero también de la derrota parcial o total de gobiernos con un fuerte perfil intervencionista en la cuestión social y en la regulación de los mercados, denominados por algunos/as autores/as como "gobiernos populares", "izquierdas progresistas" o de "neo-bienestarismo". Los casos serán analizados e interpretados a partir de los aportes: por un lado, de la filosofía latinoamericana, especialmente de las llamadas epistemologías del sur y de la ética para la liberación. Por otro lado, desde los aportes de la teoría feminista, con énfasis en autoras latinoamericanas. Consideramos estos enfoques como epistemes y teorías alternativas a las hegemónicas en ciencias sociales, que ofrecen herramientas no sólo para reflexionar sobre el capitalismo en sus diferentes fases, sino que denuncian al sistema capitalista como un orden heteropatriarcal y racista que se erige sobre la desigualdad. Además, proponen alternativas políticas que no prescinden de los cuerpos y las geografías como factores centrales de reflexión y organización a la hora de pensar los territorios con sus particulares maneras de habitar, sus gentes y sus saberes.

Palabras claves: contraofensiva Neoliberal, gobiernos populares latinoamericanos, conflictos territoriales, feminismos, epistemologías del sur.

Introducción

"La palabra sin acción es vacía. La acción sin palabras es ciega. La palabra y la acción fuera del espíritu de la comunidad son la muerte"

Pensamiento tradicional Nasa

En el presente capítulo, pretendemos analizar los procesos políticos ocurridos en la región Latinoamericana y caribeña durante la última década, así como lo que denominamos la actual "contraofensiva neoliberal", a partir una lectura descriptiva-analítica de cuatro casos empíricos: Milagro Sala, Berta Cáceres, Sofía Gatica y Keiko Fujimori. Estos casos, a nuestro entender, ejemplifican y se constituyen en emergentes tanto de la lucha feminista en la región, como de la contraofensiva neoliberal en América Latina y el Caribe. Luego, analizamos estos casos desde el enfoque de los feminismos latinoamericanos y las epistemologías del sur, para finalizar con reflexiones acerca de la relevancia de un pensar situado desde y para Nuestra América; más aún, en el marco de procesos socioeconómicos como los que estamos viviendo actualmente.

En tal sentido, consideramos que los procesos que caracterizan a la contraofensiva Neoliberal, no son hechos aislados de intervenciones internacionales como las renovadas injerencias de Estados Unidos (EEUU) en diferentes regiones, debido a la amenaza que representan potencias emergentes como China, India y Rusia[68] (Calduch Cervera; 2011) para mantener su hegemonía económica. También, sabemos que la presencia de Estados Unidos en Latinoamérica a lo largo de la historia, ha sido una articulación

68   El informe del Ministerio de Defensa Español en su Cuaderno nº 151 titulado: LAS POTENCIAS EMERGENTES HOY: HACIA UN NUEVO ORDEN MUNDIAL , realiza un minucioso análisis sobre los países emergentes entre los que destaca Rusia, Brasil, India y China

de intervenciones desde oligopolios resariales, dictaduras militares[69], imperialismo[70] del dólar y propaganda pro-yanki, que determinaron parte de la política de nuestros gobiernos y el deterioro de la calidad de vida de nuestras sociedades.

En consecuencia, al igual que ocurrió en los años 70 con el Plan Cóndor[71] y las dictaduras[72] promovidas en la región para frenar el posible avance del socialismo, en el siglo XXI, EEUU precisa agudizar sus estrategias de intervención en la región, obstruyendo el desarrollo de gobiernos populares de manera directa, como ocurrió en Paraguay[73] con el ex presidente Fernando Lugo que fue destituido, o con el "golpe democrático" a Dilma Russef en Brasil[74].

69   Ya desde el año 1953, hay datos de que la CIA colaboró en un golpe de estado en Guatemala contra el presidente Arbenz, quien había nacionalizado la poderosa Union Fruit Company. En 1973, Estados Unidos también promovió el golpe de estado militar que desalojó a Salvador Allende de la presidencia de Chile e instauró la dictadura de Augusto Pinochet hasta 1990. Otras intervenciones: en Granada para apoyar un golpe pro-occidental en 1983; la financiación y apoyo técnico y logístico a la "Contra" nicaragüense entre 1982 y 1987, una guerrilla que luchaba contra el régimen sandinista que gobernaba Nicaragua y la invasión de Panamá para derrocar al presidente Noriega en 1989 (Cfr. Alarcón, 2013).

70   Se puede definir imperialismo como la "actitud y doctrina de quienes propugnan o practican la extensión del dominio de un país sobre otro u otros por medio de la fuerza militar, económica o política" (fuente: RAE)

71   Plan Cóndor es el nombre con que se conoce la coordinación de acciones y mutuo apoyo entre las dictaduras del Cono Sur de América —Chile, Argentina, Brasil, Paraguay, Uruguay, Bolivia y esporádicamente, Perú, Colombia, Venezuela, Ecuador— bajo la tutela y promoción de los Estados Unidos, llevada a cabo en las décadas de 1970 y 1980.

72   De estas tesituras históricas, también se encontraron sobradas evidencias en los wiki leaks, en los cuales se establecía la participación directa de EEUU en el derrocamiento de gobiernos populares (años 70').

73   Fernando Lugo enfrentó en el año 2012 un juicio político en manos de la cámara de diputados del Paraguay. Este órgano parlamentario acusó al gobernante electo en el 2008 por mal desempeño de funciones, acusándolo de "responsabilidad política por los enfrentamientos entre campesinos y policías ocurridos días antes en Curuguaty", departamento de Canindeyú, con un saldo de diecisiete muertos. Posteriormente, una mayoría de 115 parlamentarios de 5 partidos políticos diferentes sobre un total de 125 congresistas decidió destituirlo de su cargo. Amparándose en el derecho internacional y en el Art. 17° de la Constitución Paraguaya, en el proceso de juicio político se cometieron violaciones al debido proceso, como la falta de pruebas reales, la presentación de acusaciones falsas y la celeridad con la cual se realizó el juicio, durando en total menos de 48 horas y dando dos horas a la defensa para la presentación oral de su descargo en el Senado. Asumió como vicepresidente Fernando Franco, del Partido Liberal Radical Auténtico.

74   La presidenta de Brasil, Dilma Rousseff, fue destituida de su cargo tras un juicio político por supuesta manipulación de las cuentas públicas. Fue reemplazada por el vicepresidente Michel Temer. El caso es paradigmático, no sólo porque la acusación contra Dilma no

En estos ejemplos, como en lo ocurrido en Argentina con las elecciones presidenciales del año 2015 que dieron ganador a Mauricio Macri, desde la alianza entre grupos económicos concentrados, terratenientes y medios de comunicación, se instalan y financian candidatos de elites locales que representen capitales transnacionales aliados a los EEUU[75], ya sea a través de procesos irregulares como los de Brasil y Paraguay, o en elecciones democráticas como en Argentina y Perú.

La incidencia contemporánea de EEUU en el Caribe y Latinoamérica, es una hipótesis ampliamente fundada por los recientes cables diplomáticos de la embajada estadounidense revelados por Julian Assang[76], llamados Wiki Leaks[77], en donde se explicitan intenciones de intervención para incidir en la política interna de los países sudamericanos. En dichos cables se reconoce "la peligrosidad" que puede representar para los intereses de EEUU el avance de una izquierda populista en la región, y de qué manera se financiaron grupos opositores de ultraderecha, vinculados a facciones militares con sesgos antidemocráticos y violentos.

Los gobiernos que EEUU intervino fueron producto de elecciones democráticas luego de años de Neoliberalismo en la región. Gobiernos populares que podríamos caracterizar como heterodoxos en lo económico, democráticos en lo político e inclusivos en lo social. Casos como el de Venezuela, Bolivia y Ecuador que deben soportar, la incesante agresión de Estados Unidos; con la excepción de Honduras y Paraguay, donde los golpes de derecha derrocaron a los líderes electos, casi todos los grupos de izquierda lograron mantenerse en el poder durante 13 años. En gran parte, como resultado de estos gobiernos, en el período 2002-2013 la tasa de pobreza de la región bajó del 44 al 28 por ciento, después de que en las dos décadas anteriores dicha tasa hubiera empeorado (Main, Beeton; 2015).

---

tuvo sustento en pruebas, sino porque más de la mitad de los 81 senadores que votaron a favor o en contra del juicio político contra la presidenta están involucrados en causas judiciales. A su vez, más de un tercio de los que integraban la comisión parlamentaria de impeachment son investigados por el Supremo Tribunal Federal (STF) por presuntos actos corruptos, y la mitad de ese tercio está comprometida en el mega escándalo del Lava Jato.

75   Ya desde 1904 los EEUU tendrían como política exterior ocupar otros países como pasó con Cuba, Nicaragua, Honduras y Haití, o en su defecto, fomentar gobiernos favorables a la presencia de grandes empresas estadounidenses (Cfr. ARANCÓN, 2013).

76   Es un Programador, ciberactivista, periodista y activista de Internet australiano, conocido por ser el fundador y portavoz del sitio web WikiLeaks.

77   WikiLeaks es una organización que publica documentos ("Leaks"), manteniendo a sus autores en el anonimato (leaking = hacer pública alguna información sin contar con autorización o aprobación oficial, a pesar de los esfuerzos para mantenerla en secreto). Sin ánimo de lucro, publica a través de su sitio web informes anónimos y documentos filtrados sobre operaciones de países en otros países.

Sin embargo, no sólo la injerencia directa de los EEUU afectó a los gobiernos populares de América Latina, durante estos últimos años, algunos experimentaron dificultades importantes debido a la recesión económica norteamericana y europea que impactó a nivel regional. También, a causa de las protestas opositoras y del desgaste político que supuso el asedio de grupos económicos de la economía agroexportadora y de los medios de comunicación hegemónicos.

De hecho, los cables Wiki Leaks[78] dejaron al descubierto que todas estas dificultades estaban financiadas y apoyadas por el gobierno de Estados Unidos. Por ejemplo, en Ecuador –donde el presidente Correa estaba bajo el ataque de la derecha y de algunos sectores de la izquierda– las protestas contra las nuevas propuestas fiscales progresistas del gobierno involucraron a los mismos empresarios alineados con la oposición, mismos que los diplomáticos estadounidenses consideraban estratégicos en los cables. En Venezuela, donde un sistema disfuncional de control de divisas había generado una inflación elevada, se produjeron violentas protestas estudiantiles de derecha, desestabilizando seriamente al país. Las probabilidades de que algunos de estos manifestantes hayan sido financiados por EEUU mediante ONG´S es alta, debido a la mención que se realiza en cables diplomáticos del canciller norteamericano sobre "nuestros financiados" a la hora de referirse a los manifestantes de aquella protestas (Main, Beeton; 2015).

En el marco de estos procesos, los casos de Milagro Sala y Sofía Gatica en Argentina y de Berta Cáceres en Honduras, son emergentes de la resistencia a la dominación norteamericana del territorio latinoamericano, de los procesos de desestabilización de gobiernos populares, los cuales en muchos casos acompañaron a los movimientos sociales que representan estas mujeres. De allí que consideramos que eventos como la encarcelación de Milagros Sala, el asesinato de Berta Cáceres y la persecución de Monsanto[79]

---

78   Como ejemplo transcribimos a continuación un cable obtenido por Wiki Leaks que explicita lo siguiente: "los EEUU no proporcionó asistencia directa a los partidos políticos", pero –para eludir esta restricción– le sugirió que la ALN (partido de derecha en Nicaragua) se coordinara más estrechamente con ONG amigas que pudieran recibir financiación de EEUU. La líder de la ALN dijo que "remitiría una lista completa de las ONG que apoyan efectivamente el trabajo de la ALN" y la embajada lo arregló para que "se reuniera a continuación con los directores del IRI [International Republican Institute] y con el NDI [National Democratic Institute for International Affairs]". El cable también señalaba que la embajada "promovería la capacitación de los recaudadores de fondos [de la ALN]". (Main, Beeton; 2015).

79   Monsanto Company es una multinacional estadounidense fundada en 1901, productora de agroquímicos y biotecnología destinados a la agricultura. Es líder mundial en ingeniería para la producción de semillas genéticamente modificadas –OGM– y herbicidas, el más famoso de ellos es el glifosato, comercializado bajo la marca Roundup. A lo largo de su historia se ha dedicado a producir alimentos, aditivos químicos, plásticos y fibras sintéticas, incluyendo el desarrollo junto a otras empresas para el gobierno yanqui del herbicida llamado

a Sofía Gatica, son síntomas de la avanzada neoliberal en la región, con un perfil radicalmente más represivo y de mayor generación de desigualdad, que el modelo Neoliberal implementado en los años 90. Emergente de este nuevo proceso económico-político-cultural, es la líder de la derecha ultra-conservadora Keiko Fujimori y por eso, tomamos también su caso como ejemplo para contrastar ambas posiciones.

El primer caso que abordaremos es la detención en enero del 2016 de la militante territorial Milagro Sala, dirigente de la organización Tupac Amaru y parlamentaria del Mercosur por el Frente para la Victoria (FPV). Su encarcelamiento fue tras la denuncia del recién electo gobernador de Jujuy,

---

agente naranja, utilizado en la guerra de Vietnam con el fin de destruir la selva vietnamita y las cosechas privando a sus pobladores de alimento y de vegetación donde esconderse. El agente naranja fue un potente químico que causó entre la población vietnamita unos 400.000 muertos y unos 500.000 nacimientos de niños con malformaciones. Monsanto ha sido y sigue siendo una de las empresas que ha creado más controversia a nivel mundial debido al peligro potencial de sus productos sobre la salud humana, animales, plantas y sobre el medio ambiente en general. Mientras desarrollábamos este escrito, Bayer, la multinacional de la industria farmacéutica, la mayor productora de remedios contra el cáncer compra a Monsanto, líder mundial en la producción de alimentos cancerígenos, paradójico ¿no?

Gerardo Morales (UCR), quien la acusó de "instigación a cometer delitos y tumultos en concurso real", por el acampe que la Red de Organizaciones Sociales mantenía desde hacía 33 días frente a la Gobernación. Fue llevada a la Comisaría de la Mujer, en Huaico, su vivienda fue allanada por policías sin identificación y las fuerzas de seguridad provinciales rodearon el acampe en el centro de la ciudad. Días antes, el gobernador Morales acusaba a Milagro Sala en televisión por crear un "estado paralelo".

Ocho meses antes de la denuncia de Morales, Milagro Sala denunciaba al gobernador, entonces titular del bloque de senadores de la UCR, por acciones de lavado de dinero, mostrando que sus bienes habían aumentado en un 200% a partir de la declaración jurada ante el Congreso. Además, Sala había confeccionado un informe junto a su organización, donde constaban datos de supuestos punteros de la UCR, a quienes se asociaba con hechos vinculados al narcotráfico, la violencia política en la provincia y con fuertes lazos con la policía local (Cfr. Salinas: 2016).

Para los fines de estas reflexiones, creemos importante reconocer la trayectoria de vida de Milagro Sala, una dirigente nacida de las bases. Cuando era niña fue abandonada por su familia de origen humilde y adoptada por una de clase media. De adolescente, se fue de su casa para vivir en diferentes barrios donde vivían quienes ella consideraba "sus compañeros". "Pasó unos años en la calle. Se juntó con pibes que vendían cocaína. La metieron presa junto con ellos, ocho meses, aunque después terminó absuelta" (Russo, 2010). Cuando salió de la cárcel, transitó diversos trabajos temporales como lustradora de zapatos o heladera, hasta que obtuvo un empleo en la administración municipal de Jujuy. Allí se conoció con el dirigente social Nando Acosta con quien se convirtió en delegada de la Asociación de Trabajadores del Estado (ATE). En ese entonces, decidieron crear juntos la organización barrial Tupac Amaru, constituida principalmente por jóvenes con antecedentes penales, que se hacían cargo de copas de leche en barrios humildes de Jujuy.

La Tupac Amaru (en homenaje al cacique Tupac Amarú), nació al fragor de las políticas de ajuste de la década Neoliberal, durante la presidencia de Carlos Menem (década de los 90). Fue un emergente de la lucha contra estas políticas, denunciando la invisibilización de gran parte de la población indígena, en manos de los sectores de elite y terratenientes, o bien de la clase media profesional.

Con el correr de los años y el triunfo de Néstor Kirchner en las elecciones presidenciales del año 2003, Milagro Sala gestionó la personería y el financiamiento nacional para cooperativas de vivienda (sobre todo con obreras mujeres), que dieron con la creación de los barrios actuales de la Tupac, donde viven las familias de la organización. También, crearon centros sanitarios, uno de los cuales posee el primer tomógrafo de la provincia. Construyeron escuelas en las cuales se habla no sólo español sino que también el quechua, y el programa educativo incluye las materias: "Autoestima", "Historia de la cultura de Jujuy y los pueblos originarios" y "Lucha por el movimiento obrero".

El rostro negro e indígena de Milagro representa el componente étnico de la población jujeña, una provincia emblema de la resistencia indígena y de los movimientos sindicales. Sin embargo, paradójicamente, Jujuy se encuentra atravesada como otras provincias del norte de la Argentina, por problemáticas sociales de larga data. El racismo es una de las bases que justifican la profundidad y el alcance de la pobreza estructural que asedia las comunidades indígenas y la discriminación. De allí, se comprende que Milagro Sala sea el principal blanco de hostigamiento de los medios masivos de comunicación, quienes la presentan como una "india mafiosa" que dirige una organización "de delincuentes, vinculada al narcotráfico y a la malversación de fondos públicos". A pesar de que los resultados del accionar de la organización se encuentren materializados en obras concretas y en mejoramiento de los indicadores de vida de las poblaciones indígena/urbana de Jujuy, la estigmatización hacia Milagro Sala es permanente.

Al mes de octubre del año 2016, Milagro continúa procesada (sin sentencia) y se le niega la excarcelación durante el proceso judicial; con el atributo de que los candidatos electos gozan de fueros parlamentarios. Sumado a esto, mientras desarrollábamos la presente reflexión, era detenido en Jujuy Raúl Noro (pareja de Milagro Sala) por supuesta asociación ilícita. Luego encarcelaron a otras tres militantes de la Tupac Amaru (sumando 11 de la organización), paralelo a las represiones en el ingenio Ledesma (perteneciente a la familia Blaquier), a trabajadores que luchaban por condiciones de trabajo dignas (Cfr. Veiras, 2016).

Este encarcelamiento es producto del ejercicio de la violencia estatal en sus dimensiones étnicas, de género y de clase, como forma de disciplinar a todas aquellas expresiones que no se encuadren en el modelo de varón blanco, heterosexual, burgués y católico, que sostienen la reproducción del capitalismo colonial en todas sus aristas. La organización Tupac Amaru desafía ese modelo y la supuesta naturalidad de la pobreza, así como el racismo y el odio hacia los/as indígenas. Las acciones de la organización, incluyeron además, la construcción de espacios para el pleno desarrollo de la vida de sus comunidades, a partir de obras públicas, educativas, sociales y recreativas; poniendo en crisis las formas hegemónicas de concepción del "desarrollo", es decir, creando espacios legítimos para fomentar condiciones dignas de vida a todos/as los/as sujetos que habían sido empujados/as a los márgenes del sistema.

Finalmente, Milagro es una dirigente que representa la lucha de las mujeres por ocupar lugares de poder político, así como en su propio cuerpo, la composición indígena y la demanda de los sectores populares argentinos, a quienes se les niega estatus de ciudadanos/as desde la colonización en

El segundo caso que introduciremos es el asesinato de la activista y referente indígena del pueblo lenca, Berta Cáceres, quien luchó contra la política extractivista de grupos multinacionales vinculados a capitales extranjeros y fondos de financiamiento internacional. Su muerte representa, al igual que la detención de Milagro Sala, una decidida ofensiva de los grupos concentrados de poder contra los movimientos sociales opositores.

Berta lideraba movimientos en oposición a la lógica extractivista del capitalismo global. Por este motivo, fue merecedora, en el año 2015, del Premio Goldman, también conocido como el Nobel verde, en reconocimiento a su trabajo en favor de los derechos del pueblo indígena Lenca y de "la madre tierra". "La Madre Tierra militarizada, cercada, envenenada, donde se violan sistemáticamente los derechos elementales, nos exige actuar. Construyamos entonces sociedades capaces de coexistir de manera justa, digna y por la vida" (Discurso al recibir el premio).

Berta luchó más de 20 años por la defensa de las tierras y su comunidad, junto a los saberes ancestrales que han vivido durante generaciones en el territorio Lenca de Honduras. Esta comunidad indígena, una de las más grandes del país, vive a orillas del río Gualcarque, el que no sólo se constituye como su principal fuente de agua y alimentos, sino que además es un símbolo sagrado. Decía Berta: "En nuestras cosmovisiones somos seres surgidos de la tierra, el agua y el maíz. De los ríos somos custodios ancestrales, el pueblo Lenca, resguardados además por los espíritus de las niñas que nos enseñan que dar la vida de múltiples formas por la defensa de los ríos, es dar la vida para el bien de la humanidad y de este planeta" (2015).

Frente a la posible apropiación del río por parte de las empresa china Sinohydro y la empresa local DESA, Berta Cáceres fundó el Consejo Cívico de Organizaciones Populares e Indígenas de Honduras COPINH y mediante esta organización, llevaron adelante de forma colectiva, expansivas campañas en defensa de los recursos naturales, denunciando todo tipos de opresiones ambientales, del patriarcado, raciales e institucionales en términos de acceso a derechos. Durante toda su militancia, se vio amenazada no sólo su integridad física sino la de numerosos miembros de la organización. El 3 de marzo del 2016 la asesinaron y nueve días más tarde a Nelson García (compañero de su misma organización), mientras ayudaba a algunas de las familias desalojadas por las empresas a trasladarse del territorio. Unos pocos meses después, asesinaron a otra militante llamada Lesbia Yaneth Urquía de 49 años, madre de dos hijas y un hijo, del municipio de Marcala, La Paz. La compañera Lesbia Yaneth era una destacada líder comunitaria vinculada al COPINH desde las protestas en contra del golpe de Estado del año 2009 y activa militante en la defensa de los bienes comunes de la naturaleza y los derechos indígenas en contra de la construcción de la represa hidroeléctrica.

El proyecto hidrológico sobre el río Gualcarque sigue en marcha, aunque muchos de los accionistas han retirado sus inversiones, debido a la violencia con que se está intentando imponer su construcción. De hecho, por el homicidio de Berta Cáceres se encuentran detenidas cuatro personas, entre ellos un mayor del Ejército y el jefe de seguridad de la empresa local DESA. Desde junio de 2009, año en el cual el presidente constitucional de Honduras Manuel Zelaya fuera derrocado por un golpe de Estado, este país se ha convertido en uno de los más violentos del planeta y en un escenario ideal para las transnacionales extractivistas y para las organizaciones criminales.

Honduras ha cedido el 30% del territorio nacional a las transnacionales mineras e hidroeléctricas. Hay decenas de mega-represas en construcción y más de 300 empresas que saquean el territorio. La ONG Global Witness (Londres), denunció que Honduras es "el país más peligroso del mundo para los activistas por el medio ambiente"[80]. De los 116 asesinatos de ecologistas que hubo en el planeta en 2015, casi las tres cuartas partes se produjeron en Latinoamérica y la mayoría de ellos en Honduras, uno de los países más empobrecidos del continente (ONG Global Witness, 2016). La organización COPINH que supiera liderar Berta Cáceres, es un actor central en la lucha por mejorar las condiciones de vida del pueblo hondureño, de hecho, ha conseguido detener la construcción de muchos embalses, paralizar proyectos de deforestación, congelar explotaciones mineras, evitar la destrucción de lugares sagrados y obtener la restitución de tierras expropiadas a las comunidades indígenas (Cfr. Ramonet, 2016).

80 Para más información, consultar la siguiente página web: https://www.globalwitness.org/fr/press-releases/global-witness-releases-new-data-murder-rate-environmental-and-land-activists-honduras-highest-world/

Debido a la relevancia internacional del activismo de la COPINH, los asesinatos de Berta Cáceres y Nelson García no representan un hecho aislado de violencia empresarial o de reacción desmedida de algún miembro de las empresas involucradas, sino que es una práctica habitual y sistemática que vienen padeciendo los movimientos indígenas de la región por parte de los Estados en manos del capitalismo salvaje.

El tercer caso que presentamos es el de Sofía Gatica y su lucha contra la multinacional estadounidense productora de agroquímicos y biotecnologías destinadas a la agricultura: Monsanto. Este caso, que encuentra similitudes con el activismo de Berta Cáceres y la organización de Milagro Sala, muestra el compromiso de las mujeres de sectores populares por la soberanía territorial y la vida de su gente.

La trasnacional Monsanto es líder mundial en ingeniería genética de semillas y en la producción de herbicidas, el más famoso de ellos el glifosato, comercializado bajo la marca Roundup. En septiembre de 2016, Monsanto anunció que aceptaba ser absorbida por la trasnacional Bayer AG, valorada en 66.000 millones de dólares, con lo que amplía su mercado a los medicamentos o bien Bayer al de la producción alimenticia... Monsanto actúa hace más de 50 años en la eliminación de cultivos tradicionales, endeudando y enfermando a campesinos, desvastando poblaciones rurales, manipulando poblaciones empobrecidas necesitadas de fuentes laborales, contaminando y matando los territorios, e imponiendo sus semillas genéticamente modificadas e infértiles con el fin perverso de dominar el mercado agrícola. Asimismo, es el grupo que se beneficia tras el negocio detrás de la fabricación y venta de armas que financia a EEUU. Por las controversias que Monsanto viene generando, sus empresas se han retirado de la Unión Europea, salvo en España, Portugal y Rumania. Para este caso, podemos observar también, que los cables de los servicios diplomáticos estadounidenses en Europa publicados por Wikileaks dieron a conocer cómo el gobierno de Estados Unidos ejercía presiones a la comisión europea a favor de los intereses de Monsanto apoyados por el gobierno español del entonces presidente José Luís Rodríguez Zapatero.

Sofía Gatica es conocida públicamente como una activista medioambiental cordobesa, referente por su lucha contra los métodos utilizados en el sistema de cultivos por el método de la siembra directa. Este método viene sedimentando el modelo de agricultura industrial impulsado por esta transnacional, basado en el uso de agrotóxicos y semillas genéticamente modificadas[81], con sus consecuencias en el territorio nacional, principalmente en las provincias de la "pampa gringa" desde mediados de la década del 90, momento en que el presidente Menem y sus políticas neoliberales, permitieron la introducción de la soja transgénica en el territorio nacional. Desde hace ya 20 años, el negocio de la soja ha reconfigurado y fragmentado el soporte territorial de gran arte del país, a su vez que estandarizó y homogeneizó uno modelo productivo que atenta contra la diversidad regional y sus formas de producción tradicionales. Las altas regalías por la exportación de este cultivo, ha intensificado los procesos extractivistas de recursos naturales, incrementando los conflictos ambientales de vastas regiones del país (pérdida de bosque nativo, inundaciones, contaminación de napas y ríos, desertificación y sequías, entre otros), con sus lógicos costos sociales, como ser la polarización social, la exclusión, violencias y migración de poblaciones rurales a los bordes urbanos, entre otros.[82]

Las consecuencias sociales, sanitarias, ambientales y económicas de la soja, son las que alimentaron la resistencia de Sofía, sobre todo a partir de un episodio traumático como fue la muerte de su hija a pocos meses de vida.

---

81   OGM: Un organismo genéticamente modificado es un organismo cuyo material genético ha sido alterado usando técnicas de ingeniería genética, la que permite modificar organismos mediante la transgénesis o la cisgénesis, es decir, la inserción de uno o varios genes en el genoma. Los OGM incluyen microorganismos como bacterias o levaduras, insectos, plantas, peces y animales. Algunas plantas transgénicas incluyen genes que les confieren resistencia a determinados herbicidas, como el glifosato, utilizado para combatir plagas de otras plantas en los cultivos. Los principales ejemplos son el maíz RR y la soja RR. Las controversias que generan los OGM incluyen: daños a la salud humana por el uso intensivo de plaguicidas tóxicos, conflictos ambientales, consolidación de oligopolios por la concentración de poder de producción y comercialización de semillas transgénicas, pérdida de autonomía de los territorios y sus gentes. Fuente: wikipedia.org.ar

82   Para rastrear analogías con el clásico de Luis Buñuel, recomendamos hojear: El discreto encanto de la agroburguesía en: http://latinta.com.ar/2016/09/el-discreto-encanto-de-la-agroburguesia/

Su testimonio alienta a un grupo de madres a cuestionar por qué se estaban dando síntomas de enfermedades generalizadas en su población de origen, barrio Ituzaingó de Córdoba, en las afueras de la capital, zona rural donde el cultivo de soja transgénica está ampliamente extendido. Sofía, junto a otras madres, las conocidas "Madres de Ituzaingó", documentaron y demostraron los efectos nocivos para la salud del glifosato utilizado para fumigar la soja. Los resultados desprendieron datos alarmantes: niños con malformaciones, problemas respiratorios y de riñón, lupus, púrpura, leucemia y un altísimo porcentaje de afectados por cáncer. Desde aquel momento, hace casi 16 años, las madres de Ituzaingó emprendieron un proceso de organización para acabar con las fumigaciones sobre los campos de plantaciones de soja que rodean su territorio. En el año 2012, Sofía, al igual que Berta Cáceres, recibió el Premio Medioambiental Goldman por su lucha contra el uso de agrotóxicos en la agricultura argentina. Galardón que no la protegió de reiteradas amenazas de muerte. Estos hechos de violencia, se recrudecieron a partir de su militancia junto a vecinos y movimientos sociales en contra de la instalación de una planta de tratamiento y producción de semillas transgénicas en la localidad de Malvinas Argentinas, en la provincia de Córdoba, propiedad de Monsanto. Desde el año 2012, Sofía junto a una organización de referentes de la cultura, la salud, la ciencia y la técnica, agrupados en el acampe contra Monsanto, han demostrado las irregularidades administrativas y legales en las que estuvo envuelto el proceso de instalación de la mega empresa. Como manifestaba Sofía en una entrevista: "Violaron nuestro derecho a ser informado/as y a decidir, construyeron sin las autorizaciones administrativas, y en una zona para actividad no contaminante" (2016).

Frente a la gran movilización y apoyo de la sociedad civil, la justicia y el gobierno provincial de Córdoba tuvieron que frenar la construcción de la planta Monsanto, rechazar el informe de impacto ambiental e imputar a 15 funcionarios por irregularidades administrativas. Sin embargo, con el nuevo ejecutivo nacional, a partir del 2015, el discurso oficial de la Argentina es que tiene que "volver al mundo", lo que se traduce en que su política económica[83] beneficie a grandes empresas extranjeras. En tal sentido, parte de los diputados y senadores oficialistas, presionan para sancionar una ley que permitiría a la trasnacional Monsanto patentar las semillas[84] y cobrar

---

83   Un ejemplo del modelo de desarrollo que el gobierno nacional pretende consolidar, se vió recientemente en el marco del Foro de Negocios e Inversión, cuando Macri inauguró en una localidad bonaerence una planta de 1600m2 destinada a la producción de agrotóxicos destinados a la fumigación del suelo sojero del mercado interno y también para exportación a países limítrofes. Fuente: http://latinta.com.ar/2016/09/inauguran-fabrica-que-producira-800mil-litros-de-agrotoxicos/

84   Por sexta vez se presenta en el Congreso una nueva propuesta de modificación de la ley de Semillas y Creaciones Fitogenéticas N° 20.247. Las intenciones de cambiarla apuntan

regalías a los productores. Todo lo cual, se fortalece a través de discursos sobre el "desarrollo", que involucran la avidez económica y la complicidad de los gobiernos de turno, las presiones de empresas extranjeras y débiles gestiones municipales, que son el cóctel ideal para apropiarse, destruir y dominar los territorios del sur.

Sofía Gatica junto a organismos sociales y ambientales, también están apoyando otros conflictos como el de la Empresa Porta Hermanos y su producción de Bioetanol en un barrio de la ciudad de Córdoba, procesos de desmontes en los corredores serranos por la instalación de mega empresas constructoras y sus emprendimientos inmobiliarios en Sierras Chicas, minerías en el Valle de Paravachasca y a nivel nacional con el repudio a la Barrick Gold y sus derrames de cianuro en Jáchal en la provincia de San Juan.

La hija pródiga: keiko fujimori

"Fujimori en libertad y Keiko presidente"
Canto de simpatizantes Fujimoristas

Keiko Fujimori es la líder de Fuerza Popular, un partido político formado en 2010 y convertido en actor clave de Perú (ha obtenido mayoría en el Congreso). Resultó la candidata favorita en las últimas encuestas presidenciales, cuyo rival era el ex banquero de derecha Pedro Pablo Kuczynski (PPK). Con 41 años de edad y una maestría en administración de empresas por la Universidad de Columbia, es conservadora en temas sociales y está a favor de la economía de

---

a consolidar formalmente el pago de regalías en concepto de derechos de propiedad intelectual, el fortalecimiento del Instituto Nacional de Semilla (Inase) y la restricción del derecho de uso propio de semillas, mecanismo que profundiza los procesos de dependencia, colonización y despojo de los territorios nacionales en una apuesta por una violenta gestión imperialista de los recursos naturales.

libre mercado. Cuenta con una extensa trayectoria política, ya fue candidata presidencial en el año 2011, congresista y primera dama a los 19 años de edad, cuando Alberto Fujimori se separó de su entonces esposa.

El padre de Keiko Fujimori, ex presidente de Perú, cumple una condena de 25 años por corrupción y violaciones a los derechos humanos, cometidas durante su presidencia entre 1990 y 2000. La sala de tres magistrados que procesó a Fujimori durante un año y cuatro meses, concluyó que éste era responsable de crímenes de Estado y crímenes de lesa humanidad, además de promotor de un "autogolpe" durante 1992, cerrando el Congreso con el apoyo de las Fuerzas Armadas. Se comprobó su responsabilidad en el asesinato de 25 personas en las matanzas de Barrios Altos y La Cantuta, y los secuestros del periodista Gustavo Gorriti y del empresario Samuel Dyer. Asimismo, el tribunal estableció que Fujimori era responsable de los delitos de asesinato con alevosía, secuestro con agravantes y lesiones graves. La sentencia estableció que había encabezado una organización criminal, que desde el gobierno, aplicó una política de guerra sucia contra la llamada guerrilla, ejecutada por el escuadrón de la muerte "Grupo Colina".

Durante el año 2002, fue acusado de dirigir entre 1996 y 2000, un plan de esterilizaciones forzosas a más de 200.000 mujeres, la mayoría indígenas, de las cuales 18 murieron. Basado en un informe que recupera 56 documentos oficiales y los testimonios de diversos funcionarios del ministerio que trabajaron durante el Gobierno de Fujimori, se sabe que realizaron 215.227 ligaduras de trompas y 16.000 vasectomías, en el marco de un supuesto plan masivo de salud pública, cuyo objetivo no era la prevención de epidemias, sino que disminuyera el número de nacimientos en los sectores más pobres de Perú.

Cuando Alberto Fujimori fue preso, Keiko Fujimori era congresista y en medios de prensa calificó la condena contra su padre como "un fallo lleno de odio y venganza". "Los fujimoristas no nos quedaremos con los brazos cruzados, vamos a salir a las calles". Lo que explica que en la contienda electoral por la presidencia del Perú, la candidata Veronika Mendoza del Frente Amplio (partido de izquierda), llamara a votar por el candidato de derecha que se oponía a Keiko, entendiendo que ella representaba a los sectores más conservadores y antidemocráticos.

Finalmente el balotaje fue ganado por el candidato del PPK, aunque la fuerza fujimorista mantiene mayoría en la unicameral de congresistas de la nación, es decir que es la primer fuerza de oposición frente a un gobierno que pareciera no distar mucho del ideario político del partido de Fuerza Popular. Temas sustanciales como la minería del oro en Perú, el sistema de transporte público, el sistema de sanitario (incluyendo prestaciones de salud hasta corriente de agua potable en zona selváticas), la situación de los pueblos indígenas, son deudas centrales de la Democracia Peruana.

El caso de Fujimori padre como de Keiko, son ejemplos de lo que significa el Neoliberalismo como doctrina económica y como modo de gestionar el Estado. Una combinación de liberalismo económico, conservadurismo en temas sociales e intereses al servicio de los países centrales, generan un escenario de desigualdad y de crueldad social de escalas inimaginables. El racismo y el colonialismo que detentan la fuerza fujimorista crece en adeptos en Perú y encuentra parecidos en otros países de la región, tras los recambios de gobiernos a los que estamos asistiendo.

Epistemologías del sur

> *"La ciencia que va a ser necesaria va a ser la que pueda dialogar con otros saberes"*
>
> *Boaventura de Sousa Santos*
>
> *(Fragmento del discurso en la entrega del Doctorado Honoris Causa en la UNC, 2016)*

Cuando Bonaventura Sousa Santos (2010) nos invita a pensar alternativas a las críticas de los centro de producción académica occidentalizadas, nos propone reflexionar acerca de procesos y casos como los que relatamos en este trabajo: Historias y problemáticas que son emergentes de nuestros singulares territorios, que ameritan reflexiones situadas y atentas a las dimensiones geo-políticas, raciales y de género, junto a sus particulares epistemologías y ontologías , para construir conocimiento en favor a los intereses de cada país y región.

En ese sentido, pensar "desde el sur" es una invitación a descolonizar el poder de la crítica, desentramando el complejo civilizatorio que nos impuso como visión del mundo un horizonte de progreso universal, en el marco de la modernidad capitalista. Para lo cual, la producción de conocimiento científico fue parte constitutiva de esa universalidad ficcional, tejida con los hilos de una epistemología eurocéntrica y capitalista, que no sólo saqueó conocimientos de las comunidades originarias, sino que les negó el estatus de ciencia (tal como lo expresó el filósofo José Gandarillas Salgado, 2014).

Sin embargo, la pretensión de recuperar nuestra propia tradición histórica, conquistada y colonizada por occidente, no implica abandonar la lectura de clásicos tales como Marx, Kant o Hegel, sino que al contrario, recuperarlos como conocimientos históricamente situados y desde nuestra posición, que podemos denominar "margen de producción epistémica" (Gandarillas, 2014), "pensamientos fronterizos" (Mignolo, 2004) o "epistemologías de las ausencias y emergencias" (Santos: 2002), resignificarlos. Los y las filósofos/as del sur no abandonan el potente desafío de producir conocimiento "desde el margen", en tanto posibilidad de ser y visibilizar una serie de ausencias sistemáticas dentro de la producción científica del conocimiento dominante, apuestan a demostrar de qué manera estas ausencias responden a intencionalidades explícitas y creadas desde los centros del poder global. Mucha de esta producción académica, literaria y científica se organizan en binomios categoriales y dicotómicos, como pueden ser civilización/barbarie, primer mundo/tercer mundo, desarrollado/subdesarrollado, norte/sur, urbano/rural, que no permiten atender a la complejidad y a la diversidad de lo socioterritorial.

Asimismo, la raíz colonial en el campo científico instaló una serie de teorías sobre "evolucionismo social", que identificaron como inferiores a los y las latinos/as o a los/as indígenas, imponiendo el mestizaje como posibilidad "civilizatoria" y como condición para "desarrollar" pueblos que se consideraban atrasados, ya sea en su relación con la naturaleza o la economía, en los procesos de salud y enfermedad, etc. Los centros de producción científica y formación disciplinar de Latinoamérica fueron colonizados por esa crítica del desarrollo científico moderno, adoptando para sí, una mirada cómplice con una historia anglosajona y europea, que sitúa a nuestra región como "nuevo mundo" y a Europa como "viejo mundo". Un nuevo mundo que primero fue necesario conquistar y evangelizar, negar en su historia, para más tarde "insertarlo" en la modernización capitalista y en la senda del desarrollo y progreso de una forma tardía y colocar como punto cero de la historia, al occidente europeo.

En tal sentido, la propuesta de las epistemologías del Sur, es visibilizar aquello que se produce en los márgenes, lo que occidente denomino primitivo o bárbaro, dislocando el punto de inicio de nuestra historia. Tomando ese desafío, el presente trabajo intenta recuperar la militancia y los saberes de mujeres como Berta Cáceres, Sofía Gatica o Milagro Sala, despreciadas por negras, indígenas, pobres y mujeres, bajo la vigilancia epistemológica constante, que llama la atención sobre que la sola condición latinoamericana no garantiza una mirada diferente, tal como lo demuestra Keiko Fujimori, sino que es el posicionamiento político, la opción por producir herramientas de conocimiento alternativas, lo que evidencia un gesto decolonial y liberador.

Epistemologías feministas latinoamericanas

"Las herramientas del amo nunca desarmarán la casa del amo"
Audre Lorde

Maffia (2007) analiza que las críticas al centralismo de la racionalidad europea son impostergables para los feminismos de la región, ya que el feminismo dominante suele ignorar la relación entre centro y periferia, tan relevante como la dominación patriarcal. En ese sentido, para las feministas latinoamericanas resulta imposible realizar cualquier análisis de lo social, que no tome en cuenta las dimensiones de raza, sexualidad, clase y edad. Asimismo, analizar los procesos en la materialidad de los cuerpos racializados, empobrecidos, folclorizados, colonizados de las mujeres latinoamericanas (Cfr. Spinoza, 2008). La ausencia de cualquiera de estas variables, disminuye la potencia de la crítica de lo que pretendamos comprender, porque como sostenía Andreu Lorde (2003), estaremos examinando el patriarcado racista con las teorías que ese mismo orden creó.

En el mismo sentido, Segato (2013) sostiene que para enfrentar las formas de violencia que participan de la desposesión de las mujeres subalternas, hay que desarticular el brazo armado de estos procesos de despojo, como es el conocimiento científico dominante, en tanto uno de los discursos que construye el mandato de la masculinidad. El capitalismo, la modernidad no podrían haber cumplido con parte de sus objetivos sin ese mandato de masculinidad que impone la violencia, el ultraje, la desposesión de otros y otras, donde en la gran mayoría de las veces, las pruebas se ejecutan sobre el cuerpo de las mujeres. Segato (2013) afirma que la masculinidad tiene que ser demostrada de modo permanente, porque si no, no existe. Este es uno de los grandes problemas de la humanidad, ya que dicho mecanismo operaría en todos los ámbitos sociales, como una guerra difusa, donde diferentes actores persiguen el ejercicio del control social: "Quienes alertamos el camino sin salida de la acumulación, del productivismo, de la competitividad, de la relación con las cosas por encima de la relación con las personas no hemos sido capaces de crear una retórica de valor para nuestro proyecto histórico. No hemos sido capaces de mostrar que hay cosas más interesantes, hay cosas más festivas, hay cosas más alegres, hay formas menos lúgubres de existir" (Segato, 2014: sd).

El discurso de la ciencia dominante es un discurso de poder masculino, por lo que no pocas feministas, como advierte Maffia (2007), decidieron renunciar a los aportes que las teorías científicas y políticas pueden hacer para mejorar las condiciones de vida de nuestros pueblos. Si bien es cierto que la ciencia dominante, en tanto producto de la cultura patriarcal, debe ser repensada, cuestionada y formulada desde otras posiciones, no debiéramos renunciar a la palabra científica, al conocimiento fundado y legitimado. El desafío es construir nuevas epistemologías y métodos de conocer, dando lugar a saberes ancestrales, a conocimientos populares que diversas culturas transmiten generacionalmente, así como a las demandas y reclamos de las organizaciones de nuestra región. Lograr una ecología de saberes como diría Boaventura de Sousa Santos, a partir de procesos de traducción situados, para potenciar teorías y praxis que se fundan en la búsqueda de la emancipación social.

Dialogando con los casos a la luz de las epistemologías del sur y feministas

(...)"El pensamiento libre es pensamiento libre de temor. Es decir, pensamiento que encuentra apoyo en el poder de los cuerpos, de los que dice que nunca sabremos del todo qué es lo que pueden, hasta dónde puede llegar su potencia colectiva. El pensamiento libre es investigación colectiva sobre la potencia de los cuerpos no sometidos al terror."(...)

Spinoza

En los apartados donde describimos los casos de Milagro Sala, Sofía Gatica y Berta Cáceres, advertimos que el capitalismo es un orden disciplinar del cuerpo, la política y la subjetividad, en este caso de mujeres indígenas y representantes de intereses de sectores subalternos de Latinoamérica.

A lo largo de la historia, observamos cómo en el marco de procesos totalitarios, el capitalismo estatal extermina a los sectores subalternos y los reprime en Democracia. Cualquier modo de resistencia a la reproducción del capital, especialmente la de aquellos cuerpos que representan en su sola existencia, lo que el sistema desprecia pero necesita para reproducirse (por su fuerza de trabajo): lo negro, lo pobre, lo campesino, lo latino y lo subalterno, debe ser deslegitimado, ridiculizado, perseguido, controlado, censurado y hasta eliminado cuando se rebela. La represión y el aniquilamiento, son el síntoma de la desesperación del capitalismo, cuando los modos capilares de funcionamiento y control dejan de funcionar, viéndose enfrentado por mujeres rebeldes y proyectos contra hegemónicos y emancipatorios.

En tal sentido, el procesamiento judicial de la referente Milagro Sala, es un modo de escarmentar y disciplinar a las organizaciones políticas indígenas, que tengan por demandas reivindicativas la distribución del ingreso, el empleo, la educación, la vivienda y el trabajo, como así lo fue también, el asesinato de Berta Cáceres y su compañero Nelson García. A estas luchas centenarias por mejores condiciones de vida, como la que lidera Milagros, la emergencia de una conciencia ambiental en Latinoamérica, que aparece de la mano de los conflictos socioterritoriales ligados a actividades extractivistas como las que repudian Berta y Sofía, se recrudecen en esta contraofensiva neoliberal y "pone de relieve la expansión de la frontera del extractivismo como nueva modalidad del capital; lo que, por ejemplo, colisiona con el avance de los derechos de los pueblos originarios", según Maristella Svampa (2016).

Al contrario de estos casos, la candidatura y el éxito electoral de Keiko Fujimori, revela que la Democracia liberal, en los términos planteados por el liberalismo clásico, puede convertirse en una forma más del capital para controlar, tornando la Democracia en un juego de competencia entre aristocracias y sectores afines al capitalismo salvaje. Disputas entre candidatos/as que terminan siendo versiones más o menos violentas de mismos proyectos: políticas de extracción de recursos naturales, liberalización de la economía y negación de derechos culturales, sociales y económicos para la mayoría de la población.

Un ejemplo de lo que hace el capitalismo con la Democracia y retomando la idea del conocimiento científico moderno como un brazo más del colonialismo capitalista, dentro de los binomios civilizatorios planteados por occidente, Keiko Fujimori representa el "buen salvaje" o el "salvaje útil", quien peruana y mujer, por su posición de clase, trayectoria de vida y posicionamiento político, configura su subjetividad y práctica al servicio del capitalismo racista. En otros palabras, Keiko Fujimori representa los intereses coloniales del capital globalizado, el cual opera mediante facciones políticas del mismo Perú, quienes no dudan en asesinar a militantes como Berta Cáceres o esterilizar mujeres indígenas como hiciera su padre. Si Sofía no corrió la suerte de Berta, es porque la multinacional del abuelo Santo, ya se habría cobrado otras vidas en otras latitudes y ante la mala prensa que eso pudiese haber provocado en la conservadora pampa gringa argentina, utilizaron ardides "más sutiles" pero no menos repudiables.

En Argentina, a unas semanas de asumir un gobierno provincial y nacional de derecha racista, a través de elecciones democráticas, similar al proyecto político que triunfó en Perú ganándole a Keiko Fujimori, Milagro marchaba presa. Milagro está presa por coya, por negra y por mujer militante, motivos sobrados para que el actual gobernador de Jujuy, quiera aniquilarla políticamente. Ella representa una amenaza para una gestión política basada en la exclusión de las comunidades indígenas, los sectores populares y el enriquecimiento de las elites. "Al radicalismo, que siempre ha tenido una postura muy misógina con sus mujeres —al igual que el PJ—, debe resultarle insoportable que los desafíe una negra y una mujer. Milagro rompe con ese orden natural instalado, que en esta provincia es el poder de los Blaquier[85]" (España; 2016). Modelo de gestión provincial que se articula con el gobierno nacional, donde Mauricio Macri implementa políticas de ajuste y privatización que hasta el momento han generado una oleada de despidos de empleados estatales, cierres de programas y políticas sociales de relevancia social, devaluación e inflación. Asimismo, se retiraron los aranceles a casi todas las exportaciones agropecuarias con excepción de la soja, se desarticularon controles a las importaciones y se implementaron aumentos del 350 por ciento en promedio para las tarifas eléctricas, gas y transporte público, lo que nos evidencia una transición económica, cultural y política que históricamente se denomina "Programa de Ajuste Estructural".

Otra de las herramientas que el Neoliberalismo supo implementar en los años 90 y retoma actualmente, es la persecución y estigmatización mediática a través de discursos moralistas que polarizan los entramados sociales, incitan a iniciativas de justicia por mano propia y refuerzan el hostigamiento a militantes políticos opositores, desde una figura compleja y controversial como es la del/la "pibxs chorros", "ñoquis" o "corrupto/a". El gobierno argentino hace uso de esta figura de modo permanente, denunciando a opositores, como Milagro Sala. El blindaje mediático también lo encontramos en los aspectos productivos del modelo de desarrollo vigente, con los discursos y propagandas rimbombantes sobre las tecnologías de punta para el agro que desdibujan e edulcoran el aspecto más problemático de la agroburguesía. En tal sentido, el decano de la Facultad de Agronomía de la UNC, quien se pronunciaba a favor de la instalación de Monsanto en Malvinas Argentinas, enunció la siguiente frase ante el Consejo Superior de la UNC cuando ésta discutía si se debía rechazar o no la llegada de la multinacional a los territorios cordobeses: "Si se prende fuego la planta de Monsanto, lo único que pueda haber es pururú para todos y todas" (Cfr. Taborda Varela: 2016).

Más allá de si existen casos o no de corrupción en los sectores opositores al actual gobierno, lo que importa a los fines del análisis, es pensar la operación política de centrar el discurso público en personas o partidos "corruptos" (que serían malos e inmorales), más que en casos de corrupción de los que la justicia debiera ocuparse. Como sostiene Mocca, (2015) "para que la moral adquiera entidad de argumento político hay que convertirla en

---

85   Blaquier es uno de los hombres más ricos de la Argentina y uno de los principales accionistas del ingenio Ledesma. Durante esta última década, fue procesado por trasladar 400 trabajadores del ingenio a centros clandestino de detención, la denominada "noche del apagón", y por la participación en la privación ilegal de la libertad de 29 personas, prestando autos del ingenio Ledesma para trasladar a los/as secuestrados/as. Actualmente, los trabajadores del Ingenio Ledesma están de paro. Sufrieron una brutal represión por parte de la policía provincial de Jujuy durante julio, tras realizar un piquete en la ruta nacional 34. La huelga continúa, porque la empresa de los Blaquier no mejora la propuesta de 11200 pesos de básico, ya rechazado por el sindicato.

fuente del establecimiento de un antagonismo central: los inmorales son los adversarios" Se evita de este modo, discutir sobre modelos de Gobierno y sus consecuentes políticas sociales. Lo que ocurre es una moralización y judicialización de la política, que habilita aniquilar al adversario político a través de opiniones y sospechas morales, para evadir el debate sobre lo que sería un sistema corrupto[86], tal como sí denunciara Berta Cáceres o Sofía Gatica, en relación a los negociados entre el Estado y las empresas multinacionales, en torno a los recursos naturales.

En ese sentido, la corrupción es un problema político y no sólo judicial, solo en la medida en que debilita el lugar del Estado y afecta el fin por el cual un/a político/a ocupó un cargo público. Lo que sucede en el Neoliberalismo, es que se instala la corrupción como un problema político que dividiría posiciones antagónicas entre sectores partidarios. Así, unos son transparentes y otros corruptos. Esta es la base de la construcción del consenso mediático-judicial-político que mantiene a Milagro presa, que sustenta el discurso de campaña de Keiko Fujimori en elecciones y que asesinó a Berta Cáceres en Honduras o pretende callar a Sofía Gatica.

86   Un sistema que apela a la contracción económica, el endeudamiento, la caída del nivel de vida de muy amplios sectores de la población, la devaluación y el aumento de las desigualdades.

Reflexiones

En el neoliberalismo, "La economía es el método, pero la finalidad es cambiar el corazón y el alma"

Margaret Tatcher

La crisis del neoliberalismo durante la primer década del siglo XXI, provocó un escenario geopolítico donde las economías de la región, sobre todo aquellas vinculadas al Mercosur, lograron mayores grados de empleabilidad, acceso a la educación, salud, viviendas, obra pública, desendeudamiento, mejoramiento de la calidad de vida de la población vía el aumento del consumo y la productividad económica. En el marco de estas políticas de intervencionismo estatal, crecen y se desarrollan organizaciones como la Tupac Amaru en Argentina, con Milagro Sala como referente. Sin embargo, en este escenario de gobiernos progresistas que se desplegó durante al menos 12 años en toda la región, el debate pendiente fue y es el de los costes del modelo productivista en materia socioambiental y territorial, cuyas economías amparadas en el "consenso de las commodities", han estigmatizado y a veces demonizado luchas como las de Berta Cáceres o Sofía Gatica (Svampa: 2016). Cuestión que se agudiza y torna peligrosa cuando gobiernan sectores directamente vinculados a la agroburguesía.

En ese sentido, en la introducción del trabajo planteamos la urgencia del debate, la necesidad de producción de información y reflexiones frente al avance del neoliberalismo en Latinoamérica, que retorna con una lógica más rápida y violenta frente a lo que otrora fuera el Consenso de Washington o más actualmente, el Consenso de las commodities. Advertimos que el sistema público de producción científica produce ciertos debates y discusiones en torno a esto, pero se desarrollan en el marco de epistemes con tendencias colonialistas, que no logran encontrar un canal de diálogo con representantes de intereses de los/as subalternos, tal como es Milagro Sala, Sofía Gatica o era Berta Cáceres. En consecuencia, ¿Cuál es nuestra capacidad real de incidir en procesos políticos populares?; ¿Cómo influir en la opinión pública cada vez más hegemonizada por un tipo de sentido común conservador, patriarcal, blanco y eurocéntrico?

Frente a esta situación, desde lo que podemos llamar la academia, en términos de centros legitimados de producción de conocimiento, estamos urgidos de cuestionar aquellos marcos ontológicos, epistémicos y metodológicos que reproducen la lógica del capital o que con su visión eurocéntrica, acaban invisibilizando los nudos centrales de reflexión que requiere Latinoamérica. Por lo tanto, nos preocupa la vigencia de categorías tales como desarrollo, progreso o modernidad en el discurso de teóricos críticos del ámbito de las

Ciencias Sociales, que (re) producen una crítica academicista eurocentrada, funcional a los intereses dominantes.

Asimismo, nos debemos un debate profundo acerca de la Democracia como mecanismo de representación de las mayorías populares, ya que resulta al menos problemático y sólo pensando en el caso de Keiko Fujimori, afirmar que garantiza la representación de los intereses del pueblo Latinoamericano. Acaso, ¿no nos resulta evidente que la influencia del capital ha llegado a subjetivar de tal manera los procesos políticos en Latinoamérica, que ha reducido la capacidad de acción de movimientos indígenas, feministas y populares? El interrogante no se dirige a deslegitimar la Democracia, único modelo de Estado y de gobierno que hasta este momento de la historia nos ha garantizado el mayor acercamiento a la igualdad y a la convivencia, sino buscar formas de Democracia que podríamos llamar más radicales. Estas debieran ampliar la representación a todos los sectores que componen Latinoamérica y el Caribe, especialmente de las mujeres de sectores subalternos y de los movimientos indígenas. Así también, encontrar mecanismos de democratización de los medios de comunicación y de su incidencia en la opinión pública, entre otros pendientes. Motivo por el cual, nos preguntamos: ¿Por qué no exigir paridad del 50% en representación de las mujeres en cargos ejecutivos?; ¿Por qué no pedir cupos para pueblos originarios y sectores afro?; ¿Por qué no incluir en los debates a la *Pachamama*, los recursos territoriales y los conocimientos situados de las comunidades que garantizan su provecho y a su vez su cuidado?; ¿No resulta llamativo que la gran mayoría de las resistencias territoriales ante el despojo de los bienes comunes sean impulsadas y sostenidas por sus mujeres? No estamos amparadas en un esencialismo de raza, mucho menos de género, pero sí en la convicción de que la representación de estos sectores no puede seguir siendo simulada por quienes se arrogan el poder de hablar por todos, porque ese todos es uno solo: los sectores blancos, burgueses y urbanos.

Los casos que hemos analizado, particularmente el de Milagro Sala, Sofía Gatica y Berta Cáceres, son síntomas de la relevancia que las organizaciones y la política como herramienta o instrumento de acción tienen para los sectores subalternos, en términos de enfrentar la discriminación y la violencia institucional/patriarcal/racista, aún en modelos de Estado democráticos, pero orientados por proyectos políticos Neoliberales. Ante tales síntomas de organización socia, la derecha comienza a organizarse y busca desde métodos democráticos, como la elecciones en Perú, o implementando políticas de muerte como el asesinato de Berta Cáceres, frenar y desarmar las conquistas populares. Acompañan estas acciones la complicidad de los medios hegemónicos de comunicación y los discursos académicos e intelectuales, que se encargan de darle dirección y organicidad a proyectos estatales de corte Neoliberal.

Tanto Sofía Gatica como Berta Cáceres y Milagro Sala, son mujeres que comprendieron la relevancia de apuestas políticas que contemplen la vida social y natural como un todo integrado, que impulsan la organización y la colectivización de demandas. Por eso el Neoliberalismo combate la organización política de esto sectores subalterno/as, porque su logro principal es justamente evadir "al sálvese quien pueda" incluyendo a la tierra y sus recursos. Asimismo, los logros de estas mujeres evidencian la ficción que envuelve la meritocracia, la idea de "quien quiere puede" y puede solo/a. Pensamientos capilares de la política y cultura dominante del Neoliberalismo. Por el contrario, el poder de los de abajo, radica en fortalecer los lazos comunitarios, las redes de ayuda y cooperación, los mecanismos hormigas para torcer y arremeter la contraofensiva del capital global.

Pensar en comunidad, es una forma de desarticular el conocimiento desde el punto cero (Castro Gómez, 2007) y una praxis descolonizadora para potenciar el pensamiento crítico situado desde el sur. Pensar desde "entramados comunitarios" para la feminista Raquel Gutiérrez Aguilar (2012) implica pensar "la multiplicidad de mundos de la vida humana que pueblan y generan el mundo bajo pautas diversas de respeto, colaboración, dignidad, cariño y reciprocidad, no plenamente sujetos a las lógicas de la acumulación del capital aunque agredidos y muchas veces agobiados por ellas". Abonando este concepto, la curaca comechingona Mariela Tulian (2016) sostiene, "nosotros entendemos que atacar a la mujer fue algo estratégico en la época de la conquista porque era desmantelar a la familia, a la comunidad. Por eso se atacó la vida comunitaria en todas sus formas y maneras de entender la relación con el territorio. No nos olvidemos que la Madre Tierra es un ser femenino" (...) "Apuntaban a desmantelar la vida comunitaria con la pretensión de traer civilización al territorio cosa que hasta hoy seguimos disputando. Son temas muy sensibles. Entendemos que el corazón de la lucha, es lo colectivo", agrega. Por tanto, como diría Fernández Savater (2015), las organizaciones son la fuerza "para alterar el deseo social, contagiar otra sensibilidad y expandir horizontalmente nuevos afectos. Esa fuerza sensible es y ha sido siempre el poder de los sinpoder". A ese proyecto debe apuntar la producción de conocimiento.

Bibliografía

ARANCÓN Fernando (2013). El Orden Mundial en el S.XXI. EEUU en Latinoamérica. Disponible en: http://elordenmundial.com/regiones/america-norte/estados-unidos-en-latinoamerica/

CÁCERES Berta (2015). Discurso al recibir Premio Ambiental Goldman. Disponible en: http://www.radiomundial.com.ve/article/discurso-de-berta-c%C3%A1ceres-al-recibir-premio-ambiental-goldman

Conferencia Gandarillas Salgado: "Descolonización del Pensamiento Crítico". Disponible en: https://www.youtube.com/watch?v=xaiMPncNE38

España Jiménez Pao (2016). "No fue magia, fue Milagro". Sección Las 12. Diario Página 12. En: http://www.pagina12.com.ar/diario/suplementos/las12/13-10327-2016-01-23.html.

ESPINOSA MIÑOSO Yuderkys (2009) "Etnocentrismo y colonialidad en los feminismos latinoamericanos: complicidades y consolidación de las hegemonías feministas en el espacio transnacional" Revista Venezolana de Estudios de la Mujer. VOL. 14. N° 33 - pp. 37-54.

FERNÁNDEZ SAVATER Amador (2015) "La piel y el teatro. Salir de la política". Blog Eldiario.es. Disponible en: http://www.eldiario.es/interferencias/piel-teatro-Salir-politica_6_442065819.html

GUTIÉRREZ AGUILAR, Raquel (2012) "Pistas reflexivas para orientarnos en una turbulenta época de peligro".

LACLAU Ernesto y CHANTAL Mouffe (1987): Hegemonía y estrategia socialista. Hacia una política democrática radical. Madrid: Siglo XXI.

LORDE Audre (1988) "Las herramientas del amo nunca desarmaran la casa del amo". En: Este punete, mi espalda. Voces de mujeres tercermundistas en los Estados Unidos. Moraga E. y Castillo A. editoras. San Francisco, Ism Press.

LORDE Audre (2003) La hermana, la extranjera. Madrid: Horas y Horas.

MAFFIA, Diana. (2007). Epistemología Feminista: La subversión semiótica de las mujeres en la Ciencia en Revista Venezolana de Estudios de la Mujer. Caracas, enero-junio, Vol. 12, N° 28.

MAIN A. y Beeton D. (2015) "Los archivos WikiLeaks sobre América Latina" publicado en el portal Center for Economic and Policy Research. En: http://cepr.net/publicaciones/articulos-de-opinion/los-archivos-wikileaks-sobre-america-latina.

MOCCA Edgardo (2016). La discusión moral, de López al ruidazo. En Página 12, domingo 17 de julio del 2016. Disponible en: http://m.pagina12.com.ar/diario/elpais/1-304462-2016-07-17.html

ORTEGA Reyna J. (2010). Reseña de: "Epistemología del sur" de Boaventura de Sousa Santos. Revista Mexicana de Sociología, vol. 72, núm. 1, pp. 177-179.

RAMONET Ignacio (2016). "Berta Cáceres, crimen político". Editorial en el diario Le Monde Diplomatique N°: 246 Abril 2016. Disponible en: http://www.monde-diplomatique.es/?url=editorial/0000856412872168186811102294251000/editorial/?articulo=7f66db08-6765-46c1-94cd-03f8096fd26b

RUSSO Sandra (2010) Milagro Sala, Jallalla. La Tupac Amaru, utopía en construcción. Argentina: Ediciones Calihue

SALINAS Juan José (2016) JUJUY. ¿Quién es Gerardo Morales? Su historia secreta. Blog Pájaro Rojo, disponible en: http://pajarorojo.com.ar/?p=21272

SEGATO Rita (2013) La escritura en el cuerpo de las mujeres asesinadas en Ciudad Juárez. Argentina: Tinta de Limón.

SEGATO (2014) "En el cuerpo de la mujer se realiza una pedagogía de la crueldad". Entrevista Infojus Noticias. Disponible en: http://alice.ces.uc.pt/news/?p=3231

SOUSA SANTOS Boaventura (2010) Descolonizar el saber, reinventar el poder. Uruguay: Ediciones Trilse.

SVAMPA, M (2016) "El progresismo minimizó las luchas socioambientales". Diario digital La Gaceta. En: http://www.lagaceta.com.ar/nota/700999/sociedad/progresismo-minimizo-luchas-socioambientales.html

TULIAN, M. (2016) "Nuestra militancia es milenaria y además intercultural". En diario digital La tinta. http://latinta.com.ar/2016/09/nuestra-militancia-es-milenaria-y-ademas-intercultural/

VEIRAS N. (2016) "Estamos viviendo un estado policial". Sección El País. Diario Página 12. En: http://www.pagina12.com.ar/diario/elpais/1-304302-2016-07-15.html.

VERBITSKY H. (2016) "El escarmiento". Sección El País. Diario Página 12. En: http://www.pagina12.com.ar/diario/elpais/1-293902-2016-03-06.html.

http://madresdeituzaingo.blogspot.com.ar/

https://copinh.org/article/discurso-de-berta-caceres-en-el-opera-house-san-fr/

COMENTARIO 7

EL LUGAR DE LA POLÍTICA, LA POLÍTICA DEL LUGAR

Sofía Soria[87]

Narraciones feministas ante la contraofensiva neoliberal. Alternativas políticas con cuerpos y geografías del sur, de Gabriela Bard Wigdor, Denise Mattioli y Gabriela Artazo, articula un lenguaje que nos expone a la exigencia de renovar una pregunta que, a pesar de haber sido habitada por buena parte del pensamiento crítico latinoamericano, no deja de tener vigencia: ¿desde dónde leer América Latina? Esta pregunta, que en realidad se deslinda en dos problemas vinculados al lugar (el lugar de la lectura y la lectura sobre un lugar), demarca un *topos político* que se juega en la imposibilidad de distinguir esos problemas, pues en esa misma indistinción se propone un campo de discusión y polémica.

El texto tematiza América Latina en la actual coyuntura, caracterizada por una "contraofensiva neoliberal", expresión que en el contexto de este escrito busca dar cuenta de los acontecimientos políticos y electorales que en los últimos meses han venido motivando la derrota y deslegitimación de los llamados gobiernos "populares". En tanto lugar que hace inteligibles esos y otros acontecimientos, el término "contraofensiva neoliberal" propone algo más que la denuncia de los intereses de Estados Unidos en la región (aspecto que sin embargo queda muy bien trabajado mediante la recuperación de los conocidos *wiki leaks*), en la medida que tensa la lectura del neoliberalismo hacia un debate que desborda lo estrictamente económico y resitúa la centralidad de la política a través de la inscripción de dos topos de lectura: la *geopolítica* y la *ideología*. En este sentido, la perspectiva geopolítica se introduce a través de un trabajo con los datos que orienta la discusión hacia otros términos, en tanto su misma exposición permite mostrar que América Latina es una configuración espacio-temporal periferizada que debe mirarse en el horizonte histórico del colonialismo y la colonialidad. A su tiempo, el problema de la ideología se demarca como ese terreno en el que parecen jugarse los aspectos más críticos de la llamada "contraofensiva neoliberal", en la medida que el texto va ofreciendo indicios que muestran cómo los llamados gobiernos "populares" parecen perder fuerza como alternativa política y electoral a partir de la configuración de los términos en los que se libra la denominada "batalla ideológica" o "cultural"; allí donde se articulan y diseminan los lenguajes políticos con los que se discute y piensa una época.

Pero hay otro lugar de lectura, quizás uno de los más interesantes y, tal vez por eso mismo, el que se transita en todas sus potencialidades y riesgos: el *nombre propio*. Milagro Sala y Sofía Gatica (Argentina), Berta Cáceres (Honduras) y Keiko Fujimori (Perú), son cuatro huellas que hablan de América Latina hoy. El nombre propio es lo que viene a tematizar la realidad regional en su complejidad y carácter paradojal, porque mientras los tres primeros nombres son el signo de aquello que los lenguajes políticos de la "contraofensiva neoliberal" no pueden tolerar, absorber o domesticar, el cuarto expresa el relativo éxito de sus principios de organización económica, política y social. El nombre propio tiene un potencial analítico que el texto no sólo no soslaya, sino que expone aún a riesgo de exponerse a sí mismo: pensar desde la singularidad. La apuesta por el nombre propio y la singularidad constituye un gesto que se mueve en la tensión entre, por un lado, el abandono de generalizaciones homogeneizantes y, por otro, la comprensión de una especificidad espacio-temporal sin perder de vista procesos histórico-estructurales. En este marco, haría dos observaciones que me parece podrían aportar a la discusión de las implicancias políticas de este gesto.

En primer lugar, diría que uno de los desafíos al que nos enfrenta este texto tiene que ver con complejizar la relación entre cuerpo, subjetividad y práctica política. Los cuerpos que llevan el nombre de Milagro Sala, Berta Cáceres y Sofía Gatica, así como su conversión en objeto de detención, persecución y eliminación física, se presentan como "emergentes de la lucha feminista" y de la "resistencia a la dominación norteamericana". Sin embargo, creo que afirmaciones como éstas deben ser leídas desde la complejidad de sus contextos de ocurrencia e, incluso, desde las dinámicas paradójicas que atraviesan esos cuerpos en tanto superficies de inscripción de diversos discursos; sobre todo para no empobrecer la fecundidad analítica de la singularidad y hacer de esos cuerpos la simple representación de la antítesis de "una violencia estatal en sus dimensiones étnicas, de género y de clase" que busca el disciplinamiento de "todas aquellas expresiones que no se encuadren en el modelo de varón blanco, heterosexual, burgués, católico", según lo sostiene el propio texto en relación a la detención de Milagro Sala. En segundo lugar, y he aquí cuando emerge con claridad esa tensión que el texto expone y en la que se expone, este desafío no parece pasar inadvertido cuando las autoras recuperan el nombre propio de Keiko Fujimori que, como contraejemplo de la resistencia, viene precisamente a mostrarnos la complejidad de la realidad latinoamericana, de los contextos nacionales, de los cuerpos culturalmente constituidos como "mujer" y de las prácticas políticas. Keiko es el registro corporal en el que se anuda un cuerpo devenido mujer y la actualización de lógicas excluyentes de diversas existencias ("mujeres", "indígenas", "negros", etc.). De lo que se sigue una consecuencia analítica y política: un cuerpo no sólo no garantiza *en sí* una práctica de resistencia, sino que en todo caso debe ser pensado como territorio en el que habitan diversas lógicas, memorias y experiencias (a veces contradictorias) que, en ciertos contextos, pueden volverse portadores de nombres propios o impropios según los términos que organizan el lenguaje político de una época.

Este es, a mi modo de ver, el problema central que atraviesa este escrito y que, hacia el final, emerge cuando se tematiza la "corrupción" como nuevo significante que ordena la contienda política en la actual "contraofensiva neoliberal". Es justamente la visibilidad que este término ha adquirido en los últimos tiempos, lo que nos sitúa ante la singularidad de la coyuntura latinoamericana en sus diferentes tesituras nacionales, en la medida que todo parece reducirse a una cuestión de mala o buena administración, a gobernantes más o menos honestos, a prácticas más o menos ajustadas a la buena moralidad. Bajo este lenguaje político, la "contraofensiva neoliberal" viene demarcando con notable efectividad no sólo cuáles son los nombres propios e impropios de este tiempo que nos toca vivir, sino, y sobre todo, algo más fundamental: el progresivo destierro de la palabra "popular" de la práctica política. Es en relación a este aspecto que los nombres se vuelven propios o impropios, porque la cuestión parece pasar por quién se arriesga a articular lo "popular" y lo "común" (asumiendo, claro, que estos mismos términos son objeto de disputa). Este progresivo destierro nos sitúa ante la centralidad de la dimensión política (o, si se quiere, la "batalla ideológica" o "cultural") en la actual coyuntura, porque de ella depende que los intentos de hacer de lo "popular" algo deseable y tematizable no sea más que una simple expresión periférica. Y aún más, en esta periferización de lo "popular" parece jugarse uno de los modos singulares en que el colonialismo y la colonialidad se actualizan en los momentos que corren.

En el modo de tramar diferentes *topos* —la geopolítica, la ideología, el nombre propio— se articula, como dije al comienzo, un *topos político* en el que el lugar desde el cual se lee y el modo de leer un lugar son indistinguibles. En este *topos* se exponen también sus autoras, como cuerpos implicados que no temen decir y decir-se, aún a riesgo de plegarse en tensiones difíciles de resolver. Ellas hablan desde la opción de epistemologías del sur y epistemologías feministas latinoamericanas, las asumen en y desde sus paradojas, desde allí reivindican la importancia de hablar de las ausencias, de no desechar herencias críticas y en todo caso resignificarlas. No se contentan con la simple corrección política de presuponer que la sola condición latinoamericana garantiza una mirada diferente o alternativa. En su escritura hay un eco, una idea que ronda como un espectro: la corrupción de toda vida en común sucede cuando dejamos de preguntarnos por los principios que ordenan, clasifican y jerarquizan diversas existencias.

CAPÍTULO 8

CIRCUITOS DE APRENDIZAJE SITUADO: ACTORES Y SA-BERES EN DIÁLOGO

CORINA ECHAVARRÍA[88]; LAURA BARRIONUEVO[89]

88   Centro de Investigaciones y Estudios sobre Cultura y Sociedad (CIECS) -

E-mail: cechavarria@conicet.gov.ar

89   E-mail: laurabarrionuevo85@gmail.com

El Desarrollo, como categoría teórica y como proyecto de sociedad, ha sido por demás discutido en América Latina. Son muchas las líneas que enfatizan en diferentes aspectos del Desarrollo: su carácter esencialmente humano, su relación amigable con el medio ambiente, la capacidad y necesidad de responder a necesidades humanas básicas, entre otros. Las diferentes propuestas que se erigen a partir de estos diversos enunciados han tomado fuerza, principalmente, a partir de la década de los 90´, en la búsqueda de respuestas desde Latinoamérica a las diversas consecuencias del Modelo de Desarrollo Capitalista implementado en la región.

La agenda para la primera década de este siglo asumió como prioridad de la Política de Desarrollo el 'empoderamiento' a través del control de las decisiones, en un paso que avanza desde la dimensión material a una aproximación que se apoya en la promoción y desarrollo de las 'capacidades' de las personas de los propios territorios. Al respecto, diferentes estudios muestran la importancia de recuperar el 'conocimiento local' en la planificación del Desarrollo, lo cual remite de hecho a la reconstrucción del contexto situado donde los "beneficiarios" viven, se organizan y se vinculan con las formas establecidas de producción. Trama vincular donde se pone en juego el uso de conocimientos capturados por las relaciones de poder existentes, agendas externas (papel de los facilitadores) y la necesidad de legitimación de las prioridades y necesidades de los "donadores".

Pero las prácticas revelan colisiones en los procesos planificadores, donde muchas veces los participantes procuran 'manipular' las decisiones y acciones para servir sus propios intereses/necesidades. Al estilo de un Caballo de Troya, la idea de la participación viene incorporando a las prácticas de planificación del Desarrollo la complejidad social y cultural, desafiando la universalidad y el contenido de nociones como las de comunidad y capital social.

Las discusiones han avanzado, entonces, en la comprensión del Desarrollo como resultante de un proceso continuo de aprendizaje colectivo, basado en las capacidades y los saberes compartidos, el cual se presenta como condición de posibilidad para la transformación más horizontal y democrática. En este trabajo procuramos poner el acento de la mencionada transformación en los aspectos subjetivos y relacionales, propios de las dinámicas organizativas y las formas en que se trabajan los conflictos en los territorios, recuperando los circuitos de aprendizaje situados. Partiendo del supuesto que el conocimiento (y las decisiones que de este emergen) se informa en los contextos definidos desde las experiencias vitales de los participantes, sus modelos mentales, creencias y percepciones, que reflejan no sólo las diferentes imágenes del colectivo y la realidad de la que parte todo proceso de Desarrollo sino también, y fundamentalmente, las diversas visiones de futuro deseable y posible. Es decir, las múltiples respuestas (Escobar) que sacan al Desarrollo del régimen de la necesidad y la inexorabilidad economicista para ponerlo en el centro de la discusión pública acerca del qué y el cómo de los proyectos colectivos/comunitarios.

Introducción

Diversos procesos de reforma del Estado en América Latina parten de la consideración de sujetos capaces de llegar a la formulación de una voluntad colectiva en experiencias que ponderan los intereses particulares en relación a los valores compartidos y que, en tal sentido, privilegian la vigencia del principio de 'autonomía'. Es decir, ponen en centro de la escena el derecho de los potencialmente afectados por las decisiones públicas a especificar el marco que genera y limita las oportunidades disponibles, tanto desde el punto de vista filosófico como organizativo e institucional. Las reformas se orientan, entre otras estrategias, hacia la generación de nuevas lógicas institucionales de participación política que posibiliten el diálogo público y el reconocimiento de la diversidad de los actos y palabras de los ciudadanos y sus organizaciones.

Las propuestas se asientan, entonces, en una 'participación política' que apunta al reconocimiento, construcción y/o recuperación de la capacidad de la sociedad en base a la definición de la voluntad colectiva para la determinación de las condiciones de su propia vida como miembros de una comunidad política amplia y compleja.

Dicho desafío supone repensar los procesos de planificación de Desarrollo en base a los valores, intereses, conocimientos y posibilidades de un amplio abanico social y no sólo a partir de la construcción que se realiza desde el saber experto de los agentes gubernamentales y de la cooperación internacional que históricamente han delineado dichas cuestiones. Esta transformación implica fácticamente abrir los espacios de debate, discusión y toma de decisiones, pero además necesita ser cristalizada en modificaciones institucionales que faciliten el acompañamiento de dichos procesos sociales por parte de las distintas instancias o planos de gobierno. Son muchos los esfuerzos que se vienen realizando en pos de este objetivo complejo al que nos enfrentamos en la actualidad. Desde diferentes realidades, ámbitos y colectivos latinoamericanos se va avanzando en la construcción de nuevos horizontes que acompañen las trasformaciones (epistemológicas, institucionales y fácticas/operativas) necesarias para responder adecuadamente a los desafíos que supone redefinirnos como sociedad a partir del interés, los saberes y las capacidades de las propias comunidades.

A continuación, marcado por el devenir histórico propio de la región latinoamericana, se realizará un breve recorrido conceptual centrando el análisis en diferentes acontecimientos y/o perspectivas que se identifican como bisagras o puentes de unión entre los procesos de Desarrollo y aspectos cognitivos que fueron asumiendo posiciones caves, determinando así el devenir de dichos procesos.

Agendas externas y necesidad de legitimación de los donadores

Dentro de la construcción del espacio discursivo y de las prácticas del Desarrollo, se ha considerado absolutamente necesario que gobiernos y organizaciones internacionales desempeñasen un papel activo en la promoción y organización de los esfuerzos necesarios para superar el "subdesarrollo" económico de algunas regiones. Si bien, desde los últimos años de la década de 80, en los documentos de los organismos internacionales se profundizó la reflexión sobre cuestiones de regulación, sistemas de incentivos y modalidades de las relaciones entre los gobiernos locales, el sector privado, las organizaciones informales y las unidades familiares quienes particularmente determinan el funcionamiento de las ciudades.

A lo largo de las relatorías temáticas del Banco Mundial en la década de 90, se observa la valorización de la escala local de intervención y de los beneficios de la participación de los usuarios / clientes / beneficiarios / consumidores en los procesos de definición e implementación de obras y servicios públicos, idealizando las relaciones pretéritas e insistiendo en la necesidad del apoyo político y popular para garantizar la eficacia de la planificación, así como la posterior ejecución de los planes. Se promueven, en este contexto, transformaciones o innovaciones, de gestión e institucionales, orientadas a obtener el *apoyo explícito o tácito* de los actores locales para sustentar el *ambiente democrático* de la gestión, para *garantizar la continuidad* de la ejecución de proyectos y programas o hasta *como insumo* para la definición de estrategias.

Las propuestas llamadas *democratizantes* que se ofrecen se convierten en instrumentos de adaptación de la ciudadanía a las pretendidas necesidades de innovación del mercado local y no en oportunidades de emancipación o definición de estrategias propias que atiendan a las capacidades y necesidades de ampliación o profundización democrática.

Se pone de relieve la importancia del uso de enfoques participativos en la promoción del Desarrollo económico y social, a fin de fomentar una mayor identificación, lograr resultados más satisfactorios en la práctica y mejorar la sustentabilidad de las operaciones respaldadas por el Banco. De esta manera, la participación se define como un 'instrumento' de gestión, que aporta en la adecuación de las estrategias de desarrollo y cuya difusión debe ser cuidadosamente evaluada de acuerdo a las capacidades y necesidades de cada comunidad (cf. *World Bank Participation Sourcebook,* 1996). A pesar de que, se llama la atención sobre el *riesgo de captura local* o el peligro de que los gobiernos locales caigan en la esfera de influencia de intereses especiales (Cf. "Estado en un mundo en transformación", 1997), lo que muestra que aún promulgando una opción por la gestión local del Desarrollo - al procurar opciones estratégicas de reforma que "disminuyan la distancia entre gobiernos y las comunidades que deben servir"-, son los gobiernos centrales los inmunes a los intereses particulares y quienes todavía tienen que desempeñar un 'papel vital' en la sustentación del Desarrollo.

En este sentido, es significativa la reiterada preocupación, en las últimas décadas, por la governanza de los sistemas políticos locales, por disminuir el riesgo de crisis que aumentan la incerteza de los agentes económicos. A partir de lo cual la existencia y definición de *reglas de juego* que protejan los contratos privados se convierte en un objetivo prioritario; las instituciones son, entonces, las que proveen el marco a través del cual los ciudadanos de las diversas localidades habrán de interactuar; las que fundan las relaciones de cooperación y competencia constitutivas de la sociedad (capital social) y del orden económico; las que establecen el marco para el sistema de reglas operativas, orientado a reducir los costos de transacción en el sector económico. (Cf. Buffa-Echavarría, 2010)

En los primeros años del siglo XXI, la dimensión política del Desarrollo toma relevancia en el discurso del Banco Mundial que afirma que "la pobreza" es también "incapacidad de hacerse oír, falta de poder y de representación". Así las propuestas de Desarrollo Económico Local (LED) que orientan hoy el trabajo del Banco Mundial, se refieren al trabajo conjunto de la comunidad local (ciudad, pueblo, área metropolitana o región subnacional) y propician la participación y el consenso como garantía del Desarrollo. Más de 7 billones de dólares fueron invertidos en proyectos de Desarrollo Comunitario (*Community based and driven development)* o proyectos que incluyeron a los beneficiarios en su diseño e implementación, en el marco de la estrategia de reducción de la pobreza, procurando incorporar el 'conocimiento local'.

La agenda para la primera década de este siglo asumió como prioridad de la política de Desarrollo el 'empoderamiento' a través del control de las decisiones, en un paso de la dimensión material a una aproximación a la promoción de las 'capacidades' de las personas.

El desarrollo humano

A partir de las discutidas repercusiones que han tenido en la región las intervenciones de organizaciones internacionales para el Desarrollo emergieron nuevos enfoques que han intentado dar respuestas alternativas al tema en cuestión. Una de las propuestas que ha tenido mayor alcance, en el marco del Programa de las Naciones Unidas para el Desarrollo (PNUD), se fundamenta principalmente en las ideas de Amartya Sen sobre el Desarrollo como libertad (Edo, 2002).

Desde esta perspectiva, el Desarrollo es un proceso a través del cual pueden expandirse integradamente las libertades reales de los individuos, constituyendo la base a partir de la cual logran ampliarse las capacidades de las personas para llevar adelante el tipo de vida que valoran y desean. Se considera que la garantía de las libertades individuales fundamentales de los miembros de una determinada sociedad es esencial para alcanzar procesos de Desarrollo social. Desde las propuestas así fundadas se asume la libertad individual como condición de posibilidad del Desarrollo social, en tanto es lo que permitiría a la persona responder con mayor eficacia frente a sus propias necesidades, ayudar a los demás y al mismo tiempo influir en el destino general de la sociedad.

En este marco, se reconoce que no hay un único criterio y/o camino de Desarrollo, sino que cada región o comunidad debe ir construyendo su propio Desarrollo en libertad. La libertad pasa a ser un vehículo para el Desarrollo en tanto cada individuo es considerado desde su capacidad de agencia. Entonces, una vez que el contexto le garantiza suficientes oportunidades, las personas pueden configurar su propio destino ya que actúan, provocan logros y modificaciones respondiendo a sus propios intereses, valores y objetivos. Así, la libertad de las personas no es solo el fin último, sino también el medio para alcanzar el Desarrollo.

La libertad asume un "papel constitutivo", en tanto condición de posibilidad de la acción del individuo en un contexto determinado, y un "papel instrumental", en tanto oportunidad real que ofrece el contexto a los individuos para actuar en él. Diferentes tipos de libertad pueden estar interrelacionados, de tal modo que la garantía de una puede contribuir significativamente al aumento de otras libertades (mecanismo denominado como "conexión instrumental").En este sentido, la falta de libertad puede cristalizarse en procesos inadecuados (como por ejemplo la violación de derechos humanos) o en escasas/limitadas oportunidades del entorno para que las personas puedan alcanzar sus propias metas o deseos (puede ser por ejemplo la inseguridad laboral, la inaccesibilidad a servicios públicos).

Para que la expansión de las diferentes libertades sean garantizadas deben intervenir -muchas veces de manera simultánea- diferentes instituciones, como son por ejemplo el mercado, los gobiernos, los sistemas de salud, los sistemas educativos, las libertades propia de la vida política, civil y social y los derechos humanos. Sen (2000) afirma que, privilegiado el reforzamiento y la extensión de las políticas sociales se puede llevar adelante procesos de Desarrollo que, vía la conexión instrumental de libertades, pueden impulsar sinérgicamente al crecimiento económico de la región.

Alejándose también de planteos verticalistas y unidireccionales ("de arriba hacia abajo"), desde esta perspectiva los individuos asumen un rol central, considerados como agentes (y no como mero receptores de diferentes políticas estatales) deben hacer uso de sus capacidades y participar activamente -comprometerse, opinar y transformar- el proceso de Desarrollo, una vez garantizadas las libertades individuales.

La interrelación como condición de posibilidad del desarrollo deseable

Las nuevas teorías y enfoques conceptuales del Desarrollo confluyen, no sólo en la afirmación de la ampliación de los objetivos más allá del crecimiento económico o de la estabilidad macroeconómica, sino también para reafirmar la dimensión política -en muchos casos un sentido amplio ya no restricto al desempeño institucional- como un intangible que condiciona el éxito de las intervenciones. En lo que algunos autores denominan el resurgir de la economía política, en el re-encuentro -en este y otros campos- de la economía con las ciencias sociales, la economía "enriquece" sus análisis "importando preocupaciones e ideas centrales del análisis político" (Saiegh-Tommasi, 1998: 3). Si bien, la "nueva ortodoxia" aún persiste en "la idea de la existencia de un modelo universal de instituciones y de políticas económicas que permite acudir a la ingeniería institucional (Przeworski, 2004), y a transferir modelos de arquitectura institucional idealizados de la experiencia occidental a otros países (Evans, 2004; Portes, 2007). Soslayan el papel de las instituciones informales (normas, códigos de conducta y factores cognitivos/culturales) en la efectividad de las instituciones formales, de capital importancia en las sociedades tradicionales (Eggertsson, 2005)" (López Castellano, 2012: 33).

En este contexto, desde las perspectivas más políticas en la reforma del Estado, como desde las estrategias de los organismos internacionales se puede observar un tránsito hacia concepciones creativas y constructivas de la planificación y el Desarrollo. Según Boisier se perfila un nuevo paradigma en torno de vectores claves, tales como: interacción e interactividad, acción colectiva, conocimiento e innovaciones. Además, estas perspectivas hablan de autodependencia (Max Neef, Hopenhayn y Elizalde), conocimiento contextual (Madoery), innovación social (De Dios), sinergia cognitiva (Boisier), entre otros conceptos que ponen el acento de la transformación en los aspectos subjetivos y relacionales, propios de las dinámicas organizativas y las formas en que se trabajan los conflictos en los territorios, en los sistemas culturales y simbólicos que allí operan en la construcción de lo real.

Autodependencia como valor de desarrollo

A partir de estas discusiones el Desarrollo concebido en clave "humanista" debe garantizar la satisfacción de las necesidades humanas fundamentales de las personas. Sin embargo, los diversos autores (Max-Neef, Elizalde y Hopenhayn) advierten que, históricamente, se ha cometido un error al plantear que las necesidades humanas son infinitas, de una mutabilidad constante, que varían de cultura a cultura y que se transforman con el correr del tiempo. Dicho error deriva de la confusión entre las necesidades y los satisfactores para responder a las mismas.

Desde esta perspectiva, se considera que la persona es un ser con necesidades múltiples e interdependientes y proponen una diferenciación analítica sobre las necesidades según provengan de categorías existenciales (ser, tener, hacer y estar) o de categorías axiológicas (subsistencia, protección, afecto entendimiento, ocio, creación, identidad y libertad). Las necesidades humanas fundamentales son universales, es decir, son y han sido las mismas para todos los seres humanos aunque en lo que denominan en un "carácter social-universal" (Max-Neef y otros, 1986), dicen:

> "[...] seguramente las necesidades de subsistencia, protección, afecto, entendimiento, participación, ocio y creación estuvieron presentes desde los orígenes del Homo Habilis y, sin duda, desde la aparición del Homo Sapiens. Probablemente en un estadio evolutivo posterior surgió la necesidad de identidad y, mucho más tarde, la necesidad de libertad" (Max-Neef y otros, 1986: 23).

Las necesidades, en su totalidad, conforman un sistema complejo por lo que es inapropiado intentar realizar una discriminación jerárquica entre las mismas. Así mismo, la relación entre necesidad y satisfactores no es unívoca, es decir, un satisfactor puede responder a más de una necesidad, y a su vez una necesidad puede requerir más de un satisfactor. Los autores entienden que, las necesidad humanas fundamentales han sido históricamente las mismas, lo que cambia dependiendo del tiempo y la cultura son los satisfactores empleados para darle respuesta a cada una de ellas.

Estos satisfactores, además, pueden ser de alto grado exógeno a la sociedad, impulsados generalmente con lógicas verticalistas -de "arriba hacia abajo"- e inducidos por medio de la imposición, la persuasión, los rituales o la institucionalización; como altamente endógenos, impulsados por procesos que se originan desde la propia comunidad -de "abajo hacia arriba"-, favoreciendo la autodependecia. Este sería el caso de los satisfactores sinérgicos, es decir, aquellos en la medida que satisfacen una necesidad, estimulan y contribuyen a la satisfacción de otras múltiples y, en tal sentido, según los autores, son los que revelan procesos liberadores de naturaleza contra-hegemónica (Max-Neef y otros, 1986).

Este planteo coloca en el centro de los procesos de Desarrollo tanto aspectos subjetivos como objetivos. Mientras las necesidades humanas fundamentales son históricamente las mismas; los satisfactores mutan y se transforman según el período histórico y la cultura de cada sociedad (reflejando el carácter histórico de la necesidad). En dicho inter-juego entre necesidades y satisfactores aparecen los bienes económicos (entendidos como objetos y artefactos) como el medio a través del cual la persona potencia los satisfactores disponibles para vivir y responder a sus necesidades (reflejando el carácter material de las necesidades); los mismos varían según el periodo histórico, la cultura y se diversifican según estratos sociales (Max-Neef y otros, 1986).

Los procesos de Desarrollo habrán de garantizar una articulación orgánica, sustentable entre los seres humanos, la naturaleza y la tecnología. La autodependencia se inscribe como "elemento decisivo en la articulación de los seres humanos con la naturaleza y la tecnología, de lo personal con lo social, de lo micro con lo macro, de la autonomía con la planificación y de la sociedad civil con el Estado" (Max-Neef y otros, 1986: 34). Se trata de "un proceso capaz de fomentar la participación en las decisiones, la creatividad social, la autonomía política, la justa distribución de la riqueza y la tolerancia frente a la diversidad de identidades". En tal sentido, el Desarrollo supone un creciente protagonismo social. Pero, advierten los autores, la participación es fundamentalmente un problema de escalas: "no hay protagonismo posible en sistemas gigantísticos organizados jerárquicamente desde arriba hacia abajo" (Max-Neef y otros: 1986: 12).

Rescatar lo micro en el marco de lo local, favorece procesos de micro-organización, salvaguardando la multiplicidad de matices culturales e identidades de cada región. En este sentido, adquiere centralidad la "democracia de la cotidianidad" como espacio societal que permite recuperar y proteger la dimensión molecular de lo social en el marco de los procesos de Desarrollo. La persona con necesidades aparece como un eslabón fundamental, en tanto las necesidades no sólo generan estados de carencia/privación ("la falta de algo"), sino que además comprometen, motivan y movilizan a las personas, pueden ser leídas como potencialidad. Los procesos de satisfacción de necesidades son, entonces, un proceso dialéctico, de movimiento constante, a partir del cual las necesidades son vividas y realizadas de manera continua y renovada. (Cf. Max-Neef y otros, 1986)

Desarrollo endógeno: cultura regional, autodeterminación política y aprendizajes colectivos

Partiendo desde un enfoque regional en el Desarrollo Endógeno se plantea como reto generar procesos de transformación social basados en las capacidades de cada localidad, el Desarrollo es un "...proceso localizado de cambio social sostenido que tiene como finalidad última el progreso permanente de la región, de la comunidad regional, como un todo, y cada individuo residente en ella..." (Boisier, 1991:4). La idea de región se encuentra vinculada a la comprensión de la realidad desde su carácter sistémico, privilegiando la complejidad organizativa de la sociedad, sus valores y normas que, al ser interiorizadas, conforman la base de la identidad colectiva de una comunidad (Arocena, 2002).

La propuesta no adopta, entonces, una visión geográfica del territorio, sino más bien se asienta sobre una idea de región que entiende la delimitación de la misma como resultante de un proceso político de auto-identificación. El proceso de auto-identificación se encuentra estrechamente vinculado con la "cultura regional"[90] la cual denota:

> "...la existencia de una cosmogonía (una visión del mundo y un conjunto de respuestas a las preguntas fundamentales de los seres humanos) y de una ética (conjunto de normas que reglan

90   La idea de "cultura regional" se identifica con aquello denominado como "cultura de desarrollo": "...la manera cómo los individuos se plantean frente a asuntos tales como los estímulos económicos, contratos, riesgo, innovaciones, apertura, etc." (Boisier, 1997: 60). A grandes rasgos podría decirse que, la cultura de desarrollo de los territorios puede discriminarse según dos categorías: culturas dominadas por el par competitividad-individualismo, tiene más posibilidades de concretar el crecimiento economico con mayor facilidad, pero, generalmente, cuenta con menos posibilidades de generar distribución social y desconsidera en el proceso los componentes subjetivos y éticos que un proyecto político debe incorporar; culturas dominadas por el par cooperación-solidaridad, son capaces de generar proceso con mayor equidad social, pero a costa de obtener un escaso producto material. Una propuesta de desarrollo regional integral implicaría la combinación de las características virtuosas de cada uno de estos modelos.

las relaciones entre los individuos del grupo y entre éste y su base material de recursos o medio ambiente) que en un lugar o territorio determinado asumen características distintas de otros lugares" (Boisier, 1997:59).

Si bien no se desconoce la importancia e influencia que tiene el contexto global, se destaca lo local como espacio con capitales endógenos (tangibles e intangibles), que tiene la capacidad para guiar su propio proceso de Desarrollo. En este sentido se propone transitar desde una concepción de Desarrollo "asistido" hacía otra de Desarrollo "generado" por los agentes de la propia localidad; transitar desde una visión de Desarrollo que se preocupa solamente de la redistribución de la riqueza, a otro que se ocupa de la producción de riqueza basada en la capacidad específicas de cada territorio (Madoery, 2012). Las mismas pueden ser tangibles, como por ejemplo calidad de infraestructuras básicas, abastecimiento de energía, agua, trasporte; como intangibles, como pueden ser fomento de cooperación entre empresas, apoyo a la investigación, fortalecimiento de las redes de comunicación e información, educación. (Alburqueque, 2003)

Ente los "atributos endógenos" fundamentales se encuentra la "autonomía decisional regional" lo cual significa el acceso de la región a definir su propio "estilo" de Desarrollo. En dicho proceso adquiere especial importancia la malla social, que incluye tanto a las instituciones como a los diferentes agentes de la región, mediante la cual se consolida relaciones sociales que podrán facilitar u obstaculizar el proceso de Desarrollo. Además, la "redistribución decisional" es también un atributo relacionado con el incremento de los procesos de concientización y movilización social en torno a la protección ambiental y el uso racional de los recursos disponibles en el territorio[91]. Para finalizar, cobran relevancia los procesos colectivos culturales e identitarios de pertenencia, es decir, la posibilidad de la propia población de auto-referenciarse con la región. (Boisier, 1991, 1997)En este contexto, el proceso de Desarrollo es llevado adelante colectivamente por los diferentes agentes locales[92] y en un contexto particular (no reproducible, con capacidades propias) y, en tal sentido, existen diversos modelos de Desarrollo posibles -y

---

91   En el marco de la propuesta los recursos con los que cuenta un territorio pueden ser bienes (provenientes de la naturaleza o de diversos procedimientos financieros) o humanos (no solo entendido como stock de recursos humanos aptos para desarrollar actividades productivas, sino también como recurso en tanto agentes con diferentes habilidades y conocimientos). (Boisier, 1997)

92   Se entiende por agentes aquellos actores locales que desempeñan un rol estratégico en diferentes instituciones u organizaciones de la comunidad (como pueden ser administraciones públicas, empresas locales, universidades, centros de investigación, organizaciones no gubernamentales, entre otros (Madoery 2001-a, Boisier 2004-b, Alburquerque 2003)

no un único camino a seguir-. Se asume la diversidad y el valor de lo singular como características centrales.

Siguiendo dicha lógica, comienza a apreciarse al proceso de Desarrollo como resultante de un continuo aprendizaje colectivo, el cual se encuentra guiado por capacidades y saberes compartidos. (Madoery, 2001-b) Un "Proyecto Político" que emerge como resultante del encuentro entre diferentes agentes, la sociabilización de información y la toma colectiva de decisiones e incorpora -de manera explícita o implícita- objetivos múltiples, valores o creencias vinculadas al funcionamiento de la sociedad y una visión ideal respecto a la sociedad futura deseada (Madoery, 2001-a). Dicho proyecto incorpora la posibilidad de introducir en la región procesos de cambio y mutación, innovación y transformación de las relaciones sociales (Boisier, 2004-a), involucrando valores colectivos, modos de vinculación entre el capital y el trabajo, articulaciones diferenciadas entre los diferentes agentes protagonistas de los procesos de Desarrollo.

Se da por supuesto que en cada una de las regiones existen componentes o "capitales" que pueden ser articulados estratégicamente obteniendo resultados de mayor -o menor- alcance. Con la intensión de aportar en procesos de Desarrollo con alcance social. En tal sentido, se incorpora la noción de "capital sinérgico":

> "...capacidad social o, mejor, a la capacidad societal (como expresión más totalizante) de promover acciones en conjunto dirigidas a fines colectivos y democráticamente aceptados, con el conocido resultado de obtenerse así un producto final que es mayor que la suma de los componentes, se trata de una capacidad normalmente latente en toda sociedad organizada" (Boisier, 2004-b: 3).

Es decir, se apuesta a la construcción flexible y sinérgica del territorio a partir de la interacción entre diferentes agentes, instituciones y organizaciones de la localidad. Fundamentalmente, la visión endógena, se propone reforzar con el proceso de Desarrollo aquellas particularidades que hacen a la cultura e identidad de cada comunidad, rescatando los saberes y las decisiones que emergen de procesos colectivos de "abajo hacia arriba".

Buen vivir: saberes originarios como aportes al debate sobre desarrollo

Por último, se menciona la propuesta del Buen Vivir por ser una experiencia latinoamericana que recupera cosmovisiones diferenciadas para enfrentar la crisis y el agotamiento propio de los modelos de Desarrollo implementados en el territorio. La misma se fue fortaleciendo a través de las luchas y reivindicaciones llevadas adelante por movimientos sociales de pueblos originarios hasta lograr reconocimiento institucional, quedando plasmadas en la transformación constitucional de Ecuador (2008) y Bolivia (2009) en el marco de la reconocida ola izquierdista de los gobiernos latinoamericanos. A su vez, se la considerada relevante por el valioso aporte que realiza al ámbito académico, particularmente porque el conocimiento que la sustenta no proviene exclusivamente del saber experto, sino que se basa en saberes y prácticas ancestrales de las comunidades andinas aymara y quechua. A grandes rasgos podría decirse que es una propuesta que emerge de concepciones ontológicas complejas y diversas, por lo que no se puede establecer una única definición del Buen Vivir, ya que la misma va cambiando según el contexto social, cultural, ambiental. En este sentido afirma Gudynas (2011-b: 18) "...en tanto concepto plural, podría decirse que en sentido riguroso nos estamos refiriendo a buenos vivires que adoptan distintas formulaciones en cada circunstancia social y ambiental..."

El Buen Vivir se consolida, en los últimos tiempos, como parte de un proceso social decolonizador, "...un esfuerzo deliberado de volver a hacer visibles saberes y concepciones (originarias) que han estado ocultos y sojuzgados por largo tiempo..." (Gudynas y Acosta, 2011: 107). En este sentido, se desprende del Buen Vivir un fuerte aporte en lo que concierne a la construcción de bases epistemológicas diferenciadas (decoloniales) desde y para el continente[93]. Con la intención de rescatar la procedencia originaria de la idea, algunos autores (Gudynas, Albó, Acosta, Medina, Villalba, entre otros) retoman los términos mediante los cuales las diversas comunidades expresan la idea del Buen Vivir[94]. Se afirma que, si bien el significado otorgado a la idea del Buen Vivir de cada lengua es diferenciado, ambas expresiones comparten un fuerte sentido espiritual, no es un concepto perteneciente solamente al mundo de la reflexión o la racionalidad, sino que se imbrica de manera dialéctica con la cosmovisión de los pueblos andinos, sus saberes ancestrales y sus prácticas cotidianas.

....

93   En este sentido afirma Esteva (2009:3) "...el proceso de descolonización (...) pasa necesariamente por la desmitificación del desarrollo. El supuesto de que los subdesarrollados deben y pueden llegar a ser desarrollados no tiene ya sustento..."

94   A pesar de que se reconoce que no existe una traducción literal al castellano, el esfuerzo por consolidar el diálogo entre los diferentes idiomas es una herramienta fundamental que posibilita la construcción de la propuesta desde la complejidad y diversidad. Así, se establece que la idea de *Sumak Kawsay* quechua (utilizada sobre todo por algunas comunidades del Ecuador) hace referencia a la vida en plenitud, ya que "...*Sumak* es la plenitud, sublime, excelente, magnífico, hermoso/a, superior; y el *Kawsay* es la vida, es ser estando, de manera dinámica y cambiante, activa" (Unai Villalba, 2009). La idea de *Suma Qamaña* de origen aymara (empleada principalmente por comunidades de Bolivia) hace referencia a la idea de "...saber convivir y apoyarnos los unos a los otros" (Albó: 2009: 28), en tanto *Suma* describe "...bonito, hermoso, agradable, bueno, amable, pero también precioso excelente, acabado, perfecto... (y *Qamaña*) es vivir, morar, descansar, cobijarse y cuidar a otros (...) insinúa también la convivencia con la naturaleza, con la Madre Tierra Pacha Mama..." (Albó: 2009: 28 y 29).

Albó (2009) afirma que, de la cultura andina se desprende un significado diferenciado sobre lo que se entiende por bienestar. En primer orden vale la pena explicitar que se habla de Buen Vivir y no de vivir mejor porque, como afirma David Choquehuenca (2010), se trata de vivir en complementariedad y armonía, los unos con los otros, no vivir mejor a costa de alguien. Se observa que, en ninguna de las definiciones aparece la idea del bien-estar como un estado individual, sino como producto del estar en comunidad. El Buen Vivir no busca la homogeneidad, sino garantizar la diversidad (ya que lo diverso/ opuesto permite la complementariedad), el respeto al otro, a lo diferente; y desde estos parámetros es significada la igualdad (como el respeto por la diversidad). De manera figurativa Acosta (2011:192) logra sintetizar esta idea expresando "buen vivir para todos, no *dolce vita* para pocos…"

Por otro lado, el bienestar no depende exclusivamente de los bienes económicos o materiales que se posea o a los que se tenga acceso. Para aportar mayor claridad sobre dicha idea Albó confronta la idea de riqueza con su antónimo; así firma que para decir pobre en aymara se usa la palabra *waxcha* (o *waqcha* en quechua), que en rigor significa huérfano, abandonado. Es decir, los que se subraya ante todo es la falta de seguridad y del calor de la convivencia en su vida, más que la carencia de bienes materiales" (Albó, 2009: 2). En dicho contexto, la riqueza no es producto de la acumulación de capital, sino que, justamente, el enriquecimiento de la persona germina del proceso opuesto: del compartir y la reciprocidad, del saber acoger y del ser acogido por la comunidad. La riqueza nunca puede ser un proceso individualizado, sino que se produce en relación constante con otros seres, mediante el cuidado y respeto por la comunidad y la naturaleza.

La propuesta del Buen Vivir se aleja de la concepción Moderna según la cual el hombre (para progresar) debe separarse y dominar la naturaleza. En contraposición con esta idea, prevalece un pensamiento no disociado. Es decir, el hombre al ser parte de la naturaleza no puede separarse de esta. Prevalece una concepción orgánica del universo, basada en la armonía y el respeto. Se cree que, al igual que el hombre, la naturaleza tiene derechos que deben ser garantizados, la tierra (*Pacha Mama*), es considerada un ser más de la comunidad, que protege y cuida y al que hay que proteger y cuidar. En este sentido, se realiza una ampliación de lo que se entiende por comunidad. La misma no solo está conformada por humanos, sino también por otros seres vivos, otras formas de existencia (Medina, 2011).

La propuesta del Buen Vivir como propuesta se aleja de toda visión lineal y universal, concibe al tiempo como vivencia circular, donde el presente se asume como portador del pasado y futuro, refiere a un proceso de continuo movimiento que se vive de modo diferenciado desde cada espacio comunitario (Huanancuni, 2010). Si bien, a pesar de las particularidades, que presenta cada uno de esos "buenos viveres", o por ellas mismas en conjunto como totalidad, conforman una ontología diferenciada a partir de la cual es posible replantear la propuesta misma del Desarrollo, ontológicamente vinculada al Progreso Moderno[95] Occidental. Un proyecto político, económico (capitalista e imperial) y cultural que surge de la experiencia particular de la Modernidad Europea; a partir del cual se implementa un orden mundial (y una idea hegemónica de Desarrollo) que conlleva a la subordinación del resto de las culturas y conocimientos (Escobar: 2009).

Ontologías diferenciadas y procesos alternativos al desarrollo

La idea del Buen Vivir se posiciona como alternativa a la idea de progreso reinante porque entiende que el bienestar y el Desarrollo no pueden seguir obedeciendo a parámetros capitalistas (occidentales modernos) que desconocen las necesidades que emergen de los procesos de convivencia comunitaria. Es por ello que dicha propuesta "...desnuda los errores y las limitaciones de las diversas teorías del llamado Desarrollo..." (Acosta, 2011: 190) y se plantea como posibilidad para construir otra sociedad basada en la convivencia del ser humano en diversidad, en armonía con la naturaleza, a partir del reconocimiento de los valores propios de cada comunidad. La propuesta de Buen Vivir no se presenta como un constructo cerrado, como un único Modelo a seguir, ni intenta posicionar a la cosmovisión originaria como el saber por excelencia. El Buen Vivir ofrece elementos dinamizadores para repensar las propias necesidades y problemáticas contemporáneas; y a partir de allí reconstruir propuestas -o buenos vivires- de mayor complejidad y armonía.

Entonces, si estamos buscando seriamente cambios legítimos, si deseamos aportar en la construcción de una relación diferenciada del hombre con el hombre y del hombre con el resto de las formas de existencia que habitan en el planeta (lo que denominamos como comunidad ampliada), es necesario cuestionar los supuestos que guían el accionar de los Procesos de Desarrollos contemporáneos, aquellos supuestos que determinan criterios que se imponen -tal cual fueran reglas naturales imposibles de transmutar- como único modo apropiado para transitar el ser y estar; buscar en otras cosmovisiones los saberes que sustentan un modo de vivir diferenciado. Esto es, generar lazos, encuentros, con comunidades que aun hoy recuerdan como vivir en armonía con la tierra, personas que en el día a día transitan un Buen Vivir.

---

95   En tanto atribuye protagonismo a los seres humanos como externos a la naturaleza, a la cual deben dominar y manipular. Esta idea de progreso fue reconfigurada a partir del siglo XX, principalmente bajo la propuesta de Desarrollo (Gudynas y Acosta, 2011).

En este sentido, podríamos decir que de lo que se trata no es sólo alcanzar procesos de Desarrollos Alternativos, sino de construir alternativas a la visión misma de Desarrollo, tarea no menor porque implica cuestionar hasta aquellas prácticas que sustentan la reproducción de la propia vida: ¿Cómo las pequeñas acciones cotidianas afectan a la totalidad de la comunidad? ¿Cuáles son los procesos tecnológicos que garantizan el día a día? ¿Cómo vivimos los espacios productivos? ¿Qué Modelo Desarrollo se refuerza la fuerza vital de los miembros de la comunidad –por medio, por ejemplo, del trabajo remunerado? ¿Cuáles son los valores y las necesidades que condicionan vida de las comunidades? ¿Cuáles son las instituciones y los mecanismos que determinan el orden hegemónico actual?

Desarrollo, democratización institucional, emancipación de la vida y la importancia del respeto por la diversidad cognitiva

Hemos construido un sistema que supuestamente garantiza la libertad del individuo y mediante el mercado ofrece soluciones a las necesidades de consumo, pero: ¿a qué costo? ¿Cuál es la libertad que prolifera en los Modelos de Desarrollos de la actualidad? ¿Qué estilo de vida construimos y deseamos? ¿Qué vida construimos o destruimos para garantizar la perpetuación del sistema, para garantizar la reproducción de nuestro propio estilo de vida? ¿Será posible pensar (y llevar adelante) Modelos alternativos al Desarrollo que generen desde su misma puesta en marcha procesos de Emancipación Social? ¿Cómo repensamos la idea misma de emancipación -o "libertad individual" que ofrece el sistema- desde un criterio diferenciado al propuesto por el Modelo de Desarrollo imperante en la actualidad? ¿Cómo construimos espacios donde las instituciones vuelvan a ser regidas en la medida que propicien procesos democratizadores?

Dado que el mercado es la institución medular de la sociedad capitalista contemporánea y que, en este contexto, la democracia se ha vuelto mera operacionalización instrumental[96] que deja de lado toda integración participativa de la población, reduciéndola al acto de votar, es decir a lo puramente electoral o agregativo. La democracia se transforma en un paquete de instrumentos de carácter universal que deben ser aplicados objetivando la realidad, las personas y las mismas relaciones intersubjetivas (Hinkelammert, 1988).

96   "La instrumentalización de la democracia se basa en medidas puramente institucionales, que se expresan en el culto a la propiedad privada y la totalización del mercado (declarado producto de libertad), el control de los medios de comunicación y la introducción de algún medio de elecciones" (Hinkelammert, 1988: 104)

En el marco de las propuestas desarrollas anteriormente, el desafío actual consiste en generar espacios encuentro y diálogo donde, por el principio de inclusión deliberativa se puedan construir opciones factibles para concretar una legítima delegación del poder, la construcción de la voluntad que es colectivamente vinculante. Dussel, referente latinoamericano contemporáneo de estas discusiones plantea que para esto, en primer lugar, es necesario ser "ateos" del propio sistema, para poder descubrir su fetichismo; en segundo lugar, hay que aprender a ver al otro como otro, dejarlo desplegarse, respetarlo no por obediencia a la ley, ni por el sistema, sino por ser una totalidad externa, digna y sagrada; una totalidad libre. Paradojalmente, en un propuesta dialógica, el respeto por el otro se traduce en silencio, no porque no se tenga nada que decir, sino porque se tiene principalmente mucho que escuchar (Dussel, 1996).

En este contexto, las diversas perspectivas pero con mayor énfasis los defensores del Buen Vivir, crítican el énfasis y la legitimidad que se otorga al conocimiento académico/experto, dejando de lado, muchas veces, saberes provenientes de otros sectores de la comunidad, de donde se desprenden estrategias "adecuadas" mediante las cuales se operacionalizan dichas ideas. Pareciera ser que la visión experta no solo determina cómo llegar a ese estado de Desarrollo, sino que se encuentra encargada de definir la "calidad de vida". No alcanza solo con transformar algunas bases cognitivas del sistema hegemónico de Desarrollo actual, sino que se trata de transitar hacía otro paradigma, guiado por cosmovisiones diferenciadas a las impuestas por la modernidad occidental con la ciencia como único conocimiento válido/legítimo.

Adquiere relevancia, necesidad, la generación de espacios para nuevos valores que nos permitan transitar hacia modos de reproducción cotidiana, que construyan "vivires" basados en la sustentabilidad de la vida. Construir desde dichas vivencia nuevas plataformas tecnológicas y productivas que fortalezcan lazos de complementariedad y solidaridad, de respeto y cuidado de la comunidad ampliada. Esto es, avanzar en el establecimiento de nuevos patrones de producción, de consumo, de intercambio y de reproducción de la vida (León, 2009). El respeto y la valoración de la diversidad cognitiva se presenta así como elemento clave en los procesos de democratización a partir de los cuales es posible construir diferentes "órdenes" que respeten ante todo la vida de la comunidad ampliada que conforma el mundo. La democratización de los espacios comunitarios e institucionales asume un carácter emancipatorio en tanto implica y permite el encuentro comunitario con y desde la diversidad.

A modo de cierre

A partir de todo lo dicho, pareciera que, como en la década del 50 y 60, el problema se remite nuevamente a la 'cultura política', pero esta vez en plural: las culturas políticas. El cambio, aunque a primera vista parece menor, implica una modificación sustancial que se vislumbra en prácticas que recuperan circuitos de aprendizaje situados, donde el conocimiento (y las decisiones que de este emergen) se informa en los contextos definidos desde las experiencias vitales de los participantes, sus modelos mentales, creencias y percepciones, que reflejan no sólo las diferentes imágenes del colectivo[97] y la realidad de la que parte todo proceso de desarrollo sino también, y fundamentalmente, las diversas visiones de futuro deseable y posible. Es decir, las múltiples respuestas (Escobar) que sacan al Desarrollo del régimen de la necesidad y la inexorabilidad economicista para ponerlo en el centro de la discusión pública acerca del qué y el cómo de los proyectos colectivos. (Cf. Echavarría-Buffa, 2007)

Las propuestas, entonces, se orientan en el sentido de las "estrategias desde abajo" que desafían la matriz estado-céntrica de las políticas y trabajan en la creación de 'capacidades endógenas' para el 'control' del Desarrollo, a partir de las cualidades y dinámicas relacionales que expresan las personas, las organizaciones y los diferentes espacios societales en combinación sinérgica. Según afirma Madoery (2008:50), esta dimensión relacional del desarrollo:

> "...es relevante en el sentido de mantener la cohesión social y hacer del territorio algo más que un conjunto yuxtapuesto de recursos, factores y agentes, además de mantener esa cohesión en el tiempo. ... da sustento a la capacidad colectiva de arraigar compromisos, a la sinergia de acciones y recursos de acción entre personas e instituciones."

En la complejidad del Desarrollo, la dimensión relacional nos permite dar cuenta de los aspectos o recursos 'intangibles' (formación, organización, conductas y valores, interacción y aprendizaje) que intervienen en su diseño y sostenibilidad y que en históricamente han sido considerados como dados.

Los nuevos desafíos ponen en jaque a la idea de Desarrollo cuestionando aspectos ontológicos y epistemológicos medulares en dichos procesos. El florecimiento de lógicas democratizantes, que lentamente se van cristalizando en cambios institucionales, permiten el fortalecimiento de redes vinculares basadas en las posibilidades locales a partir de las cuales se

---

97   Como afirma Lechner (apud Madoery, 2008:) "las capacidades de la sociedad de intervenir sobre su propio desarrollo, dependen de la autoimagen que ella tenga de sí misma".

van enjambrando un entramado cognitivo diverso basado en una pluralidad de saberes (y cosmovisiones) que posibilitan practicas transformadoras que nos permiten construir como comunidad un Buen Vivir.

Bibliografía

ACOSTA, Eduardo (2011): Sólo imaginando otros mundos, se cambiará éste. Reflexiones sobre el Buen Vivir. En: Ivonne Farah y H. Luciano Vasapollo Coordinadores. Vivir bien: ¿Paradigma no capitalista? Plural Editores. La paz, Bolivia.

ALBÓ, Xavier (2009): "Suma Qamaña = el buen convivir". En: Revista OBETS, Buen Vivir, Desarrollo y Maldesarrallo. Nº.4. Instituto Universitario de Desarrollo Social y Paz. Universidad de Alicante. Pp.25 -40.

ALBURQUEQUE LLORENS, Francisco (2004): "El Enfoque del Desarrollo Económico Local". Serie: Desarrollo Económico Local y Empleabilidad. Programa AREA - OIT en Argentina - Italia Lavoro. Copyright © Organización Internacional del Trabajo

ALBURQUEQUE LLORENS, Francisco (2003): "Metodología para el desarrollo económico local". Material Didáctico del Curso OIT: Estrategias para el desarrollo económico local dictado por Alburqueque Llorens, Francisco. Instituto de Economía y Geografía, Consejo Superior de Investigaciones Científicas Madrid. España

AROCENA, José (2002): "El desarrollo local: un desafío contemporáneo". Taurus, Universidad Católica, Segunda Edición. Uruguay

BOISIER, Sergio (2005): "¿Hay espacio para el desarrollo local en la globalización?". En: Revista de la CEPAL. Nº 86. Pp 47-62. Agosto

BOISIER, Sergio (2004-a): "El desarrollo territorial a partir de la construcción de capital sinérgico". Curso Internacional Ciudad Futura II, Rosario, Plan Estratégico Rosario. Rosario.

BOISIER, Sergio (2004-b): "Desarrollo Endógeno: ¿Para qué?, ¿Para quién? (El humanismo en una interpretación contemporánea del desarrollo). Ponencia. S/D

BOISIER, Sergio (2001): "Desarrollo (local): ¿de qué estamos hablando?. En: Madoery, Oscar y Vázquez Barquero, Antonio (eds.), Transformaciones globales, Instituciones y Políticas de desarrollo local. Editorial Homo Sapiens, Rosario.

BOISIER, Sergio (1997): El vuelo de una cometa. Una metáfora para una teoría del desarrollo territorial. En: Estudios Regioanles Nº 48. Universidad de Santiago de Chile. Chile. Pp 41-79.

BOISIER, Sergio (1991): "Modernidad y Territorio" Cuadernos de la ILPES. Nº 42. Santiago de Chile.

CHOQUEHUANCA CESPEDES, David (2010): "Hacia la reconstrucción del vivir bien", En: ALAI. América Latina en Movimiento. Nº 452. Sumak Kawsay: Recuperar el sentido de la vida. Quito. pp.8 -13.

DÍAZ MUÑOZ, José Guillermo. (2009): "Las economías latinoamericanas a principios del siglo XXI. Dilemas, tendencias y retos frente al neoliberalismo. XXVII Congreso de la Asociación Latinoamericana de Sociología. Asociación Latinoamericana de Sociología. Buenos Aires. 2009. Disponible en www. aacademia.com/000-062/1026

DUSELL, Enrique. (1996) Filosofía de la Liberación. Bogotá: Nueva América.

DUSELL, Enrique. s/d. Democracia Participativa, disolución del Estado y liderazgo político (texto para el debate). En: Rebelión, s/d.

DUSSEL, Enrique. (2010) 20 tesis de política. Venezuela: Fundación Editorial El perro y la rana. pp 85-94 Disponible en: http://enriquedussel.com/txt/56.20_Tesis.pdf

ECHAVARRÍA, Corina; BUFFA, Adolfo (2007): La cuestión del desarrollo en la praxis de los gobiernos locales. En: IX SEMINARIO NACIONAL REDMUNI: "La agenda pública municipal – presente y perspectivas". Buenos Aires, 2007. Disponible en: http://www.sgp.gov.ar/contenidos/inap/redes/redmuni/paginas/ponencias_9_seminario.html

EDO, María (2002): "Amartya Sen y el Desarrollo como Libertad. La viabilidad de una alternativa a las estrategias de promoción del desarrollo". Departamento de Ciencia Política y Gobierno Licenciatura en Estudios Internacionales. S/D

ESCOBAR, Arturo (1996) La invención del Tercer Mundo – Construcción y deconstrucción del desarrollo. Colombia: Norma.

ESCOBAR, Arturo (2009): "Una minga para el postdesarrollo". En: ALAI. América Latina en Movimiento. Nº 445. La agonía de un mito: ¿Cómo reformular el "desarrollo"? Quito.

ESTEVA, Gustavo (2009): Más allá del desarrollo: la buena vida. En: ALAI. América Latina en Movimiento. Nº 445. La agonía de un mito: ¿Cómo reformular el "desarrollo"? Quito.

GONZÁLEZ, (2000): "El pensamiento de la CEPAL y la realidad". En: "La CEPAL en sus 50 años. Notas de un seminario conmemorativo". Publicación de las Naciones Unidas. Santiago de Chile.

GUDYNAS, Eduardo (2011-a): "Debates sobre el desarrollo y sus alternativas en América latina. Una breve Guía Heterodoxa. En: Lang, Miriam y Mokrani, Dunia, editoras."Más allá del desarrollo", Grupo Permanente de Trabajo sobre Alternativas al Desarrollo. Fundación Rosa Luxemburgo y AbyaYala, Quito. pp 21-53

GUDYNAS, Eduardo (2011-b): Tensiones, contradicciones y oportunidades de la dimensión ambiental del Buen Vivir. En: Farah, Ivonne y Vasapollo, H. Luciano (Coordinadores).Vivir bien: ¿Paradigma no capitalista?. La paz, Bolivia: Plural Editores.

GUDYNAS, Eduardo (2011-c): "Buen Vivir: Germinando alternativas al desarrollo". En: ALAI. América Latina en Movimiento. Nº 462. Buen Vivir: Germinando alternativas al desarrollo". Quito, Ecudor. pp. 1-20.

GUDYNAS y ACOSTA (2011): "El buen vivir o la disolución de la idea de progreso". En: Rojas, Mariana Coord. "La medición del progreso y del bienestar. Propuestas desde América Latina". Foro Consultivo Científico y Tecnológico, AC, México DF, México. Pp. 103 – 110.

HINKELAMMERT, Franz (1998) Democracia y nueva derecha en América Latina. s/d.

HUANANCUNI, Fernando (2010): "Paradigma Occidental y Paradigma Indígena Originario" en ALAI. América Latina en Movimiento. Nº 452. Sumak Kawsay: recuperar el sentido de la vida". Quito, Ecuador. pp. 17-22.

LANDER (2009): "Hacia otra noción de riqueza" En: Acosta y Esperanza Compiladores: "El Buen Vivir. Una vía para el desarrollo". Ediciones Abya Yala. Quito. Ecuador. Pp. 31-38.

MADOERY, Oscar (2012): "El desarrollo como categoría política", En: Revista Crítica y Emancipación, Nº 7, primer semestre de, CLACSO, Buenos Aires. pp 59-83

MADOERY, Oscar (2012): "Juicio al desarrollo. Tres tesis para una crítica política desde el sur", Ponencia presentada en las Primeras Jornadas Internacionales de Filosofía y Ciencias Sociales, Universidad Nacional de Mar del Plata, Agosto.

MADOERY, Oscar (2011): "Política de Desarrollo Endógeno". Editorial Académica Española. Saarbrücken, Alemania.

MADOERY, Oscar (2008): Otro Desarrollo. El cambio desde las ciudades y regiones, UNSAM edita, Universidad Nacional de San Martín, Buenos Aires.

MADOERY, Oscar (2002): "Municipio y Desarrollo Territorial", (editor junto a los prof. Alicia Iglesias, Alfredo Lattes y Pedro Pirez), Universidad Nacional del Comahue, Provincia de Neuquén.

MADOERY, Oscar (2001-a): "El proyecto político local como alternativa de desarrollo", En: Revista Política y Gestión, volumen 2, Universidad Nacional de San Martín, U. Nacional del Nordeste, U. Nacional de Rosario, U. Nacional del Litoral, la Universidad de Chile, Colegio de Sociólogos del Uruguay y el Centro de Investigaciones y estudios Sociales del Uruguay, Ed. Homo Sapiens.

MADOERY, Oscar (2001-b) "Actores territoriales y política de desarrollo endógeno". En: Revista Aportes para el Estado y la Administración Gubernamental. Nº 18. Publicación de la Asociación de Administradores Gubernamentales. Buenos Aires.

MARTNER, R. y MÁTTAR, J. (2012): "Los fundamentos de la planificación del desarrollo en América Latina y el Caribe: Textos seleccionados del ILPES (1962-1972). Libros de la CEPAL 116. Santiago de Chile.

MAX-NEEF, ELIZALDE y HOPENHAYN (1986): "Desarrollo a Escala Humana. Opciones para el futuro". Edita Biblioteca CF+S. Madrid

MEDINA, Javier (2011): "Acerca del Suma Qamaña". Pp.39-64. En: Farah, Ivonne y Vasapollo, Luciano (coord.) Vivir Bien: ¿paradigma no capitalista? CIDESUMSA. La Paz. Bolivia

MONCAYO JIMÉNEZ, Edgar (2002): "Nuevos enfoques teóricos, evolución de las políticas regionales e impacto territorial de la globalización". Serie Gestión

Pública. Nº 27. Instituto Latinoamericano y del Caribe de Planificación Económica y Social – ILPES. Dirección de Gestión del Desarrollo Local y Regional. Publicación de las Naciones Unidas. Santiago de Chile.

SEN, A. (1998), Teorías del desarrollo a principios del Siglo XXI, en Emerijj y Núñez de Arco (comps.) s/d

SEN, A. (2000), Desarrollo como Libertad; Madrid: Editorial Planeta

SEN, A. (1995), ¿Igualdad de qué?. Ciclo Tanner de Conferencias sobre los Valores Humanos; Universidad de Stanford. s/d

SVAMPA, Maristela. "Entre la obsesión y la crítica al desarrollo" y "Debates sobre el desarrollo". En: Debates latinoamericanos.

TORTOSA, José María (2009): "Sumak Kawsay, Suma Qamaña, Buen Vivir". Fundación Carolina. España.

UNAI VILLALBA, Egiluza (2009): ¿Buen vivir y/o desarrollo? Implicaciones para la cooperación al desarrollo con Ecuador. Departamento de Economía Aplicada II. Hacienda Pública y Derecho Fiscal. Bilbao, España.

VAZQUEZ BARQUERO, (2009): "Desarrollo local, una estrategia para tiempos de crisis. Apuntes del CENES", ISSN-e0120-3053, Vol. 28, Nº. 47, págs.117-132.

VAZQUEZ BARQUERO (2007): "Desarrollo endógeno. Teorías y políticas de desarrollo territorial. Investigaciones Regionales". En revista Asociación Española de Ciencia Regional. Núm. 11. España. pp. 183-210.

VAZQUEZ BARQUERO (2001): "Desarrollo Endógeno y Globalización". Artículo publicado en Madoery, Oscar y Vázquez Barquero, Antonio (eds.): Transformaciones globales, Instituciones y Políticas de desarrollo local. Editorial Homo Sapiens, Rosario.

VAZQUEZ BARQUERO (2000): Desarrollo Endógeno y Globalización. Eure, diciembre, año/vol. XXVI, número 079. Póntifica Universidad Católica de Chile. Santiago de Chile.

COMENTARIO 8

CIRCUITOS DE APRENDIZAJE SITUADO: ACTORES Y SABERES EN DIÁLOGO

PAMELA CÁCERES[98]

El trabajo de Echavarría y Barrionuevo constituye una excelente contribución a la problematización de las teorías de desarrollo por el tipo de análisis que proponen el cual, en primer lugar y ante todo, recuerda que la evolución de los diferentes paradigmas no puede ser entendida como una cuestión dada de antemano. Las comprensiones implícitas en las distintas perspectivas que prevalecieron y prevalecen a lo largo del tiempo, se asientan en determinadas concepciones de los sujetos, del conocimiento y en una postura normativa respecto de lo que el desarrollo debe ser. En esta línea podríamos decir que existe una epistemología del desarrollo que es necesario reconocer y explicitar, no sólo porque es importante reconocer los mencionados supuestos, sino también porque todo paradigma prevaleciente en cada tiempo histórico ha tenido una importante incidencia en el modo en el que las sociedades y sistemas políticos, definen problemas y desafíos, las estrategias para abordarlos y los recursos que es necesario poner en juego para hacerlo. En definitiva: cada paradigma prevaleciente ha tenido un significativo impacto en las políticas públicas y en el modo en el que moldeamos el devenir colectivo.

Adler y Haas, desde una perspectiva estructuracionista, plantearon la importancia de preguntarnos respecto de dónde provienen, cómo se moldean los acuerdos que hacen posibles determinadas políticas públicas y acuerdos institucionales que muchas veces exceden el ámbito nacional o subnacional –como serían las políticas y programas de desarrollo- y que definen, modifican valores y sentido de la acción. Para estos autores, la comunidades epistémicas juegan un papel fundamental en la constitución de "entendimientos colectivos del mundo físico y social políticamente relevantes y que están sujetos a procesos de selección política y, con ello, a cambio evolutivo" (Adler y Haas, 2009: 151)[99]. Entender cómo se configuran esos

98   E-mail: pam.k.ceres@gmail.com

99   ADLER, E. y HAAS, P.: Las comunidades epistémicas, el orden mundial y la creación de un programa de investigación reflectivo, en Relaciones Internacionales, núm. 12, octubre

procesos es sumamente relevante para dar cuenta del mundo socialmente construido pero también para favorecer procesos interpretativos y críticos que permitan a los sujetos asumir el protagonismo activo en la orientación de la vida social.

Para quienes ocupa y preocupa la cuestión de la democratización, relacionar las teorías y praxis del desarrollo y sus fundamentos epistemológicos con determinadas comprensiones de democracia resulta sumamente relevante en la medida una perspectiva normativa de ésta última conlleva ciertos principios y supuestos posibles de contrastar en la "evolución" del pensamiento y propuestas del desarrollo.

Las autoras han planteado éste objetivo como un punto de confluencia que les permite analizar el vínculo entre desarrollo, democracia y el factor territorial en tanto las dos primeras sólo adquieren sentido en el proceso de construcción sociopolítica en el que se insertan. Este planteamiento les permite reconocer y describir lo largo del desarrollo del trabajo, una evolución o tránsito interesante en el pensamiento sobre el desarrollo hacia la recuperación de los factores intersubjetivos, cognitivos, dialógicos y normativos que pone en cuestión cualquier pretensión de propuestas universales, desde arriba o exógenos que no reconocen la dimensión activa de los sujetos en el territorio, y que fundamentalmente, no contribuyen a la realización de los principios y supuestos de la democracia, en tanto condición para la emancipación y el autogobierno.

El texto constituye un excelente marco para el análisis crítico de instituciones y políticas públicas, pero también una contribución para la discusión de nuevos marcos de referencia para el pensamiento y la innovación política.

de 2009 GERI – UAM.

Made in the USA
Monee, IL
07 July 2026

56548193R00133